Handbuch der europäischen Geschichte
Herausgegeben von Theodor Schieder

Geschichte der Niederlande
Holland, Belgien, Luxemburg

Von Franz Petri, Ivo Schöffer und Jan Juliaan Woltjer

Klett-Cotta
im
Deutschen
Taschenbuch
Verlag

Die einzelnen Kapitel dieses Buches wurden aus Band 3 (1971 § 12), Band 4 (1968; § 23), Band 5 (1981; § 20), Band 6 (1968; § 19) und Band 7/2 (1979; § 19) des ›Handbuchs der europäischen Geschichte‹ übernommen.

März 1991
Deutscher Taschenbuch Verlag GmbH & Co. KG, München

Umschlaggestaltung: Celestino Piatti
Gesamtherstellung: C. H. Beck'sche Buchdruckerei, Nördlingen
Printed in Germany · ISBN 3-423-04571-X

Inhalt

Kapitel 1
Der niederländische Bürgerkrieg und die Gründung der Republik der Vereinigten Niederlande (1555–1648)

Von Jan Juliaan Woltjer
Aus dem Niederländischen übersetzt von H. Peters

a. Die Niederlande vor den Unruhen (1555–1565)

Die siebzehn niederländischen Provinzen, die Karl V. im Jahre 1555 seinem Sohn Philipp II. übertrug, bildeten keine natürliche Einheit. Zusammengebracht von den Burgunder-Herzögen und ihren Nachfolgern, den Habsburgern, war dieser Länderkomplex von Karl V. ansehnlich erweitert worden: um Friesland, Utrecht und Overijssel, Groningen und Drente und schließlich 1543 Geldern.

Sprachlich bildeten die Niederlande keine Einheit. Namur, Artois, Hennegau, Tournai und Teile Flanderns und Brabants waren französischsprachig, und Französisch wurde ebenfalls am Hofe und in den Regierungskreisen zu Brüssel gesprochen. In den überwiegenden Teilen Flanderns und Brabants, in Holland, Seeland und Utrecht herrschten niederfränkische Dialekte vor. In Gelderland, Overijssel und Groningen, die sprachlich näher mit Westfalen als mit Holland verwandt waren, war es das Niedersächsische.

Zufälligkeiten, wie dem Aussterben von Dynastien und Wechselfällen im Streit um die Macht, keineswegs nationalen oder wirtschaftlichen Bedingungen, war es zu verdanken gewesen, daß dabei zwar Groningen, aber nicht Ostfriesland, wohl Geldern, aber nicht Kleve erworben werden konnten. Durch den Aufstand kam der Wachstumsprozeß zum Stillstand. Die Ostgrenze der Eroberungen Karls wurde, abgesehen von geringen Details, schließlich zu einer wichtigen politischen Grenze und später auch noch zu einer kulturellen Grenze. Auch mit Spanien waren die Niederlande durch Zufall verbunden worden. Als Philipp der Schöne 1496 mit Johanna von Aragon und Kastilien die Ehe einging, war nicht vorauszusehen, daß Johanna einmal die Reiche ihrer Eltern erben würde. Erst eine Reihe von Sterbefällen führte zum Nachteil beider Länder zur Vereinigung Spaniens mit den Niederlanden.

Auch wirtschaftlich waren die siebzehn Provinzen der Niederlande sehr verschieden. Flandern und Brabant mit der großen Handelsstadt Antwerpen zählten neben Italien zu den am weitesten entwickelten Gebieten Europas. Trotz bedeutendem Handel, Fischerei und Gewerbeleben waren Holland und Seeland mit Flandern und Brabant nicht zu vergleichen. Vorwiegend agrarisch waren die östlichen Provinzen mit Maastricht, Nimwegen, Arnheim, Deventer, Zwolle, Kampen und Groningen als kleineren Handelszentren. Verschiebungen im Gewerbe und die Preissteigerungen des 16. Jahrhunderts führten trotz im ganzen gesehen befriedigender Wirtschaftslage zu großen sozialen Spannungen. Der Export von handwerklichen Produkten und der Import von Getreide waren für die Niederlande so wesentlich, daß jede Störung im internationalen Handel das Land schwer mit Arbeitslosigkeit der Lohnarbeiter und raschem Anstieg der Lebensmittelpreise traf, wie etwa 1565/66 als Folge der Kriege im Ostseegebiet.

Unter der Regierung Karls V. war der Regierungsapparat gut organisiert. Als Vertreter des Fürsten stand der Landvogt – oder meistens: die Landvögtin – an der Spitze des Regiments in Brüssel. Drei Ratsgremien standen ihm zur Seite: der Staatsrat (Conseil d'Etat), meistens hohe Adlige, bei allgemeinen Fragen und Beschlüssen von Bedeutung; der Geheime Rat (Conseil privé), Juristen und andere hohe Beamte, für die tägliche Verwaltungsarbeit und der Finanzrat (Conseil des finances). In den einzelnen Provinzen (mit Ausnahme von Brabant) wurde der Fürst durch einen Statthalter aus dem Hochadel vertreten, der mitunter verschiedene Provinzen zugleich verwaltete. Ihm stand in den meisten Provinzen ein Kollegium für Verwaltung und Rechtsprechung, der sogenannte »Hof« zur Seite, zum Beispiel der »Hof van Holland«. Deutliche Grenzen hatte die Macht des Fürsten in den Privilegien und alten Gewohnheiten jeder einzelnen Provinz. Ständeversammlungen, die »Staaten« wachten ängstlich über die Interessen der Provinz. Zuweilen berief der Fürst eine Versammlung der Generalstaaten ein, um von den Ständen Steuerhilfe zu erhalten; aber auch dann wurden die eigentlichen Verhandlungen mit den Staaten der einzelnen Provinzen geführt, ja manchmal sogar mit den einzelnen Ständen oder Städten. Spannungen waren unvermeidlich: Spannungen zwischen den hohen Adligen im Staatsrat, die ihre Stellung größtenteils ihrer Herkunft verdankten, und den hohen Beamten im Geheimen Rat, die im Dienst ihres Fürsten Karriere gemacht hatten; Spannungen zwischen der Zentralregierung in Brüssel und den Provinzen mit ihren besonderen Rechten und Interessen; Spannungen zwischen dem fürstlichen Streben nach Machtverstärkung und den Staaten, die die fürstliche Gewalt so weit wie möglich zu schmälern suchten. Oft entstanden ebenfalls Spannungen zwischen den Interessen und Wünschen der Niederländer und den Forderungen der habsburgischen Herrscher.

Sehr ernste Probleme schuf der Geldmangel der Regierung. Durch die Preiserhöhungen des 16. Jahrhunderts und die Kriege mit Frankreich benötigte der Fürst neben den Erträgen aus den Domänen enorme Extraeinkünfte. Die Einführung eines einheitlichen Steuersystems scheiterte jedoch. Nach wie vor mußte die Regierung mit den einzelnen Provinzen über Steuerhilfen verhandeln, wobei jede Provinz sich im Vergleich zu den anderen für zu schwer belastet hielt und alle Provinzen gemeinsam sich wenig zu einer Unterstützung der Kriege Philipps II. gegen Frankreich verpflichtet fühlten. Wegen dieser Kriege erschienen die üblichen Abgaben auf Grundbesitz und Lebensmittel noch drückender. Die Regierung vermochte die Armee nur unzulänglich zu besolden. Die enormen Anleihen von Privatleuten oder Bankiers wie den Fuggern schoben die Probleme nur auf. Die Kürzung der Schuldzinsen nach dem Staatsbankrott von 1557 und der Friede von Cateau-Cambrésis im Jahre 1559 brachten zwar etwas Erleichterung, jedoch keine Lösung[1].

Neben den politischen Problemen verlangte auch die religiöse Gärung, die ganz Europa in Unruhe versetzte, die Aufmerksamkeit der Regierung. Die revolutionären Täufer, die in Münster das Reich Gottes hatten gründen wollen, hatten auch in den Niederlanden viel Unruhe gestiftet. Diese gewalttätige Strömung war nach 1535 verebbt, aber gegen 1550 gewannen die friedfertigen Jünger von Menno Simons rasch Anhänger. Für viele waren auch diese Täufer ein Schreckgespenst. Die Täufer bildeten eine abgesonderte Gruppe neben der offiziellen Kirche, die von ihnen verworfen wurde.

Schon von den zwanziger, dreißiger Jahren an bis 1566 lassen sich Zeugnisse von Priestern und Laien finden, die zwar vom Protestantismus beeinflußt waren, jedoch nicht mit der Kirche brachen. Einige verwarfen das Gebet für die Toten, andere die Heiligenverehrung oder gewisse Zeremonien, wieder andere zweifelten an der Transsubstantiation oder lehnten sie gänzlich ab. Angelus Merula, Pfarrer zu Heenvliet, einem Dorf westlich von Rotterdam, Henricus Geldorpius, Rektor der Lateinschule zu Delft, und Steven Silvius, Pfarrer zu Leeuwarden, sind Beispiele für diese Strömung. Merula wurde 1553 verhaftet, widerrief seine Anschauungen, bekannte sich jedoch später wieder zu ihnen. 1557 wurde er darum zum Feuertod verurteilt; er starb auf dem Weg zum Scheiterhaufen. Geldorpius flüchtete 1558 nach Deutschland und wurde Rektor in Duisburg. Silvius sah sich 1559 gezwungen zu fliehen, promovierte in Heidelberg zum Doktor der Theologie und wurde später Pfarrer in Groningen[2].

Daß diese mit dem Protestantismus sympathisierenden Katholiken mit der bestehenden Kirche nicht gebrochen haben, darf nicht allein der Angst der Verfolgung zugeschrieben werden. Die orthodoxen Systeme, die wir aus dem 17. Jahrhundert so gut kennen, die Tridentinische, die Lutherische und die Calvinistische Orthodoxie, waren erst dabei, sich auszubilden. Unter den Erwachsenen des Jahrzehnts zwischen 1550 und 1560 war – jedenfalls auf protestantischer Seite – noch kaum jemand, der durch eine bestimmte dogmatische Schule geformt gewesen wäre. Diese Generation mußte ihre Haltung gegenüber den zahllosen einander widersprechenden Auffassungen erst noch festlegen, ohne die Stütze einer Tradition und ohne einen Lehrer, der sie gelehrt hätte, welche Auffassungen richtig waren und welche nicht. Für viele, eben für die Besten, war dies eine schwere Aufgabe. Steven Silvius hatte den Mut, seiner Gemeinde von der Kanzel herab mitzuteilen, daß er keine Sicherheit darüber gewinnen könne, ob das Sakrament des Altars der Leib Christi sei. Solche wie ihn wird es viele gegeben haben, die betend und studierend zwischen den verschiedenen Lehrmeinungen ihren Weg suchten. Darum ist nichts verfehlter, als diese Menschen in bestimmte theologische Schulen einzuteilen: in die Lutherische, in die Calvinistische oder die Römische. Die Verschwommenheit der religiösen Unterschiede und das Fließende aller Übergänge sind vielmehr das Merkmal der Situation, in der sich das kirchliche Leben bis in die zweite Hälfte des Jahrhunderts hinein befand.

Beim Regierungsantritt Philipps II. gab es außer den vor allem in vielen Fischerorten verhältnismäßig stark vertretenen Täufern auch kleinere Gruppen zum Calvinismus neigender Protestanten, so in Tournai, Brügge, Gent, Oudenaarde und Antwerpen. Einige hatten eine feste Leitung, aber Gemeinden mit einem Kirchenrat gab es noch nicht. 1555 wurde in Paris die erste reformierte Gemeinde im geheimen gebildet, und rasch begann auch in den südlichen Niederlanden die Bildung calvinistischer Gemeinden. Von 1563 an wurden sogar Synoden abgehalten, zu denen Abgeordnete der verschiedenen Gemeinden zusammenkamen. Nördlich des Rheins sind vor 1566 kaum Spuren von calvinistischen oder zwinglianischen Gemeinden zu finden. Es existierten wohl kleine protestantische Gruppen, die dann und wann von Predigern aus Emden besucht wurden, und manchmal forderte eine solche Gruppe einen Pfarrer zur festen Anstellung, wie etwa Amsterdam im Jahre 1558; aber soweit es uns bekannt ist, hat keine dieser Gruppen je einen Pfarrer erhalten[3]. Aus allen Gebieten der Niederlande emigrierten Protestanten vielmehr in die umliegenden Länder: nach England, nach Emden, Wesel und anderen Orten, wo sie ungehindert ihren Glauben bekennen konnten.

Die Ketzerbewegung wuchs in der ersten Hälfte der sechziger Jahre sehr schnell, wenn auch 1565 die Täufer und mehr oder weniger calvinistisch beeinflußte Protestanten immer noch nur eine verhältnismäßig kleine Minderheit bildeten. Auch die überzeugten Anhänger einer katholischen Reformation in tridentinischem Geist waren nur eine Minorität. Die Mehrheit stand zwischen diesen beiden Extremen. Äußerlich immer noch katholisch, aber undogmatisch, erasmisch, oder auch gleichgültig und aus Unkenntnis und Unwissenheit besaß sie kein klares religiöses Konzept und stellte infolgedessen auch keine Einheit dar. Manche waren unzweifelhaft von protestantischen Ideen beeinflußt, aber paßten sich der Kirche an, der kirchlichen Einheit zuliebe oder aus Furcht. Allem Anschein nach war diese mittlere Gruppe in den nördlichen Provinzen stärker als in den südlichen. In den höher entwickelten südlichen Gegenden machte die Polarisation der gegensätzlichen Standpunkte größere Fortschritte. Nicht nur der Calvinismus, sondern auch die katholische Reform hatten hier eine stärkere Position.

Die offizielle Regierungspolitik vertrat die unerbittliche Bekämpfung der Häresie, der Täufer, Calvinisten, der Ketzer innerhalb der gefestigten Kirche. Um der Dinge Herr zu bleiben, griff die Regierung zu barbarischen Methoden: In öffentlichen Bekanntmachungen (Plakaten) wurde notorischen Ketzern mit dem Scheiterhaufen gedroht, auch zum Widerruf bereite Ketzer und sogar solche, die ein ketzerisches Buch besaßen, galten als todeswürdig. Die buchstäbliche Durchführung dieser Androhungen würde zu solchen Massenexekutionen geführt haben, daß die Inquisitoren nicht mitmachten. Selbst sie glaubten, ein

Todesurteil wegen einmaliger Teilnahme an einer Zusammenkunft von Ketzern nicht verantworten zu können. Mochten so auch die offiziellen Verfügungen nicht immer in voller Strenge befolgt worden sein, so haben sie jedoch unter den Protestanten, vor allem unter den Täufern, und protestantisierenden Katholiken viele Opfer gefordert[4].

Widerstand gegen die Ketzerverfolgungen war schon unter Karl V. spürbar geworden. Im Jahre 1549 oder davor wurde in Friesland ein der Ketzerei verdächtiger Vikar von einer durch Glockenläuten mobilisierten Menschenmenge aus dem Gefängnis befreit, und fünf Jahre später wurden dort ebenfalls drei Häftlinge den Händen der Justiz entrissen. 1557 entstand in Rotterdam anläßlich der geplanten Hinrichtung von fünf Täufern ein so großer Aufruhr, daß sich die Bürgermeister auf die Türme des Rathauses flüchten mußten und vier der zum Tode Verurteilten entkamen. In Valenciennes wurden 1562 im letzten Augenblick zwei Calvinisten (die *maubrulez*) vom Scheiterhaufen gerettet. 1564 verursachte die Hinrichtung des Pfarrers Christoffel Fabricius zu Antwerpen ernste Unruhen.

Oft ließen die örtlichen Obrigkeiten soviel wie möglich durchgehen und schritten nur unter Druck der Regierung ein. Der Schulmeister in Groningen unterrichtete seine Schüler nach dem Katechismus Luthers und blieb dabei, auch als die Stadtobrigkeit auf einen Wink des Statthalters hin ein Verbot aussprach. Als auch ein zweites und drittes Verbot keinen Erfolg hatten, verbannte ihn die Stadt schließlich, um Schwierigkeiten zu entgehen[5]. Steven Silvius zweifelte an der Transsubstantiation. Der Leeuwardener Magistrat stellte ihn darum vom Messelesen frei, so daß er nur zu predigen brauchte. 1556 wurde im »Hof van Friesland« zu Leeuwarden öffentlich die Frage diskutiert, ob man die Täufer bestrafen sollte, da sie kein Unrecht getan hätten, sondern nur in ihrem Glauben irregeführt wären. Philipp II. ordnete eine strenge Verfolgung an und ließ jedes Mitglied des Rates darauf schwören. Trotzdem wurden die Täufer nach 1557 in Friesland weniger denn je verfolgt. Diese Tatsache ist nur dadurch zu erklären, daß bis in die höchsten Brüsseler Regierungskreise hinein dem König gegenüber Obstruktion betrieben wurde.

Zwischen den kleinen Minderheiten überzeugter Protestanten und unerbittlicher Verfolger jeglicher Ketzerei stand eine große, außerordentlich heterogene Gruppe, die, um Unruhen zu vermeiden, oder aus menschlichen Erwägungen den Protestanten kleinere oder größere Zugeständnisse machen wollte. Diese »Zwischengruppe« bezeichnen wir als das Zentrum. Man muß sich jedoch sehr wohl darüber im klaren sein, daß dieses Zentrum in Wirklichkeit weniger Einheit aufwies, als der Name vermuten läßt. Zwischen 1565 und 1580 bildete es die Variable zwischen den beiden mehr oder weniger Konstanten: den Gegenreformatoren und den Protestanten, die man als die Rechte und Linke bezeichnen könnte.

Die Partei der unversöhnlichen Katholiken hatte viel mehr Einfluß, als ihrer numerischen Stärke entsprach, weil Philipp II. an ihrer Spitze stand. Seit der König eine mitleidlose Verfolgung forderte, setzten alle, die Philipps Politik für unmenschlich oder spannungsverschärfend hielten, ihre Hoffnung auf den Zusammentritt der Generalstaaten. In ihnen sollte die Lösung des religiösen Problems gefunden werden. Durch diesen Plan wurde die Religionsfrage mit der schon längst bestehenden Spannung zwischen dem König und den Staaten verknüpft. Die meisten Verfechter dieser Politik dürften keine allzu klare Vorstellung von den Schwierigkeiten gehabt haben, und es ist sehr fraglich, ob die Generalstaaten, wären sie einberufen worden, Erfolg gehabt hätten.

Der Zeitpunkt, von wann an die Kirchenfrage die Politik zu beherrschen begann, ist nicht genau zu bestimmen[6]. 1562 schloß sich der Hochadel gegen den wichtigsten Repräsentanten Philipps, Kardinal Granvela, zusammen. Zwar handelte es sich dabei um politischen Widerstand, aber es gibt Hinweise dafür, daß die Kirchenpolitik mit im Spiel war. Die Adligen gewannen den Kampf. 1564 mußte Granvela das Land verlassen. Die Macht fiel dem Hochadel unter Führung Wilhelms von Oranien zu. 1565 sandten sie einen der Ihrigen, den Grafen Egmont, nach Spanien, nicht nur mit Vorschlägen zur Reform der Staatseinrichtungen, die auf die Vergrößerung der eigenen Macht hinausliefen, sondern auch mit einer kräftigen Warnung, daß die unerbittliche Ketzerverfolgung nicht mehr zeitgemäß sei, da in den umliegenden Ländern und namentlich in Frankreich ein anderer Kurs verfolgt werde. Die Ketzerverfolgung war seither offiziell auf der Tagesordnung. Sie wurde schnell zum brennenden Problem, das alle anderen in den Hintergrund drängte. Die Unterhandlungen gingen nach Egmonts Rückkehr weiter, bis im November 1565 die berüchtigten Depeschen aus Segovia der Illusion ein Ende machten, man könne Philipp II. umstimmen: Der König wiederholte mit größtem Nachdruck seine Forderung nach einem scharfen Auftreten gegenüber den Ketzern[7].

[1] K. J. W. Verhofstad, De regering der Nederlanden in de jaren 1555 tot 1559 (1937); M. Baelde, Financiële politiek en domaniale evolutie in de Nederlanden onder Karel V en Philips II 1530–1560. In: TGGroningen 76 (1963), S. 14–33.

[2] R. van Uytven, Bijdrage tot de sociale geschiedenis van de protestanten te Leuven in de eerste helft der XVIe eeuw. In: Mededelingen van de geschied- en oudheidkundige kring van Leuven en omgeving 3 (1963), S. 1–38; R. Fruin, Het proces van Angelus Merula, in zijn Verspreide Geschriften. Bd. 1 (1900), S. 229–265; D. P. Oosterbaan, School en kerk in het Middeleeuwse Delft. In: Spiegel der Historie (1966), S. 150–160; J. J. Woltjer, Friesland in Hervormingstijd (1962), S. 90–105.

[3] Die Kirchenratsprotokolle der reformierten Gemeinde Emden 1557 bis 1620. Bearb. v. Heinz Schilling u. Klaus D. Schreiber. Bd. 1: 1557–1574 (1989); J. F. Gilmont, La genèse du martyrologe d'Adrien van Haemstede. 1559. In: RHE 63 (1968), S. 379 bis 414; G. Moreau, Les synodes des églises wallonnes des Pays-Bas en 1563. In: NederlArchKG 47 (1965/66), S. 1–11.

[4] A. Verheyden, Le martyrologe protestant des Pays-Bas du Sud au XVIe siècle (1960).

[5] E. Alting, Diarium. Hg. v. W. J. Formsma (1964), S. 73f., 77f.

[6] Überholt, aber mit vielen Einzelheiten: R. Fruin, Het voorspel van den tachtigjarigen oorlog, in zijn Verspreide Geschriften. Bd. 1 (1900), S. 266–499. Sehr ausführlich, aber überholt: F. Rachfahl, Wilhelm von Oranien u. d. niederländ. Aufstand. 3 Bde (1906–1924).

[7] Die Depeschen in: J. S. Theissen u. H. A. Enno van Gelder (Hgg.), Correspondance française de Marguerite d'Autriche, duchesse de Parme, avec Philippe II. 3 Bde (1925–1942), Bd. 1, S. 99ff., Bd. 2, S. 120ff.

b. Der Beginn der Unruhen, Unterdrückung und Aufstand (1566–1576)

Eine Krise war unvermeidlich. Einzelne Statthalter – Bergen, Megen, Oranien – weigerten sich, die Befehle Philipps II. auszuführen, oder sie verlangten die Entlassung aus ihrem Amt. Mitglieder des niederen Adels schlossen sich im sogenannten »Kompromiß der Adligen« zusammen. Nach Vorbesprechungen im Badeort Spa im Sommer 1565 bildete sich eine Vereinigung, die in Verbindung zu den calvinistischen Konsistorien stand. Feierlich verpflichtete sie sich, mit allen Mitteln die Inquisition zu bekämpfen. Neben Ludwig von Nassau, einem Bruder Oraniens, gehörte Heinrich von Brederode zu den führenden Mitgliedern. Eine große Zahl von Adligen, mehr oder weniger protestantisch gesinnte und Katholiken, trat dem Bund bei. Einige dachten bereits an einen bewaffneten Widerstand, aber unter dem Einfluß des Oraniers sah man vorläufig davon ab. Statt Aufstand wollte dieser vielmehr dem Ausbruch eines Bürgerkriegs zuvorkommen. Der Landvögtin wurde am 5. April 1566 eine Bittschrift des Adels überreicht, die Ketzeranschläge zu suspendieren und gemeinsam mit den Generalstaaten eine neue Regelung der Religionsfrage auszuarbeiten. Die Spannung zwischen der offiziellen Regierungspolitik und der gemäßigten Mehrheit der Niederländer hatte sich zu einem öffentlichen Konflikt entwickelt.

Die Bittschrift der Adligen brachte die Landvögtin Margarethe von Parma in eine äußerst heikle Lage. Zustimmen wollte sie nicht, abzulehnen wagte sie nicht. Sie gab daher eine vage Antwort: Solange noch eine Milderung der Ketzerverlautbarungen vorbereitet wurde, sollten die Richter so rücksichtsvoll auftreten, daß niemand sich zu beklagen habe[1]. »Milderung« war ein dehnbarer Begriff. Er brauchte nicht mehr zu bedeuten, als daß zum Widerruf bereite Ketzer fortan nicht mehr mit dem Tode bestraft würden. Er konnte auch bedeuten, daß die Protestanten endlich einen anerkannten Platz in der Gesellschaft erhalten sollten, wie sie ihn in Frankreich schon seit Jahren besaßen. Jedenfalls erweckte die Antwort Margarethes bei den Protestanten Zuversicht. Verbannte kehrten zurück; Ende Mai wurde im Süden öffentlich auf freiem Feld gepredigt. Dagegen schritt die Regentin ein. Ihre Autorität war jedoch schon zu schwach. Man erschien fortan bewaffnet zur Predigt. Mitte August geschah schließlich das, was lange schon befürchtet worden war: Die religionspolitischen und die sozialökonomischen Spannungen entluden sich in einem Bildersturm. Die Protestanten, die bisher eine unterdrückte Minderheit gewesen waren, wurden nun plötzlich aggressiv. Kirchen und Klöster wurden zerstört. In Antwerpen und großen Teilen Flanderns wurde der katholische Gottesdienst vollkommen eingestellt. Viele Gebiete fielen der Anarchie und Schreckensherrschaft zum Opfer.

Margarethe war machtlos. Ohne die Hilfe Oraniens, Egmonts, Hoornes und Hoogstratens konnte sie die Ordnung nicht wiederherstellen. Diese waren jedoch nur bereit, den Gewalttätigkeiten ein Ende zu machen, wenn Margarethe die protestantische Predigt öffentlich zuließ und eine Neuregelung der Religionsfrage unter Mitwirkung der Generalstaaten versprach. Margarethe blieb keine Wahl, und am 23. August gab sie nach. Als Vorgriff auf die erst noch in Verhandlungen mit den Generalstaaten zu findende definitive Regelung sollten die Predigten dort erlaubt werden, wo sie bisher schon gehalten worden waren. Zwei Tage später wurden diese Bedingungen von dem Bund der Adligen akzeptiert[2].

Oranien, Egmont und Hoorne gingen sofort daran, die neue Politik in die Tat umzusetzen. In Antwerpen, wo eine antikatholische Schreckensherrschaft wütete und kein Priester sich mehr auf die Straße wagte, ließ Oranien einige Rädelsführer hinrichten und sorgte für die Wiedereinführung des katholischen Gottesdienstes. Die Alleinherrschaft des Katholizismus stellte er jedoch nicht wieder her. Den Reformierten wies er zum Kirchenbau drei Plätze in der Stadt zu. Egmont und Hoorne trafen in Flandern und Tournai ähnliche Maßnahmen. Auch in den nördlichen Provinzen, in denen nur wenige Predigten unter freiem Himmel stattgefunden hatten, kamen nun die Protestanten aus ihren Schlupfwinkeln hervor. Manchmal wütete auch hier ein Bildersturm, oft auch wurde den Protestanten offiziell eine oder mehrere Kirchen zugewiesen. Eine Anzahl dem Protestantismus nahestehender Priester und zahllose Laien schlossen sich ihnen an[3].

Es sah so aus, als habe die versöhnende Politik des Zentrums gesiegt, aber es war eine Illusion, zu glauben, Philipp II. werde den Vertrag vom 23. bis 25. August 1566 sanktionieren. Auch für Margarethe war er lediglich ein Scheinzugeständnis. Der Bildersturm hatte zudem ihre Stellung wieder verstärkt. Viele, denen die Ketzerverfolgungen ein Greuel gewesen waren, unterstützten nun aus Furcht vor der Aggressivität der Protestanten die Regierung. Der Adelsbund fiel auseinander. Mit neuem Geld aus Spanien warb Margarethe wieder Truppen an. Als Valenciennes eine Besatzung verweigerte, wurde die Stadt am 14. Dezember in die Acht erklärt. Die Protestanten warben hastig Truppen, um die Stadt zu entsetzen, wurden jedoch am 27. und 29. Dezember 1566 geschlagen. Am 2. Januar 1567 rückten die Regierungstruppen überraschend in Tournai ein. In Flandern wurde an vielen Orten den Predigten ein Ende gemacht. Truppenwerbungen durch Brederode und andere Mitglieder des Adelsbundes im Einvernehmen mit den Konsistorien konnten den Wechsel der Gezeiten nicht aufhalten. Ihr Angriff auf die strategisch wichtige Insel Walcheren scheiterte an der abweisenden Haltung der Bevölkerung. Valenciennes mußte am 23. März kapitulieren, Margarethe triumphierte. Alle Zugeständnisse an die Protestanten wurden rückgängig gemacht. Egmont und Hoorne unterwarfen sich, Oranien und Hoogstraten begaben sich nach Deutschland, und viele andere gingen ebenfalls in die Verbannung.

Der erste Versuch des Zentrums, einen Modus vivendi für Katholiken und Protestanten zu finden, wie man ihn in Frankreich schon seit einigen Jahren kannte, war mißglückt, weil Philipp II. und Margarethe nicht mitmachten und weil der Bildersturm eine breite Kluft zwischen Protestanten und gemäßigten Katholiken gerissen hatte. Das Zentrum war auseinandergebrochen. Einige, wie Oranien, schlossen sich den Protestanten an, während die meisten, wie Egmont und Hoorne, fortan die Regierungspolitik als das kleinere Übel akzeptierten.

Obwohl Margarethe die Krise bereits gemeistert hatte und der Katholizismus im Sommer 1567 wieder die allein anerkannte Religion war, entsandte Philipp II. den Herzog von Alba mit spanischen und italienischen Elitetruppen, um die Niederlande zu strafen, die landesherrliche Macht zu stärken und ihr eine gesunde finanzielle Basis zu verschaffen. Im August 1567 kam Alba in Brüssel an, am 30. Dezember verließ Margarethe das Land.

Für die Bestrafung der »Schuldigen« setzte er in Widerspruch zu allen Landesrechten einen besonderen »Rat der Unruhen« (Conseil des Troubles) ein, der nicht nur Bilderstürmer und Aufständische aburteilte, sondern auch führende Katholiken, die 1566 den Protestanten Zugeständnisse gemacht hatten: Egmont und Hoorne wurden im September 1567 gefangengesetzt und im Juni 1568 hingerichtet. Die Ketzerverfolgung begann von neuem und forderte zahlreiche Opfer. Es ist Alba nicht geglückt, die finanziellen Probleme zu lösen und die fürstliche Gewalt dauerhaft zu stärken. Auch mit Hilfe der Armee hat er seinen Plan einer zehnprozentigen Abgabe auf den Verkauf aller fahrenden Güter (*Tiende Penning*) nicht durchsetzen können. Das kostspielige Heer war nicht einmal durch die von ihm erzwungenen höheren Abgaben zu unterhalten. Deshalb mußten schließlich die Bürger für die bei ihnen einquartierten fremden Truppen aufkommen. Die Abneigung gegen die spanischen Truppen wurde außerordentlich groß und spielte später, 1572, eine entscheidende Rolle.

Die Rigorosität Albas war auch mitverantwortlich für das Auftreten der Wassergeusen (s. unten), die eine schwere Hypothek auf dem Wohlstand der Niederlande, vor allem für Handel, Seefahrt und Fischerei, darstellten. Die Unzufriedenheit über die wirtschaftliche Malaise kehrte sich wieder gegen Alba.

Hohe Steuern, Armut und Arbeitslosigkeit, zusätzliche Lasten durch kostspielige fremde Truppen, respektable Mitbürger in die Verbannung getrieben, unschuldige Ketzer verbrannt – war es da verwunderlich, daß man von Duc d'Alve dem Tyrannen sprach, obwohl der Herzog persönlich integer war und nur seine Pflicht erfüllte, und von spanischer Tyrannei? Die harte Linie verstärkte die Macht des Königs nicht. Die Staatskasse war leer, die Truppen waren schlecht besoldet, die Festungen im Verfall. Moralisch fügte Alba dem Ansehen des Königs großen Schaden zu, da er ihm alle Gemäßigten entfremdete.

Unter den Protestanten in der Verbannung fand eine bedeutsame Entwicklung statt. Auf einer Synode 1571 in Emden, in Anwesenheit von Vertretern der Flüchtlingskirchen und Pfarrern der geheimen Kirchen in den Niederlanden, wurde die Annahme der Confessio Belgica von 1561 beschlossen. Erst in der Verbannung erhielt der noch recht wenig geprägte Protestantismus der nördlichen Niederlande deutlich einen eigenen, vorwiegend calvinistischen Stempel aufgedrückt, wie ihn die Kirchen in Flandern und Brabant schon vor 1566 besaßen[4].

Bereits 1568 unternahm Wilhelm von Oranien einen großangelegten Versuch, Alba zu vertreiben. An verschiedenen Punkten drang er von Deutschland aus mit seinem neugeworbenen Heer ins Land ein. Aber seine Truppen waren Albas spanischer Infanterie nicht gewachsen; außerdem blieb der erwartete Aufstand im Lande aus. Mit Schimpf und Schande mußte Oranien nach Frankreich fliehen. Dieser Feldzug wird allgemein als der Beginn des Achtzigjährigen Krieges angesehen, aber das ist nicht ganz richtig. Der bewaffnete Widerstand gegen Philipp II. hatte schon 1566 begonnen.

Nach dem mißglückten Feldzug irrten viele ohne jede Mittel in der Fremde umher. Ein Teil der Flüchtlinge zog sich aufs Meer zurück, weshalb sie Wassergeusen genannt wurden. Im Laufe der Jahre wurden sie durch weitere Flüchtlinge aus den Niederlanden verstärkt. Sie beraubten und plünderten Schiffe hauptsächlich aus den Alba unterworfenen Gebieten und gingen ab und zu an Land, um die ihrer Meinung nach ohnehin überflüssigen kostbaren Meßkelche, Sakramentshäuschen und ähnliches zu rauben. Emden, die Küsten Englands und der Hugenottenort La Rochelle waren ihre Basen. Oranien versuchte vergebens, sie zu einer disziplinierten Flotte zu ordnen[5].

1572 hatte Oranien wieder große Pläne. Mit Hilfe der französischen Hugenotten und der Wassergeusen wollte er das Land von Albas Tyrannei befreien. Noch ehe er seine Vorbereitungen abgeschlossen hatte, nahmen die Geusen Den Briel (1. April 1572). Vor allem dank der Tatsache, daß sie die Flüsse und Meeresarme beherrschten, gelang es ihnen, diese auf einer Insel gelegene Stadt gegen Albas Truppen zu verteidigen. Einige Tage darauf wollte Alba eine Garnison nach Vlissingen legen. Unter Anführung der Schützenhauptleute weigerte sich die Stadt jedoch (6. April). Zwei Wochen darauf wurden die Geusen eingelassen. Am 4. Mai folgte Veere diesem Vorbild, am 28. Mai Enkhuizen. Ludwig von Nassau besetzte am 24. Mai von Frankreich aus Mons. Alba betrachtete diese Bedrohung aus dem Land des alten Erbfeindes als die größte Gefahr und zog seine spanischen Truppen aus Holland ab. Die Geusen hatten nun freies Spiel in Holland und bekamen die meisten Städte in ihre Macht – nur Amsterdam nicht. Anfang Juli besetzte ein Schwager Oraniens Zutphen, und im Juli und August schlossen sich viele Städte in Gelderland, Overijssel und Friesland dem Aufstand an.

Oranien unternahm auch einen Angriff auf Brabant. Jedoch entschieden sich zu seiner großen Enttäuschung nur ein paar kleinere Städte und Mecheln für ihn. Grund dafür war wohl auch die Tatsache, daß Albas Hauptmacht in den südlichen Niederlanden stand; aber dies war gewiß nicht die alleinige Ursache: Die Unruhen von 1566/67 waren im Süden viel schwerer gewesen als im Norden. Vermutlich deswegen war die Angst vor neuerlichen Experimenten im Süden viel stärker.

Nach der Bartholomäusnacht in Paris am 24. August 1572 konnte Ludwig von Nassau keine weitere Unterstützung von Frankreich erwarten. Am 21. September mußte er Mons übergeben. Oranien begab sich nach Holland. Alba unterwarf mühelos Mecheln und die östlichen Provinzen. In Holland jedoch stieß er auf hartnäckigen Widerstand. Nur unter größter Anstrengung gelang es ihm, nach einer Belagerung von vielen Monaten Haarlem zu erobern (12. Juli 1573). Dann begann seine unbesoldete Armee zu meutern. Alkmaar konnte eine kurze Belagerung erfolgreich überstehen, Leiden sogar eine langwierige.

Es war kein Zufall, daß sich die Aufrührer nur in Holland und Seeland behaupten konnten. Das grausame Auftreten der Armeen Albas nach der Eroberung von Mecheln, Zutphen und

Naarden hatte den Verteidigungswillen gestärkt, und vor allem boten die holländischen und seeländischen Inseln sowie die Polder den Städten ungeahnte Möglichkeiten, sich erfolgreich gegen eine große Übermacht zu verteidigen. Die tiefer liegenden Gebiete unter Wasser zu setzen, war die wirksamste Waffe der Aufständischen, die sie schon während der ersten Monate bei Den Briel und Vlissingen anwandten.

Der Aufstand in diesen Gebieten wurde nicht nur von den Protestanten getragen, sondern mindestens genauso stark von anderen Gruppen, die Albas Tyrannei, Zentralismus und Absolutismus verabscheuten. In den ersten entscheidenden Wochen spielten insbesondere die in schreckliche Armut gefallenen Fischer und Seeleute eine außerordentlich bedeutsame Rolle. Als sich der Aufstand ausweitete, flohen einige tausend Katholiken aus Holland.

Daß die Geusen in den ersten Monaten eine Anzahl Priester bestialisch ermordeten, wurde von vielen als ein beklagenswerter Exzeß angesehen, der für den Aufstand nicht gerade repräsentativ sei; aber wer den Aufstand unterstützte, mußte doch wohl zumindest bereit sein, den Protestanten einen anerkannten Platz einzuräumen. Auf der ersten freien Staatenversammlung zu Dordrecht (19.–23. Juli 1572) wurde beschlossen, daß sowohl die Reformierten als auch die Römischen (in dieser Reihenfolge!) ihre Gottesdienste frei ausüben sollten. Dies entsprach den Idealen Oraniens, ließ sich aber in der Praxis nicht aufrechterhalten. Die meisten Reformierten wollten prinzipiell nur den Calvinismus als einzige Religion zulassen, und viele befürchteten, die Katholiken würden in dem harten Kampf gegen Alba nicht die notwendige Standhaftigkeit an den Tag legen. Ende 1572 und Anfang 1573 wurde die Messe verboten.

Von da an wurde der Aufstand von einer außerordentlich entschlossenen, aber nicht sehr großen Gruppe Reformierter getragen, für die der Aufstand ein Kampf für den wahren Glauben war, und von einer großen Gruppe, die, ohne selbst reformiert zu sein, keine oder keine starken Bedenken gegen die Unterdrückung der Katholiken hatte. Für diese letztere Gruppe war der Aufstand primär ein Kampf gegen Albas Tyrannei, ein Kampf für die alten Vorrechte, für die alte Freiheit.

Vier Jahre lang verteidigten sich Holland und Seeland unter Führung Oraniens in einem heroischen Kampf. Die Aufständischen konnten deshalb so lange aushalten, weil sie die wichtigsten Handelswege beherrschten und durch ihren Handel den Krieg zu finanzieren vermochten.

[1] Kompromiß, Bittschrift u. Antwort Margarethes in: G. Groen van Prinsterer (Hg.), Archives ou correspondance inédite de la maison d'Orange-Nassau (1835–1847). Bd. 2, S. 2–7, 80–85.

[2] J. S. Theissen u. H. A. Enno van Gelder (Hgg.), Correspondance française de Marguerite d'Autriche, duchesse de Parme, avec Philippe II. 3 Bde (1925–1942), Bd. 2, S. 325–332. Vertragstext in: Antwerpsch Archievenblad XI, S. 41.

[3] Die wenigen Untersuchungen z. Frage d. sozialen Hintergrundes d. Protestantismus zeigen, daß gutsituierte Bürger einen bedeutenden Anteil an d. Bildung d. protestant. Gemeinden hatten: M. Delmotte, Het Calvinisme in de verschillende bevolkingslagen te Gent 1566/67. In: TGGroningen 76 (1963), S. 145–176; J. Decavele, De reformatorische beweging te Axel en Hulst 1556–1566. In: BijdrGNederl 20 (1965), S. 1–23; G. Moreau, Histoire du protestantisme à Tournai jusqu'à la veille de la Révolution des Pays-Bas (1962); J. J. Woltjer, Friesland in Hervormingstijd (1962).

[4] A. A. van Schelven, De Nederduitsche vluchtelingenkerken der 16e eeuw in Engeland en Duitschland in hunne beteekenis voor de reformatie in de Nederlanden (1908); F. L. Rutgers (Hg.), Acta van de Nederlandsche synoden der XVIe eeuw (1889).

[5] B. Hagedorn, Ostfrieslands Handel u. Schiffahrt im 16. Jh. (1910). S. 222–319; J. C. A. de Meij, De Watergeuzen en de Nederlanden 1568 tot 1572 (1972).

c. Befriedung und Spaltung der Niederlande (1576–1580)

Der Kampf mit Holland und Seeland lastete schwer auf den Provinzen, die noch unter Philipps Herrschaft standen. Die Truppen, und ganz besonders die spanischen, waren eine große Belastung; der Krieg stellte hohe finanzielle Forderungen, und die Aufrührer in Holland und Seeland blockierten die Haupthandelsstraßen. Je länger sich der Krieg hinzog, desto mehr bekamen die Zentrumsgruppen wieder deutlich ein eigenes Programm: Frieden in den Niederlanden durch Zugeständnisse an die Protestanten in Holland und Seeland.

Die von Albas Nachfolger Requesens 1574 während der Belagerung Leidens einberufenen Generalstaaten drängten auf Friedensunterhandlungen mit den aufständischen Provinzen. Schon vorher waren mit Wissen des Landvogts unter der Hand Versuche unternommen worden, mit Holland und Seeland Kontakt aufzunehmen. Mit Zustimmung der Regierung wurden von März bis Juli 1575 in Breda offizielle Verhandlungen geführt. Sie blieben jedoch erfolglos, weil der König von Zugeständnissen an die Protestanten nichts wissen wollte. Die niederländischen Unterhändler des Königs waren damit jedoch nicht einverstanden. Sie forderten »de s'en eslargir un peu plus avant de la part de sa Majesté, pour mettre fin à tant de calamitez«. Elbertus Leoninus setzte eine entsprechende Remonstranz auf, die, von allen unterzeichnet, nach Spanien gesandt wurde. Gleichzeitig wurden geheime Unterhandlungen mit Oranien, Holland und Seeland aufgenommen. Leoninus' Vorschläge wurden zu dessen großer Freude von Oranien und seiner Partei angenommen, jedoch von Requesens und dem Staatsrat verworfen, namentlich von Requesens selbst und von Roda, »disant ledit Roda au docteur susdit (Leoninus), qu'il avoit d'affaire d'une grande absolution, à cause d'avoir eu tant de hantise avec les hérétiques«[1].

Deutlich standen sich hier der rechte Flügel, der die Ketzerei bis zum äußersten bekämpfen wollte, und das Zentrum gegenüber, das aus Opportunismus oder aus Überzeugung einen Modus vivendi mit den Protestanten finden wollte und dafür zu mehr oder weniger großen Zugeständnissen bereit war. Zum Zentrum gehörte die Mehrheit der Einwohner. Trotzdem war es dem König seit 1567 mit Hilfe seiner spanischen Landvögte und ihrer Armeen selbst um den Preis eines Bürgerkriegs gelungen, den Niederländern seine extreme Politik aufzuzwingen. Kurz nach den mißglückten Friedensverhandlungen von Breda verlor Philipp II. seine wichtigsten Stützen: Am 4. März 1576 starb Requesens, ohne daß für seine Nachfolge Vorkehrungen getroffen gewesen wären; die unbesoldeten Truppen meuterten. Der Staatsrat, der normalerweise den Landvogt nur beriet, übernahm nun selbst die Regierung, doch besaß er keine Autorität. Die Unordnung nahm zusehends zu.

In dieser Notlage ergriff eine Gruppe Gemäßigter die Macht, um das Land vor den meuternden Truppen zu schützen und vor allem dem Kampf mit Holland und Seeland ein Ende zu machen. Am 4. September wurden fast alle Mitglieder des Staatsrats gefangengesetzt. Zwei Tage später beriefen die Stände Brabants eigenmächtig die Generalstaaten ein. Da dieser Aufruf wenig Erfolg hatte, ließ man einige Mitglieder des Staatsrats wieder frei, und dieser Rumpf-Staatsrat berief seinerseits die Generalstaaten ein. Nach und nach erschienen nun die meisten Provinzen auf der Versammlung in Brüssel.

Das Hauptziel dieser Versammlung war das Ende des Kampfes mit Holland und Seeland. Die abgebrochenen Verhandlungen wurden wiederaufgenommen – auch Leoninus gehörte wieder zu den Abgesandten –, und bereits zehn Tage nach Beginn der Gespräche wurde Übereinstimmung erreicht über einen Vertragsentwurf, der wiederum zehn Tage später, am 8. November 1576, offiziell unterzeichnet wurde. Diese Pazifikation von Gent bestimmte: Holland, Seeland und die übrigen Provinzen sollten fortan unzertrennliche Freundschaft und Frieden halten. Alles Geschehene sollte vergeben und vergessen sein. Die Verbannten sollten also zurückkehren können. Man ging noch weiter: Nicht nur wurde der Friede gegen den Willen des Königs geschlossen, es sollten auch fortan beide Parteien einander beistehen, um die spanischen Soldaten und anderen Fremdlinge aus dem Land zu vertreiben, da diese versucht hätten, das Land in ewige Sklaverei zu stürzen. Der Abzug der fremden Truppen sollte nicht nur das Land von großer Belastung befreien, sondern zugleich dem König die Möglichkeit nehmen, seine Anschauungen ein zweites Mal mit Gewalt aufzuzwingen und das Land wieder in einen Bürgerkrieg zu treiben. Es sah so aus, als sei nach viereinhalb Jahren Krieg endlich Friede in Sicht.

Das Vorgehen des Staatsrats und der Generalstaaten war durch und durch ungesetzlich. Die gegen Philipps ausdrücklichen Willen zusammengetretenen Staaten hatten Holland und Seeland gerade die Zugeständnisse gemacht, die der König während der Verhandlungen in Breda ausdrücklich verworfen hatte. Daß sie nun auch noch seine Truppen aus dem Land entfernen wollten, machte die Sache nur schlimmer. Freilich bedeutete der Friedensschluß nicht, daß sich die katholischen Provinzen der Führung Hollands und Seelands unterworfen hätten. Mit ihrem eigenen Programm hofften sie vielmehr, die Führung gegen die Protestanten zu behalten. Wenn sie damit auch kein Glück hatten, so war ihre Politik jedoch vollkommen begründet. Allein Philipps Unnachgiebigkeit gegenüber den Ketzern hatte das seit Beginn der sechziger Jahre vorausgesehene Unheil gebracht und sogar zur Unterdrückung der Katholiken in Holland und Seeland geführt. Die Chance zur schnellen Beendigung des Kampfes durch die Eroberung Hollands und Seelands bestand nicht, das Land war erschöpft und sehnte sich nach Frieden. Der einzig mögliche Ausweg aus den Schwierigkeiten schien eine Übereinkunft mit den Aufständischen, und man schloß diese Übereinkunft eigenmächtig, in der Hoffnung, Philipp II. werde sich damit abfinden. Die Generalstaaten waren weit entfernt davon, in einem Aufstand Philipp abzusetzen; jedoch wollten sie den König mit einem Fait accompli zu dem ihrer Meinung nach Vernünftigen zwingen.

Diese Politik war gefährlich, aber waren die Gefahren wirklich so groß? Fünfzehn der siebzehn Provinzen, darunter die mächtigen Brabant und Flandern, waren katholisch, nur in zweien lag die Macht in den Händen der Protestanten. Immerhin barg ein Friede weniger Risiken für den Katholizismus als der Krieg. Zwar waren beim Friedensschluß die Herrschaft der Protestanten in Holland und Seeland anerkannt und die Ketzerverordnungen suspendiert worden, aber es war auch ausdrücklich jede Beeinträchtigung des Katholizismus außerhalb Hollands und Seelands verboten worden. Die endgültige Regelung der Religionsfrage war einer Sonderversammlung der Generalstaaten nach der Wiederherstellung des Friedens und nach dem Abzug der Spanier vorbehalten. Angesichts ihres zahlenmäßigen Übergewichts konnten die Katholiken dem ruhig entgegensehen.

Die Politik der Generalstaaten beruhte auf der Voraussetzung, daß es möglich wäre, Philipp zu gewinnen. Das schien gar nicht so unwahrscheinlich, weil ihm kaum noch eine Alternative geblieben war. Aber diese Annahme war falsch. Philipp hielt es unter allen Umständen für unzulässig, Ketzer zu tolerieren, wie dies die Politik der Staaten war. An Philipp mußte darum die Versöhnungspolitik der Generalstaaten scheitern.

Die drei schon in den 60er Jahren vorhandenen Gruppen waren Ende 1576 zu klar voneinander unterschiedenen politischen Größen geworden. Der König und seine Anhänger, die den Protestantismus nicht tolerieren wollten, hatten freilich nur in Luxemburg die Macht in Händen. Die Protestanten herrschten in dem größten Teil von Holland und Seeland, und zwischen beiden, sowohl politisch als auch geographisch, stand das Zentrum, das in den Generalstaaten dominierte. In seiner überwiegenden Mehrheit eher katholisch, war es trotzdem nicht geneigt, Philipps II. hartem Kurs zu folgen. Die wichtigste politische Frage der nächsten Jahre bestand darin, ob die Mittelgruppe ihre Führung behalten könne, oder ob sie sich mit einer der beiden extremen Parteien zusammenschließen müßte. Dies wurde in den Jahren 1576 bis 1580 entschieden.

Im November 1576 traf der neue Landvogt Don Juan in Luxemburg ein. Wegen seiner Machtlosigkeit konnten die Staaten ihm das Zugeständnis abringen, sein Amt nicht eher anzutreten, bis die spanischen, italienischen und burgundischen Truppen das Land verlassen hätten, und nur noch Einheimische mit Ämtern zu betrauen. Im entscheidenden Punkt weigerte er sich jedoch. Durchaus in Übereinstimmung mit Philipp verlangte er vollständige Aufrechterhaltung des Katholizismus und ein Verbot des Protestantismus selbst in Holland und Seeland. Entgegen der Pazifikation von Gent nahmen die Staaten dem Frieden zuliebe Don Juans Bedingungen im Ewigen Edikt vom 17. Februar 1577 an. Holland und Seeland zogen daraufhin aus den Generalstaaten aus, in die sie nach der Pazifikation wieder zurückgekehrt waren, und bereiteten sich wieder auf den Kampf vor. Das fundamentale Problem, die Versöhnung zwischen König und Holland, war nicht gelöst; aber dennoch konnten die Generalstaaten mit dem Ergebnis zufrieden sein: Zum ersten Mal seit 1572 gab es in den Niederlanden keinen Kriegszustand mehr. Die spanischen Truppen, die eine so große Belastung gewesen waren, verließen im Frühjahr 1577 das Land. Nach ihrem Abzug konnte Don Juan am 12. Mai offiziell sein Amt antreten.

Die Freude über die Wiederherstellung des Friedens durch die Pazifikation und das Ewige Edikt war nur von kurzer Dauer. Sofort versuchten die beiden extremen Parteien durch Intrigen und andere Manöver, ihre Position zu verbessern und sich die Mittelgruppen soweit wie möglich für den Fall eines neuen Konflikts zu verpflichten. Don Juan hielt die Wiederaufnahme des Kampfes gegen die beiden protestantischen Provinzen für notwendig. Da es ihm nicht glückte, die Generalstaaten mit friedlichen Mitteln für seine Vorstellungen zu gewinnen, griff er zur Gewalt. Am 24. Juli 1577, keine drei Monate nach seinem Amtsantritt, bemächtigte er sich mit List der Zitadelle von Namur. Damit bewirkte er gerade das, was er hätte verhindern müssen: Er entfremdete sich die Mittelgruppen. Ein offener Bruch konnte noch verhütet werden, aber der Kampf um die Macht wurde in jeder Provinz, jeder Stadt geführt. Auch diesmal war die Auseinandersetzung in den großen Städten Flanderns und Brabants am heftigsten. Die Brüsseler Nationen, also die Zünfte, wählten schon im August 1577 einen Kriegsrat von achtzehn Mitgliedern, der rasch zum führenden Organ in der Stadt wurde. Gent folgte diesem Beispiel. Die Generalstaaten luden im September 1577 Oranien nach Brüssel ein. Sein Einzug war ein Triumphzug. Oranien war das Symbol der Zusammenarbeit zwischen Zentrum und linkem Flügel.

Die Generalstaaten begriffen schließlich, daß eine Verständigung mit Don Juan nicht möglich war, und nahmen den Fehdehandschuh auf, den er ihnen mit seinem Angriff auf Namur zugeworfen hatte. Am 7. Dezember 1577 erklärten sie ihn zum Landesfeind. Einen Neffen Philipps II., den neunzehnjährigen Erzherzog Matthias von Österreich, mit dem der Herzog von Aerschot schon längere Zeit verhandelt hatte, ernannten sie am folgenden Tag zum Landvogt. Das bedeutete den endgültigen Bruch zwischen der Rechten und dem Zentrum. Der Krieg begann aufs neue. Während vor 1576 die Rechte mit Unterstützung einer unwilligen Mittelgruppe gegen die Linke gekämpft hatte, stand jetzt das Zentrum mit der Linken gegen die Rechte. Nur Luxemburg, Namur und einige andere Garnisonstädte waren in den Händen Don Juans; die Mehrheit der siebzehn Provinzen der Niederlande machte gemeinsame Sache mit Holland und Seeland. Eine Anzahl Funktionäre, die man verdächtigte, mit Don Juan zu sympathisieren, wurden ihres Amtes enthoben. Der Krieg verlief unglücklich. Am 31. Januar 1578 erlitt die Armee der Generalstaaten bei Gembloux eine Niederlage. Selbst Brüssel war bedroht, weshalb die Generalstaaten nach Antwerpen zurückwichen. Die schon für Alba und Margarethe verhängnisvolle Tatsache, daß es kein angemessenes und einheitliches Steuersystem gab, wirkte sich jetzt lähmend auf die Kriegsanstrengungen der Generalstaaten aus. Einige Provinzen nutzten die Geldnot Matthias' sogar aus, um ihre besonderen Wünsche durchzusetzen, und vergaßen, daß das Wichtigste der gemeinschaftliche Kampf gegen Don Juan war.

Das Gebäude der Pazifikation von Gent, die Zusammenarbeit von Katholiken und Protestanten gegen die »spanische Tyrannei«, hatte angesichts der Belastung der Niederlage bei Gembloux keinen Bestand. Die Situation wurde wegen der alten sozialen Spannungen, namentlich in Flandern, noch weiter kompliziert. Anders als 1566 hatten die sozialen Spannungen ihren Schwerpunkt dieses Mal nicht im Industriegebiet des Südwestens, sondern in Gent, das wegen seiner Vergangenheit von einer großen und demokratischen Zukunft träumte. Den soeben erst von den Generalstaaten ernannten Statthalter Aerschot, der die Wiederherstellung aller vor 1539 bestandenen Vorrechte Gents nicht anerkennen wollte, setzten die Genter mit den Bischöfen von Brügge und Ypern und einigen anderen gefangen. Nach der Niederlage der Staaten-Armee bei Gembloux wurde Gent noch dreister und bemächtigte sich einer

Reihe von Städten in seiner Nähe. Im Mai 1578 fielen vier Klöster einem Bildersturm zum Opfer, und im Juni predigten die Protestanten wieder öffentlich. Der aggressivste Calvinismus eines Petrus Dathenus vermischte sich mit den uralten demokratischen Bestrebungen der Genter Bevölkerung. Dem standen die konservativen Zentrumsgruppen machtlos gegenüber. In Gent und den von ihm beherrschten Gebieten wütete im Sommer 1578 ein antikatholischer Terror. Jedes Mißgeschick der Generalstaaten, in denen Katholiken den Ton angaben, war für die Genter Calvinisten ein weiterer Ansporn, die Macht an sich zu reißen. In Holland vollzog sich eine ähnliche Entwicklung. Nach der Genter Pazifikation hatten sich die Städte, die noch in der Hand der Katholiken geblieben waren, nach und nach durch Satisfaktionsverträge unter ausdrücklicher Wahrung ihrer katholischen Rechte Oranien und den Staaten Hollands unterworfen. Nach der Niederlage bei Gembloux hatten die Protestanten jedoch, in der einen Stadt früher, in der anderen später, unter Bruch der gerade geschlossenen Verträge, genau wie Ende 1572/Anfang 1573, die Macht an sich gerissen und die Ausübung des Katholizismus verboten.

Die Politik des katholischen Zentrums war also risikoreicher als erwartet. Ein gutes halbes Jahr nach dem endgültigen Bruch mit Don Juan herrschten die Protestanten in großen Teilen Flanderns. Je größer die Macht der Genter Demokraten und Calvinisten wurde, desto mehr zögerten die Katholiken und Konservativen, und je länger sie zauderten, desto aggressiver wurden die Genter und Calvinisten. Das war ein Teufelskreis, der nicht zu durchbrechen war. Er führte zur Vernichtung des Zentrums als politischem Faktor. Oraniens Versuche, die Parteien durch einen Religionsfrieden zu versöhnen, scheiterten. Die konservativen Elemente, vor allem in den wallonischen Provinzen, aber auch sonstwo (die sogenannten *Malcontenten*), drängten auf eine Versöhnung mit dem König, notfalls auf Kosten eines Bruches mit den Generalstaaten. Im Januar 1579 schlossen sich die wallonischen Provinzen in der Union von Arras (Atrecht) zusammen.

Schon kurz nach Abschluß der Genter Pazifikation waren Vorschläge zu besonderen Bündnissen zwischen einzelnen Provinzen gemacht worden. So suchte Holland in der Erwartung, daß sich die anderen Provinzen nördlich des Rheins anschließen würden, Verbindung mit Gelderland, das die Übergänge über die großen Flüsse und den Zugang nach Holland beherrschte.

Als 1578 die Lage in den südlichen Niederlanden beunruhigend wurde, nahm dieser Plan im Sommer konkrete Formen an: Am 10. Januar 1579 wurde die »Nähere Union«, die Union von Utrecht, unterzeichnet. Das Ergebnis war jedoch etwas ganz anderes, als den Initiatoren vorgeschwebt hatte. Anfänglich war eine Vereinigung der sieben Provinzen nördlich der großen Flüsse, also der fünf größtenteils katholischen Provinzen mit Holland und Seeland, geplant gewesen. Die endgültige Union wurde jedoch von Holland und Seeland, von einer Mehrheit Utrechter Ständevertreter, von Johann von Nassau und den ihre Befugnisse überschreitenden Abgesandten der Geldernschen Ritterschaft, vom Groninger Land und einige Tage später von Gent geschlossen.

Die Haltung von drei der vornehmsten Unterzeichner kennzeichnet das Wesen der Union: Holland und Seeland hatten im Laufe des Jahres 1578 alle Garantien, die den Katholiken in den Satisfaktionsverträgen gewährt worden waren, verletzt; Johann von Nassau, seit 1578 Statthalter von Geldern, förderte den Protestantismus mit viel Eifer und wenig Rücksicht, das aggressive Auftreten der Genter Calvinisten war sogar eine der Hauptursachen für die Schwierigkeiten der Generalstaaten. Mit anderen Worten: Die Union war eine Organisation der aggressiven Linken. Die Zulassung Gents zur Union bedeutete, daß die Union den Gentern sogar moralische Unterstützung gab. In Anbetracht dieser politischen Tatsachen hatte der Wortlaut des Vertrags nur wenig zu besagen. Er wäre für viele annehmbar gewesen, nicht aber die Unterschriften, die darunter standen. Auch Oranien hielt sich vorläufig abseits.

Die wallonischen Provinzen, die sich in der Union von Arras vereinigt hatten, wandten sich im Frühjahr 1579 endgültig von den Generalstaaten ab und schlossen im Mai 1579 zu Arras einen Sonderfrieden mit Philipp II., der ihre Rechte sicherte[2]. Oranien unternahm auf einer Sonderversammlung der Generalstaaten in Antwerpen noch einmal einen erfolglosen Versuch, Zentrum und Linke zu einem gemeinsamen Auftreten zu bewegen. Da dies erfolglos blieb, schloß er sich nun wieder enger an die Linke an und erklärte am 3. Mai seinen Beitritt zur Union von Utrecht. So verlor das Zentrum nach rechts und links immer mehr Anhänger.

Seine Position wurde immer heikler, nicht nur der Forderungen Parmas wegen, der Nachfolger des am 1. Oktober 1578 gestorbenen Don Juan geworden war, sondern vor allem wegen der maßlosen Ansprüche seiner linken Bundesgenossen. Solange der Krieg andauerte, waren die Katholiken des Zentrums den Protestanten gegenüber machtlos. Da darum eine Fortsetzung des Krieges das Ende des Katholizismus zu bedeuten schien, hielten die Führer des Zentrums es für absolut notwendig, daß Philipp II. ihr altes Programm ausführe und durch Zugeständnisse an die Protestanten den Frieden wiederherstelle. Philipp II. mußte endlich begreifen, daß der von Don Juan angefangene Krieg dem Katholizismus nur Nachteile gebracht hatte. In einem Frieden würde der Einfluß des Katholizismus von selbst wieder zunehmen, da sich die Protestanten durch ihre Gewalttätigkeit keine Freunde gemacht hätten. Ein solcher Friede würde dafür zwar keine sichere Gewähr bieten, aber im Krieg waren die Gefahren viel größer. Von Toleranz erwartete man unter den gegebenen Umständen für den Katholizismus günstigere Resultate als von einer Politik der Stärke.

Im Frühjahr 1579 schien sich eine Möglichkeit für einen Erfolg dieser Politik des Zentrums zu eröffnen. Unter Vermittlung des deutschen Kaisers sollten in Köln Friedensverhandlungen stattfinden. Die Generalstaaten schickten eine Delegation, die sich aus sechs Katholiken und vier Nichtkatholiken zusammensetzte. Diese Katholiken, darunter der Herzog von Aerschot und Van der Linden, der Abt von Sankt Gertrud, kämpften in Köln mit dem Rücken zur Wand. Wenn es ihnen jetzt nicht gelang, Philipp II. dazu zu bringen, den Protestantismus zu dulden, würde der endgültige Mißerfolg der Politik besiegelt sein, die sie seit 1576 angestrebt hatten; ihnen selbst bliebe dann nur die Wahl zwischen der Linken und der Rechten. Deshalb strengten sich die Gesandten bis zum letzten an, die für den Frieden nötigen Zugeständnisse zu erlangen. Van der Linden und zwei weitere katholische Abgesandte suchten Philipps Stellvertreter Terranova auf, um ihn davon zu überzeugen, daß ihre Ansicht die einzig richtige sei und daß Philipps Politik nicht nur die Niederlande, sondern auch den niederländischen Katholizismus ins Verderben stürze. Van der Linden legte Terranova eine entsprechende Denkschrift vor. Vier katholische Gesandte versuchten beim päpstlichen Nuntius, Konzessionen für die Protestanten zu erwirken und so Terranovas Skrupel zu beseitigen.

Die Argumente der Staaten-Gesandten machten anscheinend Eindruck. Terranova ließ sogar die sehr entgegenkommenden Vorschläge der kaiserlichen Kommissare vom 18. Juli zu. Auf politischem Gebiet schien auf der Grundlage dieser Vorschläge eine Übereinkunft möglich. Die Schwierigkeit lag jedoch in der Religionsfrage. Ihre Regelung sollte Philipp überlassen werden. Den Generalstaaten wurde nur noch eine beratende Stimme dabei zugebilligt. Dazu sollte nur Gewissens-, aber keine Religionsfreiheit zugestanden sein, während der protestantische Gottesdienst vorläufig nur dort geduldet sein sollte, wo die Protestanten zur Zeit der Pazifikation die Macht innegehabt hatten. Dort, wo der Protestantismus erst nach diesem Zeitpunkt eingeführt worden war, sollte dagegen der Katholizismus wiederhergestellt werden.

Obwohl Terranova die Vorschläge der kaiserlichen Kommissare als Verhandlungsgrundlage anerkannte, wartete er selbst mit seiner eigenen Stellungnahme, bis er die Antwort der Staaten kannte. Die meisten Katholiken fanden die Artikel akzeptabel, und so riet die Mehrheit der Delegation in Köln dann auch dazu, die Vorschläge anzunehmen. Zwar würde man nicht alles bekommen, was man sich wünschte; aber war das nicht noch immer besser, als den elenden Krieg fortzusetzen? Für die Protestanten waren die Vorschläge unannehmbar. Ein Verbot des protestantischen Gottesdienstes außerhalb Hollands und Seelands und in den Städten, die sich nach 1576 durch Satisfaktionsverträge ihnen angeschlossen hatten, bedeutete einen Rückschlag. Obendrein sollten die Duldung des Protestantismus in Holland und Seeland und die Gewissensfreiheit anderswo nur bis zur endgültigen Regelung der Religionsfrage gültig sein, die nicht durch die Generalstaaten allein, sondern nur mit ihrem Rat vorgenommen werden sollte. Es gab also überhaupt keine Garantie dafür, daß die Protestanten irgendwo Religions- oder auch nur Gewissensfreiheit behalten würden. Selbst viele nicht praktizierende Protestanten zogen es vor, den Kampf an der Seite Hollands und Seelands fortzusetzen.

Während der Kölner Verhandlungen wurde in vielen Städten ein heftiger Streit ausgefochten zwischen den friedenswilligen Katholiken und der vorwiegend protestantischen Linken, die den Krieg so kräftig wie möglich fortsetzen wollte. Die Vorschläge des 18. Juli waren Öl aufs Feuer. Es wurde darum Ende November 1579, bis die Staaten ihre Antwort definitiv geben konnten. In vielen Städten hatte die Linke den Sieg davongetragen. Antwerpen, Brüssel, Ypern und Brügge hatten sich an die Linke angeschlossen und die Union von Utrecht unterzeichnet. In den nordöstlichen Provinzen hatten die Streitigkeiten unterschiedliche Ergebnisse. Jedenfalls war es die Mehrheit der Generalstaaten, die die Kölner Friedensvorschläge ablehnte.

Die Friedensverhandlungen in Köln waren für das Zentrum die letzte Hoffnung gewesen. Die Versöhnungspolitik des Zentrums hatte sich drei Jahre nach Abschluß der Pazifikation von Gent als vollkommener Fehlschlag erwiesen. Philipp II. machte nicht mit, und die großen sozialen und politischen Spannungen, vor allem in Flandern und Brabant, hatten sich mit den religiösen Gegensätzen zu einem unlösbaren Problem verbunden. Die Generalstaaten hatten mit ihrer Politik nicht den Frieden gebracht, sondern nur den Weg für eine enorme Machterweiterung der Linken freigemacht.

Ein führender Katholik blieb noch treu auf der Seite des Aufstandes: George Lalaing, Graf von Rennenberg, der Statthalter der nordöstlichen Provinzen. Er sah jedoch bald ein, daß für ihn kein Platz an der Seite Johann von Nassaus und der Genter Calvinisten war. Statt sich öffentlich auszusprechen, begann er heimlich Verhandlungen mit Parma. Auch zur Wahrung seiner persönlichen Interessen spielte er monatelang ein doppeltes Spiel. Daß er am 3. März 1580 Groningen überraschend auf die Seite des Königs brachte, löste eine heftige antikatholische Reaktion aus. Der katholische Gottesdienst wurde nun auch außerhalb Hollands und Seelands verboten.

Der Mißerfolg der Kölner Friedensverhandlungen und der sogenannte Verrat Rennenbergs besiegelten den endgültigen Untergang des Zentrums als politischer Macht. Der Mittelweg, den es 1576 zum zweitenmal eingeschlagen hatte und den die Mehrheit der Bevölkerung auch jetzt noch vorzog, war ungangbar wegen der unbeugsamen Haltung Philipps II. und des Radikalismus der Genter. Die alten Anhänger einer Zentrumspolitik konnten nun wie 1567 nichts anderes tun, als sich einer der beiden extremen Parteien anzuschließen oder sich ins Privatleben zurückzuziehen. Jetzt waren die Parteien gebildet, die das Kampffeld in Zukunft beherrschen sollten. Die Waffen sollten das Weitere entscheiden.

Die siebzehn Provinzen der Niederlande waren zerrissen in einen katholischen und einen protestantischen Teil. Die Trennungslinie verlief jedoch nicht wie die heutige Grenze zwischen Belgien und den Niederlanden. Gent, Brügge, Ypern und Antwerpen gehörten zum protestantischen Teil, Groningen, das östliche Overijssel und Gelderland waren katholisch. Mehr als ein halbes Jahrhundert von Feldzügen und Belagerungen sollte noch nötig sein, um die Grenzlinie zustande zu bringen, die ungefähr der heutigen Grenze zwischen den Niederlanden und Belgien entspricht.

Im Anfang war Parma der Überlegene: 1579 eroberte er Maastricht, der Verrat Rennenbergs brachte ihm die östlichen Randgebiete der Niederlande ein, und in den folgenden Jahren kamen die südlichen Niederlande hinzu, zuletzt 1585 Antwerpen. Im Süden wurde der Katholizismus wieder eingeführt. Die Protestanten – zum Beispiel in Antwerpen gab es noch sehr viele[3] – wurden vor die Wahl gestellt, entweder überzutreten oder das Land zu verlassen. Drei Faktoren sollten in der nächsten Zeit den südlichen Niederlanden, Belgien, ihren Stempel aufdrücken: die Gegenreformation, die große Selbständigkeit der Gebiete, die im Frieden von Arras bestätigt wurde, und die Absperrung der Schelde durch die nördlichen Provinzen, wodurch Antwerpen seine Stellung als das bedeutendste internationale Handelszentrum verlor.

[1] A. E. M. Janssen, Elbertus Leontinus (1519/20–1598), Témoin de son temps. In: Lias IV (1977), S. 157–194, 276.

[2] H. de Schepper, Hervorming van de kollaterale raden als voorwaarde tot de Waalse »reconciliatie« in 1578/79. In: BijdrGNederl 20 (1965), S. 1–23.

[3] R. Boumans, De getalsterkte van katholieken en protestanten te Antwerpen in 1585. In: RevBelgPhilolHist 30 (1952), S. 741–798. Über die Periode 1576–1580: L. Delfos, Die Anfänge der Utrechter Union 1577 bis 1587. In: Hist. Studien 375 (1941), und J. J. Woltjer, Friesland in Hervormingstijd (1962). S. 239–311.

d. Die Gründung der Republik der Vereinigten Niederlande (1580–1648)

Wie nach 1572 in Holland und Seeland wurde der Aufstand jetzt in allen aufständischen Provinzen von einer entschlossenen, wenn auch nicht sehr großen Gruppe Reformierter getragen, die ihn als Kampf für den wahren Glauben führte, und von einer größeren Gruppe, die, ohne selbst reformiert zu sein, keine oder keine starken Bedenken gegen die Unterdrückung der Katholiken hatte. Für sie war der Aufstand ein Kampf für die alten Vorrechte, für die alte Freiheit. Die erste Gruppe wurde nach der Eroberung Flanderns und Brabants durch Parma durch viele Flüchtlinge aus den südlichen Niederlanden verstärkt. Beide Gruppen stellten in vielen Gebieten nur eine Minderheit dar. Eben deshalb verboten die Generalstaaten 1581 den städtischen Regierungen, wie bisher bei wichtigen Beschlüssen auch den Rat der Schützen und Zünfte einzuholen. Dieses parteiische Regiment behauptete sich weniger, weil es terrorisierte, als vielmehr, weil es keine wirkliche Alternative gab. Denn eine Versöhnung mit dem König wollten die wenigsten.

Um die Lage der Aufständischen war es nach 1585 schlecht bestellt. Die Hilfe aus Frankreich unter dem Herzog von Anjou in den Jahren 1580 bis 1584 hatte viel Zwietracht in den eigenen Reihen und wenig Vorteile gebracht. Oranien hielt französische Unterstützung für die einzige Chance; aber viele seiner Anhänger wollten vom katholischen Herzog von Anjou nichts wissen. Trotzdem setzte Oranien sich durch. Unzufrieden über die geringe ihm zugedachte Rolle ließ Anjou sich zu einem Staatsstreich verleiten, der mißlang und ihn noch mehr diskreditierte. Nach dem Tode Anjous boten die Generalstaaten Heinrich III. die Herrschaft an, aber dieser lehnte ab. Schon vorher, am 10. Juli 1584, war Oranien durch Mörderhand gefallen. Die Generalstaaten suchten nun Unterstützung bei Elisabeth von England, die wegen des drohenden vollkommenen Sieges Parmas diesmal einen Krieg mit Spanien riskierte und Robert Dudley, Graf von Leicester, an der Spitze einer Beistandsarmee aufs Festland entsandte. Die Oberherrschaft über die Niederlande lehnte sie ab. Trotzdem ernannten die Generalstaaten Leicester zum Landvogt. Unter Jubel wurde er empfangen. Den Vormarsch Parmas konnte er aber auch nicht aufhalten. Politisch stiftete Leicesters Eingreifen nur Verwirrung. Sein Versuch, mit Hilfe der Calvinisten Macht zu erlangen, beschwor die Gefahr von Genter Zuständen überall herauf. Auch nicht glücklich in der Wahl seiner Mitarbeiter, entfremdete er sich zudem Kaufleute und Regenten mit dem Verbot des Handels mit Spanien, der einzigen Möglichkeit, den Krieg zu finanzieren. 1587 verließ Leicester das Land[1]. Nach diesem mißlungenen Experiment blieb keine andere Wahl, als auf eigenen Füßen zu stehen. Nicht freiwillig sollten die Niederlande zur Republik werden, sondern weil sie nach der Ablehnung ihres alten Herrn keinen neuen fanden, der unter den von ihnen gestellten Bedingungen regieren wollte.

Und doch kam nach Leicesters Abzug Parmas Vormarsch zum Stehen, da Philipp seine Armee anderswo einsetzen wollte. 1588 gedachte er, seine Armee von Flandern aus für eine Landung in England auf die Armada einzuschiffen[2]. Die Armada ging ruhmlos unter, dank ihren eigenen Fehlern, der englischen und niederländischen Flotte und der Wut der Elemente. Im folgenden Jahr, 1589, ließ Philipp II. Parma an der Seite der Liga in den französischen Bürgerkrieg eingreifen. Dadurch wurde den Generalstaaten eine Chance gegeben, die sie gründlich ausnützten. Der Landsyndikus Johann van Oldenbarnevelt, der neue Statthalter in Holland, Seeland und Utrecht, Prinz Moritz, der Sohn Wilhelms von Oranien, und Wilhelm Ludwig von Nassau, Statthalter von Friesland, waren die Führer. In den zehn Jahren von 1588 bis 1598 wurden alle Gebiete nördlich des Rheins und große Teile Brabants erobert[3]. Die Existenz der Republik war seitdem nie mehr ernsthaft gefährdet.

Diese glückliche Entwicklung förderte die Konsolidation des Staaten-Regiments außerordentlich. Niemand hatte das Staaten-Regiment so haben wollen, wie es aus den Unruhen entstanden war. Niemand hatte beabsichtigt, die Niederlande zu zerreißen oder gar eine Republik zu gründen. Und doch war das Entstehen dieser Republik kein reiner Zufall. Das lag an den Kräften, die konstant vom Beginn der Unruhen an vorhanden waren. Da war zuerst einmal die kleine Minderheit der Calvinisten, deren Ideal ein Staat war, in dem das reine Wort Gottes gepredigt wurde. Für sie bedeutete der Kampf einen Kampf auf Leben und Tod. Ihr Mut und ihr Durchhaltevermögen wurden belohnt: In der Republik war allein die reformierte Predigt anerkannt, und im Laufe des 17. Jahrhunderts trat mehr als die Hälfte der Bevölkerung zur Reformierten Kirche über. Doch mußte auch diese Gruppe Enttäuschungen erfahren: Sie hat ihre Idealvorstellung nur in einem Teil der Niederlande verwirklichen können, dabei gerade dort nicht, wo sie vor 1566 am stärksten vertreten gewesen war. Ihre Kompromißlosigkeit war manchmal von essentieller Bedeutung für den Aufstand; 1566, 1577 und in den folgenden Jahren brachte sie aber auch verhängnisvolle Zwietracht unter die Aufständischen.

Da war ferner die zahlenmäßig starke Gruppe der Gemäßigten, die Scharfmacherei und Ketzerverfolgung verabscheuten. Vielleicht war diese Gruppe, vor und nach dem Aufstand, die repräsentativste für die Niederlande. Sie erreichte, daß die Gewissensfreiheit in der Republik niemals angefochten wurde; aber unter den gegebenen politischen Verhältnissen verhinderte sie nicht, daß die Katholiken zunächst keine Religionsfreiheit erhielten. Erst im Laufe des 17. Jahrhunderts wurde der katholische Gottesdienst toleriert. Am Ende des Jahrhunderts hatten die Minderheiten in den Niederlanden sogar eine günstigere Stellung als in den Nachbarländern.

An dritter Stelle war da der Widerstand gegen Zentralisation und wachsende Fürstengewalt. Er fand immer in breiten Kreisen Anklang. Dies wurde jetzt noch dadurch stimuliert, daß sich der König zum Kämpfer für einen intoleranten Katholizismus aufgeworfen hatte. Dieser Widerstand spielte eine bedeutende Rolle im Kampf gegen Philipp II., hatte aber namentlich in den entscheidenden Jahren 1578–1580 auch eine äußerst schädliche Wirkung. Er war konservativ und berief sich auf überlieferte Gewohnheiten und Privilegien der Länder und Städte. Die Provinzialstände hatten vor den Unruhen kaum etwas anderes getan, als dem Fürsten entgegenzuarbeiten. Während es aber in den meisten europäischen Ländern den Fürsten gelang, die Macht der Stände zu brechen, nahm die Entwicklung in den Niederlanden eine andere Richtung. Seit der ersten eigenmächtigen Tagung der Staaten Hollands im Juli 1572, dann der Generalstaaten von 1576, mußten die Provinzial- und Generalstaaten unter äußerst schwierigen Umständen selber Regierungsverantwortung tragen. So entstand aus dem konservativen Kampf um die ständischen Rechte ein Staat, dessen Träger nicht ein Fürst, sondern das städtische Patriziat und in geringerem Maße der Adel war.

Doch ist die fürstliche Gewalt nicht völlig verschwunden. Zwar hatte man den Fürsten »verlassen«, wie die offizielle Sprachregelung 1581 lautete, aber seine Statthalter waren geblieben. Der Statthalter von Holland, Seeland und Utrecht, Oranien, die Zentralfigur des Aufstandes, wurde zum Stammvater einer fast erblichen Dynastie, die seit 1591 in fünf der sieben Provinzen die Statthalter stellte. Als Erbe der fürstlichen Gewalt wählte er aus den ihm eingereichten Kandidatenlisten in den meisten Städten die Bürgermeister und Schöffen oder auch nur wie in Amsterdam die Schöffen. Als Generalkapitän hatte er zahllose Offiziersstellungen zu vergeben. Aber wie groß sein Einfluß und Prestige auch waren, die wichtigen Entscheidungen wurden doch nicht durch ihn, sondern durch die Staaten getroffen. Der Statthalter konnte auf die Staaten Einfluß ausüben, aber nicht ohne sie regieren. So entstand zwischen der quasimonarchischen Macht des Statthalters und den Staaten ein Gleichgewicht, das in mancher Hinsicht eine Vorwegnahme der konstitutionellen Monarchie des 19. Jahrhunderts war[4].

Diese Aufteilung der Gewalt zwischen dem Statthalter und den unter Führung des Ratspensionärs von Holland stehenden Staaten hatte auch ihre Bedenklichkeiten. Da es über ihnen kein Entscheidungsorgan gab, mußte bei ernsten Meinungsverschiedenheiten entweder ein Kompromiß gefunden oder wie 1618 und 1650 ein offener Zusammenstoß in Kauf genommen werden. Zwar lieferten sich die Parteien des Oraniers und der Staaten keineswegs einen dauernden Streit um die Macht, aber die Spannungen waren immer vorhanden und brachen ab und zu offen auf.

Streitfragen gab es im Überfluß. Seit der Entstehung des neuen Staates zwischen den entschiedenen Calvinisten und den gemäßigten Protestanten: zwischen *preciezen* und *rekkelijken*. Die einen wollten, daß nur die unverfälschte Orthodoxie in der Reformierten Kirche herrschen solle, die anderen fanden, daß dies einer neuen Inquisition nahekam, und verlangten einen größeren Spielraum. Die *rekkelijken* fühlten sich bedroht und waren es oft auch. Sie suchten deshalb bei der weltlichen Obrigkeit Unterstützung und waren so Verfechter eines mehr oder weniger erastischen Verhältnisses von Kirche und Staat. Die *preciezen* wollten zwar die Unabhängigkeit der Kirche vom Staat, die Übernahme eines öffentlichen Amtes sollte aber doch von der Mitgliedschaft in der Kirche abhängig sein. Die *rekkelijken* waren zumeist bereit, gegenüber Versammlungen von Katholiken und Dissentern ein Auge zuzudrücken, die *preciezen* drängten auf eine strenge Beachtung aller Verbote. Sie rekrutierten sich vor allem, aber nicht ausschließlich, aus dem niedrigen Bürgertum. Die Majorität der Regenten dagegen gehörte zu den *rekkelijken*. Der Genter Calvinismus nach 1578 war das Schreckbild, das Leuten wie Oldenbarnevelt fortwährend vor Augen stand.

Seit Beginn des Aufstandes 1572 gab es Spannungen zwischen dem Magistrat und dem Kirchenrat überall da, wo der Magistrat Prediger förderte, die der Kirchenrat für nicht rechtgläubig hielt. Der Konflikt über die Rechtgläubigkeit des Leidener Predigers Caspar Coolhaes führte 1582 zu dessen Exkommunikation. Ähnliche Vorkommnisse gab es viele. Eine generelle Regelung war unmöglich. Die Kirchenordnungen, die die Staaten vorschlugen, wurden von den Orthodoxen nicht akzeptiert, während ihre eigenen Vorschläge bei den Politikern keine Gnade fanden. Unter der Regierung Leicesters sah es so aus, als sollten die Kirchenleute gewinnen, aber nach seinem schmachvollen Abzug saßen die Staaten fester denn je im Sattel.

Die ungelöste Spannung bekam neue Nahrung, als im Jahre 1604 zwei Leidener Professoren, Jacobus Arminius und Franciscus Gomarus, in einen offenen Konflikt wegen ihrer unterschiedlichen Interpretation der Prädestination gerieten. Unlöslich damit verbunden war die Frage, ob in der Kirche neben der strengsten calvinistischen Orthodoxie andere Auffassungen geduldet werden könnten. Darüber waren die Mehrheit der Staaten Hollands und Utrechts und die Mehrheit der strengen Calvinisten prinzipiell entgegengesetzter Meinung.

Während dieses die Gemüter heftig erregenden Streits zwischen Gomaristen und Arminianern entstanden neue politische Differenzen. Der Krieg zog sich hin, ohne Hoffnung auf Sieg, der Feind rückte aufs neue bis in die Gebiete nördlich des Rheins vor. Der Entschluß zu Friedensverhandlungen 1607, durch den u.a. Frankreich zu effektiveren Hilfeleistungen veranlaßt werden sollte, wurde zur Streitfrage zwischen Moritz und Oldenbarnevelt und auch zwischen *preciezen* und *rekkelijken*. Die einen waren mehr für eine Fortsetzung des Kampfes gegen den katholischen Erbfeind, die *rekkelijken* neigten aus finanziellen und ökonomischen Gründen dem Frieden zu. Von Oldenbarnevelt konnte nur ein zwölfjähriger Waffenstillstand (1609–1621) zustande gebracht werden. Auch nach dem Waffenstillstand wüteten die Streitigkeiten leidenschaftlich weiter. Die Arminianer (Arminius selbst war 1609 gestorben) wandten sich 1610 mit einer Remonstranz an die Staaten Hollands, in der sie ihre Auffassungen darlegten und um den Schutz der Staaten baten. Die gegnerische Partei antwortete mit einer Gegenremonstranz. Seitdem hießen die Parteien auch Remonstranten und Kontraremonstranten.

Die Staaten Hollands unter Führung von Oldenbarnevelt wollten den Streit schlichten und verboten seine öffentliche Erörterung. Nach außen hin neutral, handelte es sich in Wirklichkeit doch um eine Parteiergreifung zugunsten der Remonstranten. Denn für sie war die Resolution annehmbar, während sie in den Augen der Kontraremonstranten ein Verbot bedeutete, das reine Wort Gottes zu predigen. Immer wieder betonten die Staaten Hollands ihren Standpunkt, doch vergebens. Es schien unmöglich, die Kontraremonstranten zur Toleranz zu zwingen. Um nicht Prediger der Remonstranten ertragen zu müssen, ließen sie es lieber auf eine Kirchenspaltung ankommen. Aber das konnte Oldenbarnevelt nicht akzeptieren. Einmal war die Reformierte Kirche immer noch bloß eine Minderheit. Weiterhin bestand die Gefahr, daß gerade die für so gefährlich gehaltenen Prediger sich dauerhaft dem Griff der Obrigkeit entzogen. Um die Einheit innerhalb der Kirche zu retten, nahmen er und städtische Regenten Zuflucht zur Intoleranz: Die abgespaltenen Kirchen sollten verboten, ihre Versammlungen soweit wie möglich verhindert werden. In Alkmaar wurde bereits 1610 ein Kontraremonstranten-Prediger aus der Stadt verbannt. Fortan predigte er in Koedijk, einem Dorf in der Nähe von Alkmaar, und hier besuchten seine Anhänger aus der Stadt seinen Gottesdienst. An anderen Orten nahmen die Dinge früher oder später dieselbe Wendung. Das mächtige Amsterdam wurde Zentrum der Kontraremonstranten und somit des Widerstands gegen Oldenbarnevelt. Auch in Utrecht gab es scharfe Gegensätze. Die Ernennung von Conrad Vorstius zum Nachfolger des Arminius in Leiden war Öl aufs Feuer. Vorstius stand noch weiter von den Gomaristen entfernt als Arminius; man beschuldigte ihn sogar des Sozinianismus. Die beunruhigten Orthodoxen wußten den englischen König zur Intervention gegen seine Ernennung zu bewegen.

Die Spannung nahm dermaßen zu, daß Oldenbarnevelt die provinzialen und städtischen Streitkräfte verstärken ließ. Ein Bürgerkrieg stand drohend bevor. Prinz Moritz hatte die Maßregelung der Kontraremonstranten nur widerwillig mit angesehen. 1617 ging er demonstrativ zu einem Gottesdienst der Kontraremonstranten in Den Haag, die eigenmächtig eine unbenutzte Klosterkirche in Besitz genommen hatten. Gestützt auf eine ganz knappe Mehrheit in den Generalstaaten und vor allem auf die Armee, griff er 1618 energisch durch. Oldenbarnevelt und eine Anzahl seiner Anhänger ließ er am 28. August gefangennehmen; in den Städten wurden die Ratsgremien von Arminianern gesäubert, eine auch von Abgeordneten der calvinistischen Schwesterkirchen beschickte Nationale Synode kam in Dordrecht zusammen, die die Lehre der Remonstranten verurteilte. Die Kontraremonstranten trugen einen vollkommenen Sieg davon. Doch war es nur ein Scheinsieg. In der Reformierten Kirche wurde die Entscheidung von Dordrecht offiziell nie angetastet, aber die Regenten haben nach 1619 stets neue nationale Synoden verhindert, so daß sich allmählich die scharfen Kanten des Standpunkts der Kontraremonstranten abschliffen. Unter dem milden Regiment von Moritz' Nachfolger und

Halbbruder Friedrich Heinrich (1625–1647) und der Regenten konnten die Remonstranten schließlich wieder ihre eigenen Kirchen und sogar ihr eigenes Seminar organisieren.

Neben der Reformierten Kirche, der einzigen offiziell anerkannten Kirche, erhielten im Laufe des 17. Jahrhunderts de facto Remonstranten und Katholiken, Taufgesinnte und Lutheraner Freiheit des Gottesdienstes, sofern sie ihn in Gebäuden hielten, die nicht als Kirche zu erkennen waren. Die strengen Calvinisten konnten nie die Mehrheit der Bevölkerung für sich gewinnen, mochte auch auf die Dauer die Mehrheit der Bevölkerung zur offiziellen Kirche zählen. Charakteristisch für die Niederlande im 17. Jahrhundert ist darum auch nicht ein calvinistisches Gepräge, sondern die große Mannigfaltigkeit der Konfessionen mit einer klar erkennbaren calvinistischen Dominanz.

Der Staatsstreich des Prinzen Moritz war wahrscheinlich notwendig gewesen, um einen Bürgerkrieg zu verhindern. Ein Sondergericht verurteilte den über siebzigjährigen Oldenbarnevelt zum Tode und Hugo Grotius und andere Mitkämpfer zu lebenslänglichen Gefängnisstrafen. Die Notwendigkeit dieses Todesurteils ist schwerlich einzusehen. Prinz Moritz hatte vor 1618 jahrzehntelang danach gestrebt, seine Macht zu vergrößern[5], hatte es jedoch nie zum offenen Konflikt mit Oldenbarnevelt kommen lassen. Auch jetzt nutzte er die Gelegenheit klugerweise nicht, denn nach all den Schrecken war Ruhe das beste Heilmittel für den jungen Staat. Freilich war damit auch die einzige Möglichkeit zum Aufbau einer kräftigen aktionsfähigen Autorität verspielt.

Auch ohne Veränderung des Staatsaufbaus war die Stellung von Moritz nach 1618 und vor allem von Friedrich Heinrich nach 1625 allmählich der eines Fürsten immer ähnlicher geworden. Nach 1619 hatten die Statthalter keinen Rivalen mehr vom Format eines Oldenbarnevelt, so daß ihre Macht von selbst wuchs. Der Statthalter gewann entscheidenden Einfluß auf die Außenpolitik. Auch international stieg sein Ansehen: Der französische König verlieh ihm den Titel »Son Altesse« anstelle des bis dahin gebräuchlichen »Son Excellence«, und der englische König hielt es nicht für unter seiner Würde, seine Tochter mit einem Sohn Friedrich Heinrichs zu verheiraten. Vor allem Amalia von Solms, die Gemahlin Friedrich Heinrichs, drängte darauf, fürstliche Paläste zu bauen und ein Hofzeremoniell einzuführen. Die Theoretiker des Staates priesen die Monarchie als die normale Staatsform, und ein Schriftsteller wie P. C. Hooft lobte den Fürsten, der über den Parteien stehe und das Land vor inneren Unruhen bewahre[6]. Doch auch Friedrich Heinrich bekam die Grenzen seiner Macht deutlich zu spüren. Vor allem in holländischen Regentenkreisen bestand ein weitverbreiteter Widerwille gegen die wachsende Macht des Statthalters, doch die Gegensätze spitzten sich in seinen letzten Lebensjahren am schärfsten auf dem Gebiet der Außenpolitik zu.

Nach Ablauf des Waffenstillstands wurde der Krieg 1621 fortgesetzt. Keine der beiden Parteien errang einen entscheidenden Erfolg, obwohl Friedrich Heinrich 1629 nach langer Belagerung die Brabanter Stadt Herzogenbusch erobern konnte. Der Prinz hielt durchschlagende Erfolge ohne Unterstützung der Südniederländer oder Franzosen für nicht möglich. Da die Südniederländer aber der Republik selbstverständlich nur dann beistehen würden, wenn in ihr die Position der Katholiken gesichert war, wollte Friedrich Heinrich in Herzogenbusch die Ausübung des Katholizismus erlauben. Jedoch unter dem Druck der Calvinisten mußte er zulassen, daß auch in dieser Stadt, die dazu noch Sitz eines Bischofs war, der Katholizismus verboten wurde.

Da jedoch im Süden die Unzufriedenheit über die spanische Regierung groß war, suchten führende Persönlichkeiten, auch aus persönlichen Motiven, Kontakt zu der Republik und Frankreich. In der Hoffnung auf einen Aufstand in den südlichen Provinzen begann Friedrich Heinrich 1632 einen Feldzug maasaufwärts. Venlo und Roermond ergaben sich rasch. Maastricht wurde nach einer Belagerung erobert. In allen drei Städten wurden den Reformierten zwei Kirchen zugewiesen, während der katholische Gottesdienst in den übrigen Kirchen bestehenblieb. Die Hoffnung, daß dies die Südniederländer zum Anschluß bereiter mache, erfüllte sich nicht. Diejenigen, die sich bei den Verhandlungen als Repräsentanten des Südens aufgespielt hatten, erwiesen sich als Vertreter nur ihrer eigenen Person. Der Widerwille gegen die Spanier war zwar groß, aber der Süden wartete trotzdem nicht auf eine Befreiung durch die protestantischen Holländer. In dem halben Jahrhundert seit der Eroberung Antwerpens durch Parma waren der Norden und Süden zu weit auseinandergewachsen. Ein erneuerter Katholizismus hatte in den südlichen Provinzen tiefe Wurzeln geschlagen. Friedrich Heinrich verstand sich schließlich zu einer Verbindung mit Frankreich sogar um den Preis einer Aufteilung der südlichen Niederlande. Diese Bundesgenossenschaft brachte aber ebensowenig die erwünschten Erfolge.

Um 1640 entstand deutlich eine Spannung zwischen dem Statthalter und den Staaten Hollands, namentlich mit Amsterdam. Die Mehrheit der holländischen Regenten fand die Kriegsbelastungen zu hoch. Es ist sogar fraglich, ob sie überhaupt noch ein erfolgreiches Kriegsende wünschten. Denn eine Eroberung Antwerpens mußte die Aufhebung der Schelde-Sperre bedeuten. Amsterdam hätte damit wieder seinen gefährlichsten Konkurrenten erhalten. Der Aufmarsch des französischen Bundesgenossen erweckte Sorgen, seine Armee operierte in bedrohlicher Nähe der Republik. Die Entfremdung zwischen dem Statthalter und führenden Regenten nahm so zu, daß die Staaten 1643 die Gewalt des Statthalters beschnitten, indem sie die Mitglieder des »Secreet Besogne« verpflichteten, den Staaten ihrer Provinzen von allen Vorgängen Kenntnis zu geben und ohne ausdrückliche Instruktion keine wichtigen außenpolitischen Entscheidungen mehr zu treffen.

Im selben Jahr eröffnete sich die Aussicht auf Friedensverhandlungen, die dem Krieg zwischen Spanien und der Republik ebenso wie dem Dreißigjährigen Krieg ein Ende machen sollten. Es folgten lange Verhandlungen in Münster und Osnabrück. Genau wie 1609 wollten die Calvinisten auch jetzt keinen Frieden mit dem römischen Erbfeind schließen. Und auch die Armeekreise um den Oberbefehlshaber Friedrich Heinrich gedachten den Kampf fortzuführen. Der früh gealterte Friedrich Heinrich war jedoch nicht imstande, den Frieden aufzuhalten. Obwohl der französische Bundesgenosse weiterkämpfte, wurde am 30. Januar 1648 zu Münster auf der Basis des Status quo der Friede geschlossen, wobei die Unabhängigkeit des neuen Staates offiziell vom spanischen König anerkannt wurde. Nach drei Generationen Kampf und Krieg war nun endlich Friede, aber die Freude darüber war nicht allgemein: Das streng rechtgläubige Leiden lehnte jedes Fest zur Feier des Friedens ab. Auch der neue Statthalter Wilhelm II. (1647–1650) war nicht willens, sich mit dem Frieden abzufinden[7].

Der Kampf – weniger richtig der Achtzigjährige Krieg genannt – war zu Ende. Anfänglich war es kein Krieg zwischen Staaten, sondern primär ein Bürgerkrieg in den Niederlanden ähnlich den französischen Religionskriegen des 16. Jahrhunderts. Dieser Bürgerkrieg bekam jedoch dadurch seinen besonderen Charakter, daß das Oberhaupt der Niederlande zugleich

König von Spanien war. So stark deshalb seine Position auch sein mochte, so wenig ließ sie sich moralisch nutzen. Seine spanischen Vertreter wurden als Fremde empfunden. Die Antipathie, die das Regiment und die spanischen Soldaten Albas im Volk weckten, war für den König von großem Nachteil. Es ist fraglich, ob der materielle Vorsprung den moralischen Verlust aufwog.

Die Niederlande wurden durch das Ergebnis dieses Kampfes entscheidend geprägt. Die niederländische Nation entstand erst durch den Aufstand. Das niederländische Nationalbewußtsein wurde lange Zeit getragen von der Erinnerung an den Aufstand.

Die Republik umfaßte nur einen kleinen Teil, kaum die Hälfte, der alten siebzehn Provinzen der Niederlande. Es war ein kleines Land ohne natürliche und leicht zu verteidigende Grenzen. Die Erhaltung des Friedens, aber mehr noch des Gleichgewichts der Mächte in Europa war darum für die Niederlande von essentieller Bedeutung. Es war ein zu kleines Land, um sich in einem eigenen Sprachgebiet abzuschließen, und dadurch geneigter als die größeren Nachbarn, sich kulturellen Einflüssen aus den umliegenden Ländern zu öffnen; aber es besaß doch auch so viel Eigenständiges, daß weder die französische noch die deutsche, noch die englische Kultur ein Übergewicht erringen konnte. Es war ein tolerantes Land. Nicht aus Prinzip und nicht in der Theorie, aber in der Praxis, weil faktisch das niederländische Volk nach dem Aufstand sich aus Minderheiten zusammensetzte. Die Katholiken stellten etwa ein Drittel, Täufer, Remonstranten und Juden fielen nicht ins Gewicht. Die Reformierten als stärkste Gruppe umfaßten schließlich sogar die Mehrheit der Bevölkerung, jedoch war diese Mehrheit gespalten. Die *preciezen* konnten ihren Willen nicht durchsetzen gegenüber der Minderheit der *rekkelijken*, die die Macht in Händen hielt. Die zu den *rekkelijken* gehörenden Regenten mußten aufpassen, daß sie die *preciezen* nicht allzusehr gegen sich aufbrachten.

Es mag verwunderlich klingen, daß ein kleines Land mit solch mangelhafter Staatskonstruktion sich im Kampf behaupten konnte. Die Erklärung liegt in der ökonomischen Blüte. Schon seit Jahrhunderten waren die Niederlande ein Schnittpunkt des europäischen Handelsverkehrs. Ihm verdankten erst Brügge, dann Antwerpen ihre Blüte. Amsterdam war schon vor dem Aufstand dank seinem Ostseehandel und seiner großen, vortrefflichen Handelsflotte im Aufstieg. 1514 hatte es ungefähr

11000 Einwohner. Um 1565 war die Einwohnerzahl bereits auf 27000 bis 30000 angestiegen. Seit den ersten Tagen des Aufstandes beherrschten die Aufständischen die Flußmündungen, seit 1585 war die Schelde für immer gesperrt. Die holländischen und seeländischen Städte, aber vor allem Amsterdam, profitierten von Antwerpens Niedergang. Hollands größte Handelsstadt Amsterdam zählte 1630 mehr als 100000 Einwohner. Die Bevölkerung der Provinz Holland stieg von 275000 (1514) auf 672000 (1622)[8]. Nach 1578 wurde in Holland und Seeland nicht mehr gekämpft. Wohl forderte der Krieg große finanzielle Opfer, aber die Flüchtlinge aus den südlichen Niederlanden waren ein Gewinn für Handel und Gewerbe. Die Textilherstellung in Leiden stieg, vor allem dank den südniederländischen Einwanderern, von 27000 Stück im Jahre 1584 auf etwa 100000 im Jahre 1620. Vor dem Weitervertrieb wurde in Holland englisches Tuch gefärbt und appretiert und schlesisches Leinen gebleicht.

Der Handel Hollands breitete sich immer weiter aus. Seit etwa 1590 erreichte er auch das Mittelmeer, wohin unter anderem baltisches Korn geliefert wurde. Ungefähr um 1600 fingen die Holländer an, ernsthafte Rivalen in Spaniens asiatischem Reich zu werden, und 1602 wurde die rasch von Erfolg gekrönte Vereinigte Ostindische Kompanie gegründet[9]. Der alte Ostseehandel blühte. Zwischen 1611 und 1620 fuhren über 70 Prozent der den Sund passierenden Schiffe mit niederländischen Schiffsführern. Der Handel brachte große Summen ein. Seinem Reichtum, dem Mißgeschick und der Unruhe in den umliegenden Ländern verdankte Amsterdam seinen Aufstieg zum zentralen Stapelplatz für den europäischen Handel. Die Amsterdamer Wechselbank erhielt eine bedeutende Stellung im europäischen Zahlungsverkehr.

Natürlich war der Krieg in mancher Hinsicht ein Hindernis für die Entwicklung des Handels, aber das wurde ausgeglichen, und vielleicht mehr als ausgeglichen durch die Kaperfahrten. Viele Privatleute, die Ostindische Kompanie und vor allem die 1621 gegründete Westindische Kompanie haben davon mächtig profitiert. Daß Piet Hein im Auftrag der Westindischen Kompanie 1628 eine spanische Silberflotte aufbrachte, ermöglichte Friedrich Heinrich im folgenden Jahr die Eroberung Herzogenbuschs. Handel und Gewerbe haben dank der Seeüberlegenheit Hollands die Mittel zur Finanzierung des Krieges gegen Spanien beschafft. Auch Holland hatte oft mit finanziellen Schwierigkeiten zu kämpfen, aber die Not war bei der gegnerischen Partei viel größer.

Der Aufstand und die rasche wirtschaftliche Blüte haben einen tiefgehenden Einfluß auf die soziale Struktur Hollands ausgeübt. Der Adel hatte in den nördlichen Gebieten immer eine geringere Machtstellung besessen als der Adel im Süden und in den meisten Ländern Europas. Schon vor dem Aufstand wohnten die angesehensten Geschlechter mit Besitzungen in Holland hauptsächlich im Süden, so zum Beispiel Egmont, der Statthalter in Flandern. Zur Zeit des Aufstandes starben andere Geschlechter aus, ohne daß neue an ihre Stelle traten. Gleichzeitig nahm das Bürgertum durch die wirtschaftliche Blüte an Umfang und Bedeutung zu, ja es bekam eine dermaßen vorherrschende Stellung im holländischen Gemeinwesen, daß die angesehensten Bürger gar keinen Ehrgeiz mehr hatten, in Adels- oder Hofkreise aufgenommen zu werden. Dieser bürgerliche Charakter des niederländischen Staates implizierte keine demokratischen Einrichtungen. Die städtischen Obrigkeiten, die die Grundlage des politischen Systems bildeten, ergänzten sich selbst durch Kooptation. Darum unterschied sich die aristokratische Oberschicht im Laufe der Zeit immer deutlicher von den gewöhnlichen Bürgern. Die wirtschaftliche Blüte, große Freiheit und Toleranz zogen viele Fremde nach Holland: Südniederländer, die zum Teil aus religiösen Motiven vertrieben waren, portugiesische Juden, aber auch viele katholische Deutsche, die hier ihr Glück machen wollten.

Das rasche Aufblühen, die Herrschaft des Bürgertums und die zahlreichen Fremden beeinflußten auch das kulturelle Leben. Noch in den schwersten Jahren des Aufstandes wurde 1575 in Leiden eine Universität gegründet. Viele Ausländer haben hier gelehrt und noch mehr studiert und den Ruhm Leidens in alle Teile Europas getragen. Deutsche und ungarische Calvinisten, die im eigenen Land eine Minderheit ausmachten, orientierten sich häufig an der theologischen Fakultät zu Leiden, »quae inter protestantes velut primae magnitudinis stella eminet«. Die vielen Fremden in der Handelsstadt Amsterdam lieferten auch die Modelle für die sehr eigene Kunst Rembrandts. Typischer für das Holland des 17. Jahrhunderts war jedoch die Malerei Jan Steens, Frans Hals' und Johannes Vermeers, die das wirkliche Leben eines Bürgertums darstellt, das so schnell emporgekommen war, daß es keine Zeit gehabt hatte, sich dem allgemein herrschenden Stil anzupassen. Für uns heute ist diese Kunst das charakteristischste Zeugnis der Blütezeit Hollands. Die Zeitgenossen damals schätzten jedoch die bald italianisierenden Künstler höher, Zeichen, daß mit der Nachahmung auch die Verbindung zur allgemeinen, europäischen Kultur gefunden war. Aber damit verlor der typisch holländische Gehalt des goldenen Jahrhunderts bald seine Lebenskraft. Als der Friede zu Münster geschlossen wurde, hatte die Blüte Hollands in jeder Hinsicht ihren Höhepunkt erreicht.

[1] R. C. Strong u. J. A. van Dorsten, Leicesters triumph (1964); L. J. Rogier, Paulus Buys en Leicester (1948); F. G. Oosterhoff, Leicester and the Netherlands 1586/87 (1988).

[2] G. Mattingly, The Defeat of the Spanish Armada (1959).

[3] Veraltet, aber noch sehr lesenswert: R. Fruin, Tien jaren uit de tachtigjarige oorlog 1588–1598 (zahlr. Aufl.).

[4] Siehe auch Kap. 2, S. 55–60.

[5] P. Scherft, Het sterfhuis van Willem van Oranje (1966).

[6] E. H. Kossmann, Politieke theorie in het zeventiende-eeuwse Nederland (1960). In: VerhAkadAmsterdam NR LXVII 2; J. D. M. Cornelissen, Hooft en Tacitus (1938).

[7] Siehe Kap. 2, S. 55–60; J. J. Poelhekke, De vrede van Munster (1948).

[8] J. G. van Dillen, Omvang en samenstelling van de bevolking van Amsterdam in de 17^{e} en 18^{e} eeuw. In: ders., Mensen en achtergronden (1964). S. 484–497; J. A. Faber, H. K. Roessingh, B. H. Slicher van Bath u. a., Population Changes and Economic Developments in the Netherlands. A Historical Survey. In: A. A. G. Bijdragen 12 (1965), S. 47 bis 113.

[9] F. Gaastra, Die Vereinigte Ost-Indische Compagnie der Niederlande. Ein Abriß ihrer Geschichte. In: E. Schmitt, Th. Schleich, Th. Beck (Hgg.), Kaufleute als Kolonialherren. Die Handelswelt der Niederländer vom Kap der Guten Hoffnung bis Nagasaki 1600–1800 (1988). S. 1–90.

Quellen und Literatur zu Kapitel 1

Bibliographien:

H. de Buck, Bibliografie der geschiedenis van Nederland (1968). Repertorium van boeken en tijdschriftartikelen betreffende de geschiedenis van Nederland 1940 ff. (1943 ff.)

Bibliographie de l'histoire de Belgique. Jährlich in: RevBelgPhilolHist.

Gute Bibliographie auch in: Algemene Geschiedenis der Nederlanden. S. Abt. Gesamtdarstellungen

Quellen:

Resolutiën der Staten-Generaal 1576– . Hg. v. N. Japikse u. a. (1915 ff.)

L.P. Gachard, Actes des Etats-Généraux des Pays-Bas 1576–1581. 2 Bde (1861 bis 1866)

Resolutiën van de Staten van Holland en Westvriesland 1544–1793. 276 Bde

Groot Placaet-boeck. Hg. v. C. Cau u. a. 9 Bde (1658–1796)

G. Groen van Prinsterer (Hg.), Archives ou correspondance inédite de la maison d'Orange-Nassau. 1e série: 1552–1584. 8 Bde u. Suppl. (1835–1847); 2e série: 1584–1688. 5 Bde (1857–1861)
L.P. Gachard (Hg.), Correspondance de Guillaume le Taciturne. 6 Bde (1847 bis 1866)
Ders. (Hg.), Correspondance de Philippe II sur les affaires des Pays-Bas. 6 Bde (1848–1936)
J. Lefevre (Hg.), Correspondance de Philippe II sur les affaires des Pays-Bas. 2e partie. 4 Bde (1940–1960)
L.P. Gachard (Hg.), Correspondance de Marguerite d'Autriche, duchesse de Parme, avec Philippe II. 3 Bde (1867–1888)
J.S. Theissen u. H.A. Enno van Gelder (Hgg.), Correspondance française de Marguerite d'Autriche, duchesse de Parme, avec Philippe II. 3 Bde (1925 bis 1942)
Ch. Weiss (Hg.), Papiers d'état du cardinal de Granvelle. 9 Bde (1841–1852)
E. Poullet u. Ch. Piot (Hgg.), Correspondance du cardinal de Granvelle 1565 à 1586. 12 Bde (1877–1896)
S.P. Haak u. A.J. Veenendaal (Hgg.), Johan van Oldenbarneveldt. Bescheiden betreffende zijn staatkundig beleid en zijn familie. 3 Bde (1934–1967)
P. Bor, Oorsprongk, begin ende vervolgh der Nederlantscher oorlogen 1555 tot 1600. 4 Bde (1679–1684)
L. van Aitzema, Saken van staet en oorlogh, in de Vereenigde Nederlanden, beginnende 1621. 6 Bde (^{2}1669–1672)

Gesamtdarstellungen:

Algemene Geschiedenis der Nederlanden (AGdN). Hg. v. J.A. van Houtte, J.F. Niermeyer, J. Presser u.a. 12 Bde (1949–1958). Bd. 4–6: 1477–1648 (gute Bibliographie)
H. Pirenne, Histoire de Belgique. 4 Bde (Neuaufl. 1948–1952; überholt, aber lesenswert)
P. Geyl, Geschiedenis van de Nederlandse Stam. 3 Bde (1948–1959); die Abschnitte 1555–1609 u. 1609–1648 engl. u. d. T.: The Revolt of the Netherlands (^{2}1958) und: The Netherlands in the Seventeenth Century. Bd. 1: 1609–1648 (1961)

Biographien:

M. van Durme, Antoon Perrenot, bisschop van Atrecht, kardinaal van Granvelle, minister van Karel V en Philips II 1517–1586 (1953)
F. Rachfahl, Wilhelm von Oranien u. d. niederländ. Aufstand. 3 Bde (1906 bis 1924; veraltet, jedoch sehr ausführlich u. darum immer noch wertvoll, unvollendet)
J. den Tex, Johan van Oldenbarnevelt. 3 Bde (1960–1966); Rezension von A. J. Veenendaal in: BijdrGNederl 22 (1968), S. 103–125

Verwaltungsgeschichte:

R. Fruin, Geschiedenis der staatsinstellingen in Nederland tot aan de val der Republiek. Hg. v. H.T. Colenbrander (^{2}1922; überholt, aber noch nützlich)
S.J. Fockema Andreae, De Nederlandse staat onder de Republiek (^{2}1962)
M. Baelde, De collaterale raden onder Karel V en Philips II 1531–1578. Bijdrage tot de geschiedenis der centrale instellingen in de 16e eeuw (1965)
A.Th. van Deurzen, De Raad van State en de Generaliteit. In: BijdrGNederl 19 (1964), S. 1–48

H. Hardenberg u. S.J. Fockema Andreae (Hgg.), 500 Jaren Staten-Generaal in de Nederlanden (1964)
Anciens Pays et Assemblées d'Etats. Bd. 33 (1965) u. Bd. 35 (1966; wertvoll)
C.W. van der Pot, Bestuurs- en rechtsinstellingen der Nederlandse provinciën (1949)

Wirtschaftsgeschichte:

J.A. van Houtte, Economische en sociale geschiedenis van de Lage Landen (1964)
V. Barbour, Capitalism in Amsterdam in the 17th Century (1950)
A.E. Christensen, Dutch Trade to the Baltic about 1600 (1941)
N.W. Posthumus, De Oosterse handel te Amsterdam (1953)
K. Glamann, Dutch-Asiatic Trade 1620–1740 (1958)
N.W. Posthumus, Geschiedenis van de Leidse lakenindustrie. 3 Bde (1908 bis 1939)
Ders., Nederlandse prijsgeschiedenis. 2 Bde (1943–1964)
H. van der WEE, The Growth of the Antwerp Market and the European Economy. 3 Bde (1963); Rezension von W. Brulez, in: BijdrGNederl 19 (1964), S. 151–161
H. van der Wee, De handelsbetrekkingen tussen Antwerpen en de Noordelijke Nederlanden tijdens de 14^{e}, 15^{e} en 16^{e} eeuw. In: BijdrGNederl 20 (1965/66), S. 267–285
E. Scholliers, De levensstandaard in de 15^{e} en 16^{e} eeuw te Antwerpen (1960)

Kirchengeschichte:

J. Reitsma, Geschiedenis van de Hervorming en de Hervormde kerk der Nederlanden. 5. Aufl. v. J. Lindeboom (1949; mit Bibliographie)
L.J. Rogier, Geschiedenis van het Katholicisme in Noord-Nederland in de 16e en de 17e eeuw. 3 Bde (1946–1948)
L. Halkin, La Réforme en Belgique sous Charles-Quint (1957)
E. de Moreau, Histoire de l'église en Belgique. 5 Bde (1946–1952)
C. Krahn, Dutch Anabaptism. Origin, Spread, Life and Thought (1968)
A.L.E. Verheyden, Geschiedenis van de Doopsgezinden in de Zuidelijke Nederlanden in de XVIe eeuw (1959)
Ders., Anabaptism in Flanders 1530–1650 (1961)
Neue Einzelstudien:
G. Moreau, Histoire du protestantisme à Tournai jusqu'à la veille de la Révolution de Pays-Bas (1962)
J.J. Woltjer, Friesland in Hervormingstijd (1962)
A.C. Carter, The English Reformed Church in Amsterdam in the Seventeenth Century (1964)

Kulturgeschichte:

J. Huizinga, Holländische Kultur des 17. Jh. (1932); später umgearbeitet u. d. T.: Nederland's beschaving in de zeventiende eeuw (1941)
H. Schneppen, Niederländ. Universitäten u. dt. Geistesleben v. d. Gründung d. Universität Leiden bis ins späte 18. Jh. (1960)
G. Oestreich, Politischer Neustoizismus u. niederländ. Bewegung in Europa u. bes. in Brandenburg-Preußen. In: BijdrMededHistGenootschap Utrecht 79 (1965), S. 11–76
Th. Weever, Poetry of the Netherlands in its European Context 1170 to 1930 (1960)

G. Brom, Schilderkunst en litteratuur in de 16e en 17e eeuw (²1958)
J. Rosenberg, S. Slive u. E. H. ter Kuile, Dutch Art and Architecture 1600–1800 (1966)
H.E. van Gelder (Hg.), Kunstgeschiedenis der Nederlanden van de Middeleeuwen tot onzen tijd (³1954–1956)
J. J. M. Timmers, A History of Dutch Life and Art (1959)

Kapitel 2
Die Republik der Vereinigten Niederlande von 1648 bis 1795

Von Ivo Schöffer
Aus dem Niederländischen übersetzt von Erhard Barth

a. Die Form der Republik

Der Frieden von Münster hatte für die Republik keine aufsehenerregenden Veränderungen in einem Zustand gebracht, der durch Aufstand und Krieg entstanden war. Er konsolidierte lediglich eine bestehende Situation. Mit der nun auch formellen Anerkennung durch Spanien erhielt die Republik einen festen Platz in der Reihe der Mächte. Durch die in der Praxis beinahe völlige Sperrung der Seefahrt für die südniederländischen Häfen wurde die wirtschaftliche Vorherrschaft der nördlichen Niederlande garantiert, und territorial behielt die Republik das Staatsgebiet, das sie durch das Kriegsglück erworben hatte. Die Grenzen lagen damit fest[1], und bis 1795 sollten sie fast unverändert so bleiben. Sie trugen im Süden einen weit willkürlicheren und zufälligeren Charakter als im Osten. Das launenhafte Kriegsglück hatte die Südgrenze bestimmt, aber die historische Entwicklung und alte feudale Traditionen hatten die Ostgrenze geformt. Im Süden schlängelte sich die Grenze durch das Land: Teile von Flandern, Brabant und Limburg wurden der Republik zugewiesen. Zufällige Eroberungen wie die von Friedrich Heinrich gemachten (z.B. 1629 Den Bosch, 1632 Maastricht, 1637 Breda) waren dabei entscheidend gewesen. Weder Sprache noch Kultur, weder das Glaubensbekenntnis noch die Geographie hatten hierbei eine Rolle gespielt. Auf die Dauer gesehen sollte sich die Kultur eher der Grenze anpassen als umgekehrt. Gefühlsmäßig blieben für die Bewohner nördlich der großen Flüsse die Gebiete im Süden nichts als ein Anhängsel, spät erobert und dadurch fremd. Bestrebungen, die von Nordbrabant ausgingen, doch noch als ein gleichberechtigtes, mitstimmendes Mitglied in die Union aufgenommen zu werden, stießen auf Unwillen. Gerade die sieben stimmberechtigten Provinzen zusammen hielten über die Generalstände (Staten Generaal) diese eroberten Gebiete als sogenannte Generalitätslande unter ihrer Verwaltung und Herrschaft. Die Bevölkerung schien dort auch »fremd« und »anders« zu sein. Vor allem auf dem Lande lebte eine häufig ärmliche Bevölkerung, die allen Verboten und Erlassen zum Trotz dem katholischen Bekenntnis treu blieb, das durch die Gegenreformation frühzeitig neu belebt wurde, ehe hier die Eroberung aus dem protestantischen Norden dem ein Ende machen konnte. Eine große Mehrheit, die durch die andauernde Zuwanderung auch Städte wie Breda und Nimwegen wieder katholisch machte, blieb damit außerhalb des protestantischen Lebens und der protestantischen Kultur der Republik[2].

Nicht allein die Grenzen, sondern auch der breite Streifen der Generalitätslande trennten auf diese Weise die nördlichen von den südlichen Niederlanden, und wie es schien für immer. Die Republik mit ihrer aristokratisch-bürgerlichen Regierung und föderalistischen Struktur, mit ihren durch den Aufstand mitgegebenen calvinistischen und humanistischen kulturellen Eigenheiten ging einen ganz anderen Weg als die absolutistisch regierten südlichen Niederlande, die zuerst nicht mehr als ein Anhängsel von Spanien und danach von Österreich waren und von den gegenreformatorischen und barocken Traditionen geprägt wurden. Für die Mitglieder der Regierungskollegien, die sogenannten Regenten der Republik, waren die spanischen oder österreichischen Niederlande nur »papistische«, rückständige Gegenden, die allein als Absatzgebiet für den eigenen Handel zu gebrauchen waren und höchstens noch als zusätzlicher Verteidigungsgürtel für das eigene Land taugten, mehr aber auch nicht. Die politische Macht und der große Wohlstand des Nordens stachen auch anfangs zu sehr gegen die wirtschaftlich nicht immer blühenden und politisch so schwachen Landschaften im Süden ab. Zu diesen nordniederländischen Auffassungen paßten dann auch die berüchtigten Artikel 14 und 15 des Vertrags von Münster, wodurch Antwerpen abgeschnürt werden konnte[3]. Es paßten dazu auch die Teilungspläne, die für diese Gebiete mit Frankreich vorbereitet, aber nicht verwirklicht wurden, und die Pläne für eine Besetzung einer Festungsreihe, die sogenannte Barriere, die nach einem ersten Versuch im Jahre 1697 endgültig 1715 zur Ausführung kamen[4].

Die unverkennbare Entfremdung zwischen dem Norden und dem Süden konnte weder durch die Wiederaufnahme der Handelsbeziehungen noch durch politische Bündnisse, die sich meistens gegen Frankreich richteten, oder durch die kulturell-religiösen Kontakte, die vor allem zwischen den Generalitätslanden und dem Süden durch die Verwandtschaft in Religion und Sprache bestehen blieben, verringert werden[5].

Die östlichen Grenzen waren bereits mit der Eroberung der Landschaften Overijssel, Drente und Groningen in den Grenzen, die diese Territorien vom Reichsgebiet trennten, bestimmt worden (1543). Die Züge, die die Truppen der Generalstände manchmal während des Aufstands über die Grenzen hinweg auf deutsches Gebiet unternommen hatten, führten zu keiner Gebietserweiterung. Nach 1648 blieben noch einige Grenzfestungen durch die Truppen der Generalstände besetzt: Emmerich, Kleve und Jülich am Niederrhein (bis 1672), Emden und Leerort in Ostfriesland (bis 1747). Inzwischen führte gerade die fortdauernde Besetzung von Städten im Reich zur Weigerung der deutschen Reichsstände, den Vertrag von Münster zu ratifizieren. Sie verhinderten damit, daß die traditionellen feudalen Bande, die zwischen den Provinzen der Republik einerseits und dem Heiligen Römischen Reich andererseits seit Jahrhunderten bestanden hatten, formell aufgelöst wurden. So blieben die niederländischen Provinzen offiziell von Kaiser und Reich lehnsabhängig, bis das Reich 1806 aufgelöst wurde. Reale Bedeutung hatte übrigens dieses Band in keinem Falle, auch wenn der Kaiser seine lehnsherrlichen Ansprüche nur widerwillig und zögernd aufgab (endgültig 1728)[6].

In der Tat war auch die östliche Grenze in ihrer Art weniger willkürlich. Die sumpfigen, dünnbevölkerten Landstriche, zum Beispiel der Hondsrug in Drente, hatten immer als eine natürliche Grenze gedient. Die politische Entwicklung im Mittelalter hatte außerdem dazu geführt, daß sich die östlichen Landschaften mehr nach Westen als nach dem deutschen Hinterland orientierten[7]. Während des Bestehens der Republik hat sich dieser Prozeß mit besonderer Kraft fortgesetzt. Gerade unter dem Übergewicht der Provinz Holland wurden die östlichen Gegenden schnell und kräftig integriert. Sie waren verkehrstechnisch enger mit dem Westen verbunden und wirtschaftlich häufig auf Güter angewiesen, die über holländische Häfen eingeführt wurden. Kulturell standen sie unter einem dauernden holländischen Einfluß, der die niedersächsischen Mundarten zugunsten der holländischen Sprache zurückdrängte und durch die überall verbreitete reformierte Kirchenorganisation ständig an Boden gewann. Der holländische Einfluß erstreckte sich sogar weit über die deutschen Grenzen. Vor allem in Ostfriesland, in der Grafschaft Bentheim und im Land von Kleve und Jülich wurde das Niederländische Schreib- und Verkehrssprache der reformierten Kirche und der Oberschicht, um dann im 18. Jahrhundert langsam, aber sicher wieder Terrain zu verlieren[8].

Ein politischer oder kultureller Gegendruck ging von den deutschen Ländern nicht oder kaum aus. Selbst die zwei Einfälle von Christoph Bernhard von Galen, dem Bischof von Münster, im Jahre 1666 und 1672 standen eher im Zusammenhang weiterer Angriffe von englischer bzw. französischer Seite, als daß sie das Ergebnis einer deutlich auf deutschem Gebiet selbst entstandenen Aggressivität gewesen sind. Es sollte noch bis zum 19. Jahrhundert dauern, bevor von dieser Seite ein heftiger Nationalismus Mißtrauen in den Niederlanden zu erwecken begann[9]. Die Ostgrenze war auch kaum eine Spannungslinie, da man von Holland aus, wo man territorial uninteressiert war, an keine Expansion dachte. Inzwischen stellten die deutschen Gebiete wirtschaftlich ein nicht unwichtiges Hinterland für den Absatz der eigenen Handelsgüter und für den Ankauf von deutschen Handwerks- und Industrieerzeugnissen (vor allem Eisen und Textilien) dar[10]. Von großer Bedeutung war das deutsche Hinterland auch als Menschenreservoir, denn die Republik hatte einen dauernden Bedarf an billigen Arbeitskräften im Heer, in der Flotte und auch in Übersee. Die Deutschen selbst kamen gern, denn dieses Land war wohlhabend und erschien mächtiger als das eigene Land. So erhielten die Landbezirke ihre *hannekemaaiers* für die Erntearbeit und die holländischen Städte ihre vielen *poepen* und *moffen*, ein willkommener und dringend nötiger Zuwachs für ein kleines Land mit zu wenig Menschen und einer großen Aufgabe[11].

Der Frieden von Münster konnte wenig konsolidieren, was den territorialen Besitz in Übersee betraf. Obwohl Spanien sich hier schon lange mit den Eroberungen abgefunden hatte, kümmerten sich die großen Gegner in Übersee, Portugal und England, natürlich nicht um die spanische Anerkennung des durch die Republik eroberten Gebietes in Amerika, Afrika und Asien. Es glückte zum Beispiel Portugal gerade kurz nach 1648, die 1630 so hoffnungsvoll begründete Kolonie der Westindischen Kompanie in Brasilien wiederzuerobern (1661 im Friedensvertrag mit Portugal endgültig abgetreten)[12]. Es dauerte sehr lange, bis England und die Republik mit ihrem wechselseitigen Streit in Übersee einigermaßen zur Ruhe kamen. Die Unruhe im überseeischen Territorialbesitz rührte übrigens nicht allein von der Tatsache her, daß auch während der Friedenszeiten in Europa der Krieg in Übersee durchaus weiterging, sondern sie war auch die Folge der eigenartigen Organisation der Niederlassungen in Übersee. Nur einige Gründungen trugen einen dauerhafteren Charakter durch die Form der Niederlassung, wobei viele Europäer selbst zur Kolonisation übergegangen waren. So waren Batavia, das durch Coen in den asiatischen Gewässern für die Ostindische Kompanie geschaffene Verkehrs- und Verwaltungszentrum, und Ambon in den für den Handel so wichtigen Gewürzinseln solche festen Niederlassungen. Eine wirkliche Volkssiedlung schien in Nordamerika rund um Neuamsterdam, das sogenannte Neuniederland (ab 1623), zu entstehen. Dort waren aber der Mangel an Menschen, die geringe Größe des Territoriums und vor allem die Nachbarschaft mächtigerer und schneller aufblühender englischer Gründungen der Niederlassung auf die Dauer abträglich. 1663 wurde Neuniederland durch die Engländer besetzt und 1667 im Frieden von Breda ihnen für immer abgetreten. Dauerhafter und erfolgreicher sollte die 1652 begonnene Niederlassung am Kap der Guten Hoffnung an der Tafelbai werden, die im Auftrag der Ostindischen Kompanie von Jan van Riebeeck gegründet wurde. Anfangs war hier eine Station für die Übernahme von frischem Gemüse und Fleisch geplant gewesen. Daraus erwuchs schließlich eine der wenigen größeren Volkssiedlungen niederländischer Prägung, der sich auch viele deutsche und hugenottische Einwanderer anschlossen[13]. Jedoch von den dauerhafteren Gründungen abgesehen, wo eine größere Gruppe Europäer zusammen wohnte, sei es als Bauern, Beamte oder Händler, waren die übrigen Besitzungen der beiden Überseekompanien nichts anderes als Handelsstationen oder Plätze, wo eine Handvoll Angestellte der Kompanie wohnte, um die Verkehrsverbindungen offen zu halten und den Handel mit bestimmten Produkten zu monopolisieren. Das Hinterland blieb eigentlich überall unter der Herrschaft der einheimischen asiatischen Fürsten, und erst im Laufe der Zeit schritt man hier und da zu weiteren territorialen Eroberungen. Gerade die weit verstreuten Handelsstationen, die eine Art von Seereich in Asien und im Karibischen Meer mit unentbehrlichen Kontakten in Afrika am Leben hielten, konnten leicht aufgegeben oder gegen andere Niederlassungen vertauscht werden.

Zwei Faktoren haben jedoch gerade im Verlauf des 17. und 18. Jahrhunderts auf die Dauer konsolidierend gewirkt. Einmal bestand für die Republik die Notwendigkeit, sich gegenüber anderen Mächten und zugunsten der Kompanien auch territorial deutlicher festzulegen. Die anfängliche Expansion konnte auf die Dauer nicht aufrechterhalten werden und mußte zu einer Politik führen, die sich auf die Bewahrung des Vorhandenen beschränkte. Zum anderen wurde die Notwendigkeit einer stärkeren Beherrschung des Hinterlandes eingesehen. Die Verträge und Abmachungen, die mit den einheimischen Herrschern abgeschlossen worden waren, genügten immer weniger, und dynastische Thronstreitigkeiten zwangen oft zum Eingreifen. Eine Veränderung in den europäischen Bedürfnissen führte schließlich zu einer veränderten Nutzung. Für die Ostindische Kompanie waren anfangs vor allem Gewürze von den Molukken, Pfeffer aus den indonesischen und malaiischen Ländern, Textilien von Bengalen und Koromandel und Porzellan aus China am wichtigsten. Die Westindische Kompanie betrieb die Kaperei von spanisch-amerikanischen Produkten wie Silber, Leder und Farbholz. Am Ende des 17. Jahrhunderts gewannen andere, typische Plantagenprodukte wie Zucker, Zimt, Kaffee und Tabak die Oberhand. So bekam im 18. Jahrhundert das Hinterland von Batavia (Westjava), Colombo (Ceylon) und Paramaribo (Surinam) große Bedeutung für die Kompanien. So führte man mit Hilfe von einheimischen Arbeitskräften in Asien und Negersklaven in Amerika auch bei den niederländischen Kompanien die europäische Plantagenwirtschaft in den Tropen ein[14].

[1] W. A. F. Bannier, De landgrenzen van Nederland (tot aan de Rijn) (1900); H. Emmer Jr., De grenzen van de Wielingen tot aan den Rijn (1937).

[2] L. P. L. Pirenne, De generaliteitslanden 1648–1795. Algemene Geschiedenis der Nederlanden (AGdN). Bd. 8 (1955), S. 315–352.

[3] S. T. Bindoff, The Scheldt Question to 1839 (1945); J. H. Kernkamp, De economische artikelen van het Munsterse vredesverdrag (1951; Rede).

[4] R. de Schrijver, De eerste Staatse Barrière in de Zuidelijke Nederlanden. 1697–1701. In: Bijdragen voor de geschiedenis der Nederlanden 18 (1963), S. 65–90; R. Geiki u. I. A. Montgomery, The Dutch Barrier 1705–1719 (1930); W. Hahlweg, Barrière, Gleichgewicht, Sicherheit. In: HZ 187 (1959), S. 55–89.

[5] Bei P. Geyl, Geschiedenis van de Nederlandse Stam. 3 Bde (^{2}1948 bis 1959) wird eifrig nach möglichen kulturellen Kontakten zwischen Norden u. Süden geforscht, jedoch gerade die Periode zwischen 1648 und 1795 ergibt wenig.

[6] R. Feenstra, A quelle époque les Provinces-Unies sont-elles devenues indépendantes en droit à l'égard du Saint-Empire? In: TRG 20 (1952), S. 30–63, 182–219 u. 479f.

[7] Vgl. dazu B. H. Slicher van Bath, Herschreven Historie (1949), vor allem: Is Clio een Muze? S. 71–84, eine scharfe Reaktion auf W. Reese, Die Niederlande u. das Deutsche Reich (1940). Vgl. auch die Kritik an Reese bei I. Schöffer, Het nationaalsocialistische beeld van de geschiedenis der Nederlanden (1956). S. 165–173.

[8] J. W. Muller, De uitbreiding van

het Nederlandsch taalgebied, vooral in de zeventiende eeuw (1939).

[9] Über die Wandlung der Gefühle gegenüber der Republik in Deutschland u.a. E. F. Kossmann, Holland u. Deutschland. Wandlungen u. Vorurteile (1901; Rede); H. Meyer, Das Bild des Holländers in der Deutschen Literatur. In: Zarte Empirie (1963), S. 202–224; P. J. van Winter, De Chinezen van Europa (1965; Rede).

[10] z.B.: B. Kuske, Die wirtschaftliche u. soziale Verflechtung zwischen Deutschland u. den Niederlanden bis zum 18. Jh. In: Köln, der Rhein und das Reich (1956), S. 200–256.

[11] Über den deutschen Anteil in der Republik gibt es noch wenig brauchbare Lit., vgl. H. Schneppen, Niederländ. Universitäten u. deutsches Geistesleben (1960; behandelt mehr den kulturellen Kontakt als die deutsche Einwanderung). Über die deutsche Teilnahme an der Expansion in Übersee: A. Schwägerl, Das Ausland-Deutschtum im niederländ. Kolonialbereich (1937; oberflächlich u. nazistisch). Gründlicher, aber nazistisch: W. Schmidt, Das Kulturanteil des Deutschtums im Aufbau des Burenvolkes (1938). Gründlich, aber wenig zusammenfassend: J. Hoge, Personalia of the Germans at the Cape 1652 to 1805. In: Argief-Jaarboeck Suid-Afrik. Geskieden. 9 (1946).

[12] C. R. Boxer, The Dutch in Brazil 1624–1654 (1957); W. J. van Hoboken, Witte de With in Brazilië 1648 tot 1649 (1955); C. van de Haar, De diplomatieke betrekkingen tussen de Republiek en Portugal 1640–1661 (1961).

[13] Über die Gründung am Kap gibt es viel Lit. Einführend: P. J. van Winter in: Nederlanders over de Zeeën. 350 jaar Nederlandsche koloniale geschiedenis. Hg. v. J. C. de Haan u. P. J. van Winter ([2]1955); E. C. Godee Molsbergen, Jan van Riebeeck in zijn tijd (1937).

[14] Allgemein einführende Werke: D. W. Davies, A Primer of Dutch Seventeenth Century Overseas Trade (1961); H. B. M. Vlekke, Nusantara. A History of the East Indian Archipelago ([2]1959).

b. Die Struktur der Republik

Innerhalb der nun festgelegten Grenzen behielt die Republik die Regierungsform, die sie durch den Aufstand erworben hatte: Sie blieb ein Staatenbund ohne Monarch. Dieser Staatenbund wurde im 17. Jahrhundert immer altmodischer, verglichen mit der wachsenden Macht absolutistischer Herrscher und dem äußeren Schein einer kräftigen Zentralisation andernorts[1]. Sieht man jedoch näher hin, dann zeigt sich die Regierungsform in vieler Hinsicht elastisch und dynamisch genug, um auch unter den viel schwierigeren Umständen in der zweiten Hälfte des 17. Jahrhunderts zu funktionieren. Erst im 18. Jahrhundert begann sie zu erstarren. Gewiß, die Selbständigkeit der Städte und Provinzen war groß, aber man hatte über die bewährten zentralen Einrichtungen, vor allem die Generalstände (Staten Generaal) und den Raad van State, auch die Möglichkeit zur Zusammenarbeit und zum Zusammenregieren. Es fehlte in der Tat ein

Monarch, der die Einheit symbolisieren konnte, aber es gab um die Provinz Holland und deren wichtigsten Amtsträger, den Landesadvokaten oder Ratspensionär (Raadpensionaris), genügend zusammenfassende Kräfte, während die repräsentativen Funktionen zwischen den Generalständen, dem Ratspensionär und dem Statthalter – oder auch den Statthaltern der Provinzen – geteilt werden konnten. Die Position des Statthalters behielt unvermeidlich einen gewissen verschwommenen Charakter. Einerseits war der Statthalter nicht mehr als ein Beamter im Dienst der Stände jeder einzelnen Provinz für sich und zugleich der Gesamtheit der Stände, der Generalstände. Andererseits behielt er einige Regalien aus der Zeit der herzoglichen oder gräflichen Landesherrschaft (z.B. bestimmte Ernennungsrechte, das Begnadigungsrecht usw.). Die Statthalter genossen auch durch ihren fürstlichen Rang und ihre Abstammung von dem großen Wilhelm von Oranien Ansehen. Gerade der Doppelcharakter des Amtes ließ eine Anpassung und Veränderung zu. Die Souveränität des Staatenbundes war durch die komplizierte Struktur gespalten, und Teile davon lagen bei den Generalständen, beim Raad van State oder auch beim Statthalter. Das meiste davon lag jedoch bei den einzelnen provinzialen Ständen[2].

Schon der Frieden von Münster stellte in einer Hinsicht dieses komplizierte Regierungssystem ernsthaft auf die Probe. Gab es für den Statthalter noch genügend Raum, wenn er seine so wichtige Funktion als Generalkapitän des Heeres nicht mehr auszuüben brauchte? Die Statthalterfamilien – direkte Nachkommen von Wilhelm von Oranien waren Statthalter in fünf Provinzen, Nachkommen von Wilhelms Bruder Johann von Nassau waren Statthalter in Friesland, Groningen und manchmal in Drente – hatten nur mit Mißtrauen das Streben der Regenten nach Frieden betrachtet und den Vertrag mit Widerstreben gebilligt. Unglücklicherweise war die Statthalterschaft der fünf Provinzen durch den Tod von Friedrich Heinrich im Jahre 1647 in die Hände von dessen Sohn Wilhelm II. gelangt, der nicht nur jung und unerfahren, sondern auch ein übereilt handelnder und herrschsüchtiger Mann war. Er nahm sich vor, so schnell wie möglich den Krieg gegen den spanischen Erb- und Erzfeind wieder aufzunehmen und jede mögliche Opposition der holländischen Regenten im voraus zu brechen. Er wurde dabei von den französischen Diplomaten noch angespornt, denn Frankreich fühlte sich durch den Westfälischen Frieden in seinem Krieg gegen Spanien im Stich gelassen.

Die holländischen Regenten hatten schon seit längerer Zeit mit den deutlich dynastischen Bestrebungen der Statthalterfamilien, die manchmal auch außenpolitische Verwicklungen für die Republik mit sich bringen konnten, Schwierigkeiten gehabt. Die Heirat zwischen Wilhelm II. und einer Tochter Karls I. von England (1641) führte zum Beispiel dazu, daß die Republik mehrere Male Gefahr lief, in den englischen Bürgerkrieg hineingezogen zu werden. Der Widerstand der Statthalterfamilien gegen das holländische Streben nach Frieden vor 1648 schien gleichfalls im Widerstreit mit den Interessen der Republik zu sein[3]. Die holländischen Regenten würden niemals eine Wiederaufnahme des Krieges gegen Spanien, zumal noch in enger Abhängigkeit von Frankreich, gebilligt haben. Deshalb entschloß sich Wilhelm II. zum Staatsstreich, den er am 30. Juli 1650 ausführte. Die Gefangennahme von sechs führenden holländischen Regenten im Haag glückte wohl, aber eine überraschende militärische Besetzung von Amsterdam schlug fehl. Um den Konflikt schnell zu beenden und das Ansehen Wilhelms II. zu retten, gaben die erschrockenen Regenten in einem Punkte nach. Zwei Herren aus der mächtigen Amsterdamer Familie Bicker, die auch in früherer Zeit dem Statthalter Hindernisse in den Weg gelegt hatten, mußten sich aus dem Rat der Stadt Amsterdam zurückziehen. Der unerwartete Tod Wilhelms II. am 6. November 1650 verhütete wohl, daß dieser Vorfall eine lange Nachwirkung hatte. Jedoch prägte sich den holländischen Regenten für die Folgezeit das Ereignis, daß ein Statthalter den Griff nach der Macht versucht hatte, tief im Gedächtnis ein[4]. Der tragikomische Vorfall von 1650, der an sich eigentlich von geringer Bedeutung war[5], erleichterte in einem beträchtlichen Maße den Beschluß der holländischen Regenten nach dem Tod Wilhelms II. (am 24. November 1650 war posthum ein Sohn geboren worden), die Statthalterschaft vorläufig aufzuheben. Ein gewisser hartnäckiger Republikanismus entstand von selbst, der nun auch mehr theoretisch untermauert wurde und der vor 1650 gefehlt hatte[6]. Auf holländische Initiative hin wurden deshalb auch die Stände der einzelnen Provinzen eingeladen, in einer außerordentlichen Staatsversammlung (Grote Vergadering) zusammenzukommen und über die Grundlagen der Zusammenarbeit innerhalb des Staatenbundes zu beraten. Diese außerordentliche Staatsversammlung, die vom 18. Januar bis zum 21. August 1651 tagte und nichts anderes als eine Art Versammlung der Generalstände mit größeren Delegationen war, beschloß auf holländischen Vorschlag, die Statthalterschaft abzuschaffen und, ausdrücklicher noch als zuvor, die souveräne Macht ganz den provinzialen Ständen zu belassen, u.a. auch ihnen den Oberbefehl über die in einer Provinz liegenden Truppen der Provinz zu übertragen. Andere Reformen, die Holland beabsichtigt hatte, kamen nicht zustande.

Noch deutlicher als zuvor wurde durch den Fortfall des Statthalteramtes in fünf Provinzen so der republikanische und föderalistische Charakter der Republik betont. Bis 1795 hat sich darin nichts geändert, wenn auch die Statthalterschaft wiederhergestellt und ihre Machtstellung selbst verstärkt wurde. Mehr als anderswo wurden dadurch sehr viele – man hat eine Gesamtzahl von etwa 2000 Regenten geschätzt[7] – in Angelegenheiten der hohen Staatspolitik hineingezogen. In den Rathäusern vieler Städte und Städtchen wurde über die Außenpolitik beraten und beschlossen. Mehr als anderswo konnte dadurch auch die Verschiedenheit der Provinzen selbst zu ihrem Recht kommen. Typisch agrarische Provinzen wie Gelderland und Overijssel mit einem starken Übergewicht des alten landbesitzenden Adels waren unter sich doch wieder sehr verschieden, zum Beispiel in der Regierungsform. Gelderland glich mit der Einteilung in drei Bezirke mit eigenen Regierungen beinahe wieder einem kleinen Staatenbund innerhalb des Staatenbundes. Overijssel hatte gegenüber dem Adel, der das flache Land vertrat, in den drei Ijsselstädten Kampen, Zwolle und Deventer ein angemessenes Gegengewicht in der Regierung. Friesland glich oberflächlich betrachtet einer Bauernrepublik mit Stimmrecht für jeden Hofbesitzer, näher betrachtet war hier jedoch ein Halbadel von Großbauern (*hereboeren*) tatsächlich übermächtig[8]. Innerhalb der Provinz Utrecht war die Hauptstadt fortwährend mit den kleinen Städten der Provinz zerfallen. In Groningen herrschte zwischen der Stadt und den sogenannten *Ommelanden*, der durch den Adel der Landschaft repräsentierten Provinz, ein unversöhnlicher Streit.

Man könnte mit der Darstellung dieses äußerst komplizierten und unterschiedlichen Erscheinungsbildes der Republik noch weiter fortfahren. Keine Provinz, keine Stadt war der anderen gleich. In diesem scheinbaren Wirrwarr gab jedoch das Übergewicht von Holland dem Ganzen mehr Form und damit mehr Kraft, als man es auf den ersten Blick erwarten sollte. Obwohl Holland in den Generalständen nur eine Stimme unter sieben hatte und im Prinzip gerade diese Provinz ein feuriger Verteidiger der provinzialen Souveränität war, konnte in der Praxis Holland den Staatenbund leiten.

Im Haag, wo alle Einrichtungen der Union ihren Sitz hatten, residierten auch die Stände von Holland, und die verhältnismäßig kleine Bürokratie der Republik wurde tatsächlich von den holländischen Beamten beherrscht, über denen wiederum der Ratspensionär (Landesadvokat) von Holland stand. Dieser Ratspensionär oder Ständesyndikus bekam als Leiter der holländischen Delegation in den Generalständen faktisch die alltägliche Führung der Außenpolitik ganz und die finanziellen Angelegenheiten zum Teil unter seine Kontrolle. Obwohl er niemals übermächtig und stets an Beratung und Absprache mit anderen gebunden war, was ihn manchmal zu Kompromissen zwang, konnte er doch, wenn er die Stadt Amsterdam als Rükkendeckung hinter sich wußte, seinen Einfluß zwingend ausüben. Holland trug auch 58 Prozent der jährlichen Ausgaben der Republik und schoß gewöhnlich viele der rückständigen Beiträge der anderen Provinzen vor[9]. Mit der Abschaffung der Statthalterschaft wurde das Übergewicht der holländischen Regenten in der Republik größer denn je. Der tüchtige Johan de Witt (1625–1672), den man 1653 aus dem Dortrechter Stadtrat in das hohe Amt des Ratspensionärs berufen hatte, wurde der führende Staatsmann der Republik.

Eine Erklärung für dieses Übergewicht zu finden, ist nicht schwer. Holland war die reichste, die modernste und die am dichtesten bevölkerte Provinz in der Republik. Die Blütezeit von Handel und Schiffahrt, die nach einem langen Anlauf um 1590 ungekannte Höhen erreicht hatte und bis ins 18. Jahrhundert nachwirkte, hatte dieser Provinz die führende Rolle gegeben. Dieser blühende Handel hatte in Holland eine für die damalige Zeit moderne Industrie entstehen lassen, vor allem Textilindustrie (in Leiden) und verarbeitende Industrien. Die Landwirtschaft wurde durch die Einpolderungen und die Landgewinnung sehr gefördert. Man erkennt quantitativ das Übergewicht deutlich an den Bevölkerungszahlen. Die Bevölkerung war im 16. Jahrhundert überraschend schnell angewachsen, und dieser Prozeß setzte sich in einem etwas langsameren Tempo, u.a. dank den südniederländischen und deutschen Einwanderern, auch im 17. Jahrhundert fort. In den absoluten Zahlen der Volkszählungen sehen wir das Anwachsen:

1514: 275000, 1622: 672000 und 1795: 783000 Einwohner in Holland, wobei 1622 54 Prozent der Bevölkerung in Städten lebte. Im Laufe des 17. Jahrhunderts bekam Amsterdam das Erscheinungsbild einer Weltstadt, 1622 hatte es 104932 und 1795 217024 Einwohner. Bei einer Gesamtzahl der Einwohner der Vereinigten Niederlande von höchstens zwei Millionen hatte Holland mehr als ein Viertel der Bevölkerung der Republik[10].

Dieses holländische Übergewicht brachte auch Einfluß auf kulturellem Gebiet mit sich. Ohne zu verkennen, daß oft ein lokaler oder regionaler Patriotismus den Ausschlag gab (Friesen und Seeländer oder Holländer und Gelderländer betrachteten sich auch weiterhin noch gegenseitig als »Fremde«), durchzog doch ein holländischer Einfluß die Republik und brachte einen kulturellen Zusammenhang hervor, der zu bestimmten Formen der Zusammengehörigkeit und Solidarität führen konnte und ein nationales Gefühl des Niederländischen vorbereitete.

[1] Für einen Vergleich der gesellschaftlichen Strukturen von England, Frankreich und der Republik, mit Betonung des Gemeinsamen: I. Schöffer, Ons tweede Tijdvak (1962; Rede).

[2] S. J. Fockema Andreae, De Nederlandse Staat onder de Republiek (²1962). In: VerhAkadAmsterdam Afd. Lett., Nwe Reeks 67, No. 3.

[3] P. Geyl, Oranje en Stuart 1641 tot 1672 (²1963). S. 1–70.

[4] G. W. Kernkamp, Prins Willem II (1943).

[5] Zu Unrecht wird in der ausländ. Lit. manchmal der Anschlag auf Amsterdam als eine »Revolution« dargestellt: J. E. Merriman, Six Revolutions (1938); H. R. Trevor Roper, The General Crisis of the 17th Century. In: Past and Present 16 (1959), S. 31–64.

[6] E. H. Kossmann, Politieke Theorie in het zeventiende-eeuwse Nederland (1960). In: VerhAkadAmsterdam Afd. Lett., Nwe Reeks 66, No. 2; E. H. Kossmann, In Praise of the Dutch Republic. Some Seventeenth Century Attitudes (1963; Rede).

[7] Fockema Andreae, De Nederlande Staat, S. 37.

[8] C. J. Guibal, Democratie en oligarchie in Friesland tijdens de Republiek (1934).

[9] I. Schöffer, Naar consolidatie en behoud onder Holland's leiding. 1593–1717. In: 500 Jaren Staten Generaal in de Nederlanden (1964), S. 64 bis 97.

[10] A. M. van der Woude, Holland. In: Faber u.a., Population Changes and Economic Developments in the Netherlands. A Historical Survey. In: A.A.G. Bijdragen 12 (1965), S. 50–62.

c. Die wachsenden internationalen Schwierigkeiten

Im internationalen Machtvakuum der ersten Hälfte des 17. Jahrhunderts war die Republik eine Großmacht geworden. Mit der Auflösung dieses Machtvakuums zeigte sich dann auch schnell die Verwundbarkeit des Staatenbundes. Das Territorium war klein, die Bevölkerung war relativ gering, obwohl sie für die damalige Zeit dicht beieinander saß. Die einseitige Abhängigkeit von Handel und Schiffahrt und die Notwendigkeit, Lebensmittel einzuführen, brachte es mit sich, daß die Republik ein Interesse an Frieden und offener See hatte. In einer damals aufsehenerregenden und heute noch immer wichtigen, 1662 erschienenen Abhandlung, Pieter de la Courts ›Interest van Holland‹, wurde dieser Wunsch nach Frieden und Ruhe mit vielen Worten ausgedrückt. Es war im Interesse von Holland – Pieter de la Court sah nur seine Provinz –, daß internationaler Frieden ohne das Übergewicht einer einzigen Macht bestand, wie sich auch Holland allein ohne Bindung an eine Macht oder Allianz behauptete. Dank der republikanischen Staatsform, fügte de la Court hinzu, kann die Republik sich an diese raison d'état halten, ungehindert durch das monarchische Streben nach Prestige und Macht, das meistens im Widerspruch zu den Interessen des Landes steht[1]. Diese Theorie war als Theorie gut. Johan de Witt, der de la Courts Schrift vor der Veröffentlichung eingesehen und wenigstens an einigen Stellen verbessert hatte[2], versuchte in der Tat, diese Theorie in die Praxis umzusetzen: keine Kriege und keine Allianzen.

Jedoch mußte die Praxis auch eine gute Theorie Lügen strafen. Einmal konnte die raison d'état des Staatenbundes durchaus eines Tages völlig von der anderer Staaten abweichen, zum anderen bestanden nun leider anderswo monarchische Ambitionen, und diese konnten rationalistische Überlegungen über das theoretische Staatsinteresse beiseite schieben. Kriege und Allianzen drängten sich der Republik auf, ob sie wollte oder nicht. Zwei Großmächte, zuerst England und dann Frankreich, wuchsen in ihrer Macht, und die Republik mußte sich dagegen wenden. Obwohl es manchmal möglich erschien, sich zwischen diesen aufsteigenden Großmächten hindurchzulavieren, wobei Johan de Witt und zwei andere holländische Politiker, van Beverningk und van Beuningen, sich als große Meister erwiesen, auf die Dauer war es nicht zu verhindern, daß die Republik mit hineingezogen wurde. Die holländischen Regenten waren natürlich keine Pazifisten, sondern Politiker mit einem ausgeprägten Machtbewußtsein und einem manchmal unbarmherzigen Realismus. Wo es nötig war, scheuten sie sich nicht, die eigene Macht zu gebrauchen und ihren Einfluß auszuüben.

Johan de Witt zum Beispiel begriff, daß die Republik, um England Widerstand zu leisten, eine starke Flotte nötig hatte. Nach dem ersten englisch-niederländischen Krieg hat Johan de Witt den Flottenbau entschlossen durchgesetzt, und im zweiten englisch-niederländischen Krieg war es vor allem der Admiral (Vlootvoogd) Michiel Adriaenszoon de Ruyter, der große Siege für die Republik erfocht. Berühmt blieb der Sieg von Chatham (19.–24. Juni 1667)[3]. Auch bei den schwedisch-dänischen Auseinandersetzungen in der für die holländische Seefahrt so wichtigen Ostsee scheute sich die Republik nicht vor unsanften Eingriffen. Anfangs hatte sie Schweden unterstützt, aber nach 1645 neigte sie sich mehr auf die Seite der geschwächten Dänen. Während des Krieges im Norden von 1655 bis 1660 schließlich schlug sie zu und kam Dänemark mit ihren Kriegsflotten zu Hilfe, um die schwedische Übermacht am Sund zu brechen[4]. Sogar aggressiv konnte die Republik werden, um die Kompanien in ihrem Auftreten und in ihren Auseinandersetzungen mit Portugiesen, Engländern oder eingeborenen Fürsten zu unterstützen. Es konnte den Handelsinteressen dienen, einen Krieg zu führen, und so führte sie auch Krieg.

In der Nähe jedoch, in der Nordsee und an der Südgrenze, war die Lage anders. Streit mit England oder Frankreich störte hier die Schiffahrt und die Handelsbeziehungen und machte für diese Mächte die holländischen Frachtschiffer überflüssig. Krieg in der Nähe des Landes kostete nicht nur Geld, sondern brachte auch Risiken für die Ruhe und Ordnung im eigenen Lande mit sich. Jedoch ließen sich davon weder die Engländer noch die Franzosen abhalten. In England veranlaßte eine mächtige Londoner Kaufmannsgilde die Regierung zu scharfen Maßnahmen gegen die holländischen Frachtfahrer, um den eigenen Handel und die eigene Fischerei erweitern zu können. In Frankreich begann der Minister Colbert schärfer als zuvor gegen die Holländer und Seeländer vorzugehen, um sie mit protektionistischen Maßnahmen und Zöllen aus den französischen Häfen zu treiben und auf diese Weise Frankreich auf Kosten der Republik zu stärken. So mußte die Republik wohl Farbe bekennen und Risiken mit allen Folgen auf sich nehmen: teure Kriegsflotten, unvermeidbare Kriege, bindende Allianzen ...

Die Republik wurde zu allererst durch die wachsende Macht Englands bedroht. Die Verkündung der Navigationsakte, die die englische Schiffahrt schützen sollte, und Cromwells mißlungener Versuch, die englischen und die nordniederländischen Republiken zur Zusammenarbeit zu führen, waren der Anlaß für die Entfesselung des ersten englisch-niederländischen Krieges (1652–1654)[5]. Er lief nur dadurch für die Republik günstig ab, weil Cromwell selbst einsah, daß durch eine zu schwere

Niederlage der Republik die Oranier zum Nutzen der Stuarts wieder an die Macht kommen würden. Der Frieden von Westminster (15. April 1654) konnte geschlossen werden, nachdem Johan de Witt bereit war, in einem geheimen Vertrag zwischen England und der Provinz Holland (!) zu versprechen, daß der dreijährige Prinz von Oranien von der Statthalterschaft ausgeschlossen bleiben würde (Acta van Seclusie). Karls II. Rückkehr auf den englischen Thron (1660) brachte wenig Entspannung, und ein neuer Konflikt, der nicht mehr durch Cromwells Überlegungen gebremst wurde, war nicht zu verhindern. Ein zweiter englisch-niederländischer Krieg mußte von der Republik geführt werden (1665–1667)[6]. Dieses Mal war die Republik gut vorbereitet. Die Allianz mit Frankreich gab Rückendeckung, und eine starke Flotte zwang England in die Knie. Der Frieden von Breda (31. Juli 1667) trug jedoch einen sehr gemäßigten Charakter, denn Johan de Witt hätte gewiß härtere Forderungen stellen können. Es war ein Kompromißfrieden, wobei bewußt versucht wurde, die gefährlichsten Streitpunkte zu beseitigen. England überließ man die Macht in Nordamerika (Neuniederland wurde abgetreten), während die Republik im karibischen Raum das dort eroberte Surinam behielt. In Asien zog sich England endgültig aus dem indonesischen Archipel zurück (Abtretung von Poeloe Run), konnte aber seine Macht in Indien und den Handel mit China weiter ausbauen. In Europa billigte die Republik eine abgeschwächte Version der Navigationsakte, wofür einige niederländische Auffassungen in bezug auf das Seerecht durch England anerkannt wurden. Es war deutlich, daß Johan de Witt mit diesem gemäßigten Frieden die neue Gefahr, die aufkommende Macht von Frankreich, im Auge behielt und nicht ein grollendes England an die französische Seite treiben wollte[7].

Denn mittlerweile war die drohende Macht Frankreichs Wirklichkeit geworden. Nach allen Seiten, unter anderem auch in Richtung der südlichen Niederlande, versuchte Ludwig XIV. sein Gebiet, meistens auf Kosten der schwachen habsburgischen Mächte, zu erweitern.

Vor allem das Vordringen nach den südlichen Niederlanden sah Johan de Witt als eine ernste Gefahr an. Nachdem nun England durch den Frieden von Breda aus einem Feind zu einem Bundesgenossen geworden schien, hoffte de Witt, durch die Zusammenfassung aller antifranzösischen Kräfte Ludwig XIV. zur Mäßigung zu zwingen. Zeitweilig glückte es, und ein

Bündnis zwischen England, Schweden und der Republik (die Tripelallianz, 23. Januar 1668) zwang Ludwig XIV. zum Frieden mit Spanien, wobei er von weiteren Eroberungen absehen mußte. Es war Ludwig XIV. nun klar, daß die Republik sein größter Gegenspieler war, und sein Streben richtete sich darauf, diesen Staat zu isolieren und zu vernichten[8]. Vielleicht hat nun gerade der nüchtern-realistische Blick auf die internationalen politischen Verhältnisse de Witt einen Streich gespielt. Die Gefahren einer Isolierung unterschätzte er in jedem Falle. Streng rational betrachtet, widersprach es den englischen Interessen, fortschreitende Eroberungen Frankreichs zuzulassen. De Witt vernachlässigte hierbei aber irrationale Faktoren, zum Beispiel den traditionellen antiholländischen Groll, besonders in der City, den Geldmangel und die antiparlamentarischen Intrigen Karls II. und der Hofclique, die dem katholischen Absolutismus zuneigenden Sympathien Karls II. In jedem Fall lag der geheime Vertrag von Dover (1670) zwischen Karl II. und Ludwig XIV. völlig außerhalb de Witts Berechnungen und Erwartungen. Es rächte sich auch Hollands einseitige Bevorzugung der Flotte. Das Land war durch einen Gürtel von schwachen Nachbarstaaten und einige Grenzfestungen nicht genügend gesichert. In Holland hatte man wenig territorial gedacht, man wollte keine Erweiterung des Gebietes. Das Heer selbst war als starkes Element im Staat unerwünscht, da es eine gegen die holländischen Regenten gerichtete Politik unterstützen konnte[9]. Plötzlich drohte nun die größte Gefahr von der Landseite her.

Es war darum kein Wunder, daß 1672 der gemeinsame Angriff Frankreichs, Englands und der Bischöfe von Münster und Köln anfangs für die Republik unglücklich verlief. Ludwig XIV. gelang es, mit seinen Truppen durch das klevisch-jülische Einfallstor, das durch die Truppen der Generalstände nur schwach verteidigt wurde, schnell nach Utrecht vorzudringen (3. Juli 1672). Der Bischof von Münster, Christoph Bernhard von Galen, der schon 1665 einen vergeblichen Einfall nach Overijssel gemacht hatte, überrumpelte die drei Ijsselstädte Kampen, Zwolle und Deventer und kam erst vor den Mauern von Groningen zum Stehen. Unter diesen Schlägen brach die Herrschaft Johan de Witts in sich zusammen – de Witt trat am 4. August als Ratspensionär zurück –, und einige holländische Städte dachten an einen schnellen Kapitulationsfrieden mit Frankreich. Auf einer verworrenen Sitzung der Generalstände war schon am 26. Juni ein Unterhändler abgesandt worden – da wendete sich schnell die Aussicht. Die »Wasserlinie« von Holland – große Teile des flachen Landes entlang der holländisch-Utrechter Grenze waren unter Wasser gesetzt worden – zeigte sich den französischen Truppen als Hindernis, und die immer noch gut ausgerüstete Flotte hielt England von der bedrohten Küste fern. Wilhelm III., der nun zum Statthalter ausgerufen wurde, konnte mit Hilfe einer kräftigen und konsequenten Unterstützung durch die holländischen Städte, vor allem Amsterdams, die Verteidigung so organisieren, daß die französischen Truppen von weiteren Angriffen absahen, und im folgenden Jahr durch einen überraschenden Ausfall in Richtung Bonn sie selbst zur Räumung der besetzten Gebiete zwingen (Ende 1673). Anfang 1674 konnten die Angreifer England, Münster und Köln zu separaten Friedensverträgen mit der Republik bewogen werden.

Nachdem die direkte Bedrohung der Republik vorbei zu sein schien, war zu erwarten, daß die Friedensstimmen in der Republik wieder gehört werden würden. War es nun nicht möglich, gleichzeitig auch den kostspieligen Krieg mit Frankreich zu beenden? Die Lage hatte sich zu sehr geändert, als daß man nur dem holländischen Interesse nachgeben durfte. Nicht die Regenten allein hatten nun darüber zu entscheiden. Seit 1672 gab es wieder einen Statthalter, der, auf eine völlig veränderte internationale Situation gestützt, eine Außenpolitik führen wollte, die über die holländischen Interessen hinausgehen sollte.

[1] Th. van Tijn, Pieter de la Court. Zijn Leven en economische Denkbeelden. In: TGGroningen 69 (1956), S. 304–370; E. H. Kossmann, Politieke Theorie in het zeventiende-eeuwse Nederland (1960). In: VerhAkadAmsterdam Afd. Lett., Nwe Reeks 66, No. 2, S. 36–58 (vor allem über Johan de la Court).

[2] De Witts Anteil an de la Courts »Interest« steht nicht völlig fest. R. Fruin z. B. nimmt an, daß zwei Kapitel (29 und 30) vollständig von ihm geschrieben sind (Verspreide Geschriften, Bd. 8, S. 44), während N. Japikse, Johan de Witt ([2]1928), nur Verbesserungen als von de Witts Hand anerkennt.

[3] J. C. Oudendijk, Johan de Witt en de Zeemacht (1944).

[4] G. W. Kernkamp, De Sleutels van de Sont. Het aandeel van de Republiek in den Deensch-Zweedsche Oorlog van 1644–1645 (1900); N. Noordam, De Republiek en de Noordse Oorlog 1655–1660 (1940).

[5] J. E. Elias, Het Voorspel van den eersten Engelschen Oorlog (1920).

[6] Ch. Wilson, Profit and Power. A Study of England and the Dutch Wars (1957).

[7] J. E. Elias, De Tweede Engelsche oorlog als het keerpunt in onze betrekkingen met Engeland (1930).

[8] Kurz zusammenfassend H. H. Rowen, John de Witt and the Triple

Alliance. In: JournModHist 26 (1954), S. 1–15; E. Molsbergen, Frankrijk en de Republiek der Verenigde Nederlanden 1648–1662 (1902); S. Elzinga, Het Voorspel van den oorlog van 1672. De economisch-politieke betrekking tusschen Frankrijk en Nederland in de jaren 1670–1672 (1926).

[9] J. C. Boogman, Die holländische Tradition in der niederländischen Geschichte. In: Westf. Forschungen 15 (1962), S. 96–105.

d. Innere Spannungen

Das Unglücksjahr 1672 brachte auch die vorhandenen inneren Spannungen in der Republik zur Entladung. Diese Spannungen waren niemals verborgen gewesen. Die relativ große Freiheit sowohl des gedruckten als auch des gesprochenen Wortes ermöglichte stets eine öffentliche Diskussion. So viele Personen hatten an der Regierung Anteil und vielfältige Beratungen waren zwischen ihnen notwendig, daß fortwährend in weiten Kreisen über Regierungsangelegenheiten gesprochen wurde. Außerdem gab es, vor allem in Holland, dank Kirche und Unterricht eine breite Schicht, die gebildet genug war – sehr viele konnten lesen und schreiben, hatten gelernt, die Bibel zu lesen und über Bibelstellen zu disputieren –, um am politischen und kulturellen Leben teilzunehmen, auf der Straße und auf dem Schleppkahn zu reden, Streitschriften und Zeitungen zu lesen.

Es war gleichfalls deutlich, daß die Spannungen mit der gesellschaftlichen Struktur zusammenhingen. Sozialökonomisch bestand die niederländische Gesellschaft aus einer kleinen, sehr wohlhabenden Oberschicht und einer besonders in den Städten sich verbreiternden Unterschicht armer Bevölkerung, die in Zeiten hoher Preise und niedriger Löhne unruhig werden konnte und die in guten Zeiten gebildet genug war, um sich zu rühren. Es gab innerhalb des Staatenbundes Interessengegensätze zwischen den Seeprovinzen mit ihrem Handel und den agrarischen Provinzen. Ferner existierten heftige religiöse Streitpunkte zwischen freisinnig-tolerant und orthodox-calvinistisch Gesinnten. Dazu kamen schwierige politische Probleme um die Stellung des Statthalters, um den Platz der offiziellen calvinistischen Kirche, um die Verteilung von gewinnbringenden Ämtern und um die Entscheidungen, die in der Außenpolitik vor allem gegenüber England und Frankreich getroffen werden mußten. Schließlich gab es auch provinziale und lokale Streitigkeiten und Fehden, die durch die föderalistische Struktur der

Republik leicht auf das Feld der großen Politik übergreifen konnten.

Diese Spannungen in der zweiten Hälfte des 17. Jahrhunderts wurden jedoch noch durch besondere Entwicklungen erhöht. Die internationalen Schwierigkeiten, in die die Republik mehr und mehr geriet, verschärften die Gegensätze. Wirtschaftlich schien die Republik nach 1650 ihren Höhepunkt bereits überschritten zu haben. Abgesehen von vorübergehenden Rückschlägen, wie Konjunkturschwankungen und Kriegszustand, schien das an sich schon unsichere Gleichgewicht zwischen den verschiedenen Zweigen der Wirtschaft nun gestört zu werden. Vor allem die Landwirtschaft begann erste Zeichen einer Depression zu zeigen[1]. Der nach 1650 schnell wachsende Steuerdruck hatte auf vielen Gebieten eine drosselnde Wirkung[2]. Der Umsatz beim Kornhandel ging zurück, und dadurch verringerte sich auch die Frachtschiffahrt auf der Ostsee[3]. Die protektionistischen Maßnahmen Frankreichs (vor allem Colberts Zolltarif von 1667) trafen die holländische Textilindustrie schwer[4]. Dem standen jedoch andere günstigere Faktoren gegenüber, deshalb darf man noch nicht von einer Krise oder einem Verfall sprechen. So lebten gerade der Handel mit Edelmetall, Kolonialwaren und auch das Bankwesen stark auf, und die Stadt Amsterdam befand sich noch in einer Expansionsphase, zum Teil auch auf Kosten der kleineren holländischen Städte. Dennoch hatte sich etwas von gestörtem Gleichgewicht und Unsicherheit in das wirtschaftliche Leben eingeschlichen[5].

Die sozialen Gegensätze verschärften sich ebenfalls durch den Prozeß einer Absonderung und Aristokratisierung in der obersten Schicht der Bevölkerung, den Regenten. Anfangs waren die Regenten, vor allem in Holland, nichts anderes als reiche Kaufleute und Händler gewesen, die die Regierung in den Händen hielten, während sie gleichzeitig ihren Handel betrieben oder ihren Betrieb leiteten und sich sozial in den Lebensgewohnheiten und im Lebensstil wenig vom gewöhnlichen Bürgertum unterschieden. Sie waren einfach, bescheiden und nüchtern-realistisch. Jedoch erforderten auf die Dauer die provinziale und städtische Verwaltung und überdies die Aufgaben in der Union mehr Zeit, und die Ämter boten auch mehr Geld. Es entstand eine Kaste von Amtsinhabern, die andere Tätigkeiten ruhen ließ und einen eigenen, verfeinerten, aristokratischen Lebensstil in größerem Wohlstand als früher erstrebte. Die Verteilung der Ämter wurde zu einer Frage, die innerhalb kleiner Gruppen,

Clans und Familien geregelt wurde. Die Unterschiede der Herkunft zwischen Adligen, Großbauern (*hereboeren*) und reichen Bürgern wurden innerhalb des Regentenstandes mehr und mehr verwischt. Praktisch wurden die Regierungskollegien stets durch Kooptation ergänzt, obwohl hier und da, aber nicht mehr in den holländischen Städten, auch zunft-demokratische Wahltraditionen bestanden. Die Praxis einer zuvor geregelten Ämterverteilung wurde im Laufe der Zeit zu einem festen System, wobei öffentlich durch Übereinkommen (die sogenannten contracten van correspondentie) zwischen den Gruppen, die meistens als *facties* bezeichnet wurden, die Verteilung festgelegt und die Übernahme der Ämter genau der Reihenfolge entsprechend für die Familien und Gruppen geregelt wurde.

Man wird mit den vielen mißbilligenden und moralisch-entrüsteten Begriffen vorsichtig sein müssen, mit denen dieses geschlossene System der Ämterbekleidung gewöhnlich in der Geschichtsschreibung als Entartung und Verderbnis durch Korruption und Vetternwirtschaft abgetan wird. Damals empfand man es als eine selbstverständliche und ordentliche Regelung, die in aller Öffentlichkeit geschah, wobei man vielen Ämtern neben dem öffentlichen auch einen privaten Charakter zuerkannte[6]. Zu oft wird auch vergessen, daß die contracten van correspondentie auch von oben her empfohlen wurden, vor allem Wilhelm III. erachtete sie als wünschenswert. Die gesamte Entwicklung dieser sich absondernden, bürokratischen Oligarchie war eigentlich eine internationale Erscheinung, die mit dem Wachstum des Staates zusammenhing. Man konnte die sich daraus ergebenden Aufgaben noch nicht auf eine moderne, leistungsfähigere Weise bewältigen. Es ist sicher, daß unter den Regenten neben einem starken und selbstsüchtigen Standesbewußtsein auch ein patriarchalisches Ethos lebte, das den Abstand zwischen Regenten und Bürgern zwar nicht überbrückte, aber in normalen Zeiten weniger hervortreten ließ. Besonders in den kleinen Städten lebte man in ständiger Nachbarschaft miteinander, und das Fehlen einer Polizeimacht setzte auch beim Volk guten Willen zur Zusammenarbeit voraus. Bei einem Volksaufruhr wünschten die meisten Regenten nicht, mit Gewalt einzugreifen, und gaben auch von selbst sehr schnell Forderungen nach. Nichtsdestoweniger vergrößerte sich der Abstand zwischen Regenten und Volk und konnte in einen scharfen Gegensatz umschlagen.

Die durch diese politischen, wirtschaftlichen und sozialen Umstände verschärften Spannungen suchten in Notzeiten ihren Kristallisationspunkt um zwei Pole: die Partei der Provinzialstände und die Partei des Statthalters (staatsgezinde en stadhoudersgezinde partij). Beiden »Parteien« fehlte ein Programm und eine Organisation. Allein der Name deutete an, daß sich die eine mehr an die holländischen Regenten anlehnte, die andere sich mehr auf den Statthalter und dessen Anhang stützte. Man kann die Parteien höchstens nach Unterschieden in der Atmosphäre unterscheiden, die auch sozial und religiös mitbestimmt zu sein schien. Die Stadhoudersgezinden klammerten sich mehr an die Traditionen des Unabhängigkeitskrieges und an die damit verbundene Reformation, hegten Vertrauen in den Sproß aus dem durch Gott gesandten Haus Oranien und hofften auf die Bundesgenossenschaft mit dem protestantischen England. Neben Adligen und Offizieren war es vor allem das fromme Kleinbürgertum und das noch stark von irrationalen Gefühlen bewegte Volk, wo diese Partei ihren Anhang fand. Die Staatsgezinden dachten mit mehr Nachdruck an die im Aufstand erworbenen »Freiheiten«, hegten darum ein Mißtrauen gegen absolutistisch erscheinende Neigungen des Statthalters, erstrebten auf kirchlichem Gebiet größere Toleranz und wünschten gewiß nicht, daß die Religion oder die Kirche das Staatsinteresse beherrschen sollte. England war ihnen der gefährliche Konkurrent in Handel und Schiffahrt, während Frankreich ungeachtet seiner katholischen Religion oft ein zuverlässiger Bundesgenosse zu sein schien. Wie weit hier eher Stimmungen und Gefühle als realistische Überlegungen und wünschenswerte Bestrebungen eine Rolle spielten, braucht wohl nicht aufgezeigt zu werden[7]. Ein Programm für eine innere Staatsreform fehlte beiden Parteien. Es war niemals so, daß zum Beispiel die Partei des Statthalters eine stärker zentralistische Verwaltung erstrebt hätte. Es wurde allein durch die Neigung zur Vermehrung der statthalterlichen Macht dem Einfluß einer Person in den bestehenden Regierungskollegien ein stärkerer Akzent gegeben. Daß zum Beispiel die Staatsgezinden andererseits krampfhaft an der unveränderten provinzialen Souveränität festgehalten hätten, wurde durch die zweite außerordentliche Staatsversammlung (Tweede Grote Vergadering) von 1717 Lügen gestraft. Diese Versammlung wurde gerade durch einige Staatsgezinden bewußt ins Leben gerufen, um zu einer gründlichen Staatsreform zu kommen, wenn auch der Versuch schließlich scheiterte.

Natürlich kam der Streit der Parteien nach der Staatsversammlung (Grote Vergadering) von 1651, wo man das Amt des Statthalters abgeschafft hatte, erst recht nicht zur Ruhe. Die jetzt Unzufriedenen sammelten sich um den heranwachsenden Prinzen von Oranien und erwarteten von einer Berufung dieses Wilhelm große Wunder für die Republik oder erstrebten einen eigenen Vorteil dadurch. Vor allem in Zeiten von Mißerfolgen und Unglück flammten die Leidenschaften auf und bildeten sich Gruppen. Johan de Witt und seine Anhänger hatten sich lange Zeit dagegen gestemmt. Sie mißtrauten nicht ohne Grund den englischen Einflüssen auf Oranien, sie fürchteten Unruhen in den Städten und wollten einem intelligenten und ehrgeizigen Mann, der Wilhelm von Oranien ohne Zweifel war, nicht die Macht geben. In drei Etappen jedoch mußten die Staatsgezinden dennoch nachgeben: Im Jahre 1668 wurde Wilhelm Generalkapitän, 1670 Mitglied des Raad van State, und im Unglücksjahr 1672 kam er als Statthalter von fünf Provinzen an die Macht.

Die Ausrufung von Wilhelm III. zum Statthalter im Jahre 1672 war nur durch den Zusammenbruch der Herrschaft der Staatsgezinden möglich. Schon im Frühjahr des Jahres 1672 war vor allem Johan de Witt die Zielscheibe der häufigen Kritik geworden, die durch die schlechte Landesverteidigung ausgelöst wurde. Obwohl Johan de Witt sich als Ratspensionär (Landesadvokat) zurückzog (seit dem 21. Juni führte er nicht mehr die Geschäfte, am 4. August trat er zurück), schien die Volkswut gegen die Regenten nicht gestillt. Wie eine Flutwelle brachen in den Monaten Juli und August die Unruhen aus. Plünderungen, Zusammenrottungen, tätliche Angriffe und sogar Morde geschahen. Am 20. August 1672 wurden Johan de Witt und sein Bruder Cornelis de Witt im Haag von einer wütenden Menge ermordet. Für die alten und neuen Machthaber schien es kaum möglich, die Ordnung aufrechtzuerhalten, und Wilhelm III. hat ohne Zweifel von den Umständen Gebrauch gemacht und seinen Einfluß und seine Macht kräftig gefestigt. Der Mord an den de Witts war auf diese Weise für Wilhelm III. ein Mittel zur Einschüchterung der Regenten, und mit entschlossener und harter Hand schritt er im Herbst in allen holländischen Städten zur sogenannten *Wetsverzetting*, wobei von den 500 holländischen Regenten etwa 140 abgelöst wurden. Als nach diesen Eingriffen die Ruhe wiederkehrte, war Wilhelms III. Stellung stärker als die eines anderen Statthalters je zuvor.

Eine wesentliche Erneuerung hatte der Umsturz von 1672 damit nicht gebracht. Beide Parteien hatten auch kein klares Programm, und die demokratischen Forderungen, die in verschiedenen Städten durch Zünfte und Schützengesellschaften geäußert wurden, waren nicht viel mehr als Wünsche nach Zunftdemokratie, die sich auf Präzedenzfälle aus der Vergangenheit beriefen, und Veröffentlichungen von uralten Privilegien und Gesetzen. Die Wünsche von unten führten auch zu nichts anderem als zu vagen Zusicherungen[8]. Weder Wilhelm III. noch »seine« Regenten wollten etwas anderes als einen größeren Einfluß für den Statthalter unter Erhaltung aller Regierungskollegien und deren Vollmachten. Tatsächlich wurde jedoch Wilhelms III. Stellung rasch gestärkt. Die Statthalterschaft wurde in der direkten Manneslinie für erblich erklärt. Wilhelm III. erwarb auch einen beträchtlichen Einfluß in den meisten holländischen Stadtregierungen und konnte durch sogenannte Regierungsreglemente, die den durch französische Truppen besetzten und später geräumten Provinzen Utrecht, Gelderland und Overijssel auferlegt wurden, einen großen institutionellen Einfluß auf die lokalen und provinzialen Behörden erlangen. Jedoch von der persönlichen Machtbasis abgesehen, ließ er die Staatseinrichtungen bestehen, und die Regenten behielten die Angelegenheiten der Innenpolitik und der inneren Verwaltung in der Hand. Nur in einer Hinsicht wollte Wilhelm III. seine erworbene Position und Macht gründlich ausnützen: in der durch ihn geführten Bekämpfung der Hegemoniepolitik Ludwigs XIV. Hier spielte Tradition, Sendungsbewußtsein und protestantische Überzeugung eine große Rolle. Er bewunderte die Machtpolitik Ludwigs XIV., und er achtete wohl seine dynastischen Rechte. Er war sich jedoch der von Gott den Königen und Fürsten auferlegten Aufgabe bewußt, und er fühlte, daß er durch seine hohe Geburt – in ihm waren die Häuser Oranien und Stuart vereinigt – eine besondere protestantische Berufung hatte, das katholische Hegemoniestreben zu hemmen und zurückzuweisen. Die Republik mußte das erste Glied in der Kette sein, die Wilhelm III. um Frankreich legen wollte. Ihre geographische Lage, ihr Reichtum, ihre Vergangenheit als Großmacht machten dies für die Republik zu einer in den Augen Wilhelms III. selbstverständlichen Aufgabe. Das »Interest van Holland« zählte nicht mehr.

[1] A. M. van der Woude, Holland. In: Faber u.a., Population Changes and Economic Developments in the Netherlands. A Historical Survey. In: A.A.G. Bijdragen 12 (1965), S. 54f. Ferner J. A. Faber, Friesland, ebd., S. 67–70.

[2] Ch. Wilson, Taxation and the Decline of Empires. An Unfashionable Theme. In: Bijdragen en mededeelingen van het Historisch Genootschap Utrecht 77 (1963), S. 10–27.

[3] J. A. Faber, Graanhandel, graanprijzen en tarievenpolitiek in Nederland gedurende de tweede helft der 17[e] eeuw. In: TGGroningen 74 (1961), S. 533–540.

[4] S. Elzinga, Het Voorspel van den oorlog van 1672. De economisch-politieke betrekking tusschen Frankrijk en Nederland in de jaren 1670–1672 (1926).

[5] I. Schöffer, Viel onze Gouden Eeuw in een tijdvak van crisis? In: Bijdragen en mededeelingen van het Historisch Genootschap Utrecht 78 (1964), S. 45–77.

[6] J. van Klaveren, Die historische Erscheinung der Korruption. In: VjschrSozialWirtschG 44 (1957), S. 289–324, 45 (1958), S. 433–504, u. 47 (1960), S. 333–353; W. F. Wertheim, Corruptie als sociologisch studieobject. In: Jaarboek Sociologische Vereniging 14/1 (1961), S. 5–41.

[7] Anregend u. erneuernd: J. D. Roorda, Partij en Factie. De oproeren van 1672 in de steden van Holland en Zeeland, een krachtmeting tussen partijen en facties (1961). Wie irreal das Vertrauen in den traditionellen Bundesgenossen sein konnte, zeigte sich 1672: Staatsgezinden hofften, daß Ludwig XIV. milde sein würde, Stadhoudersgezinden erwarteten von der Berufung des Statthalters, daß Karl II. sofort Bundesgenosse werden würde. Weder Frankreich noch England dachten in diesem Katastrophenjahr an irgendein Entgegenkommen.

[8] P. Geyl, Democratische Tendenties in 1672. In: MededAkadAmsterdam Afd. Lett., Nwe Reeks, dl. 10, nr. 2, 1950.

e. Machtverlust und Stillstand

So erhielt die Republik die neue Aufgabe, sich zum dauernden Kampf gegen Frankreich zu rüsten und dazu in einem größeren Verband mitzuwirken. Als 1674 Frankreich der einzige Gegner geblieben war, setzte Wilhelm III., statt sich sogleich um Frieden zu bemühen, zusammen mit den Staaten und Kleinstaaten, die sich dazu bereit fanden (Spanien, der Kaiser, Dänemark und Brandenburg), den Krieg als Koalitionskrieg fort. Er schien keinen sofortigen Erfolg für die Bundesgenossen zu bringen. Ludwig XIV. suchte neue Kriegsschauplätze (in Lothringen und im Mittelmeerraum) und gewann damit mehr Terrain, als er verlor. Inzwischen begann in der Republik gegen Wilhelms III. Wunsch, den Krieg fortzuführen, die Opposition schnell anzuwachsen. Es waren mitunter die gleichen Regenten, die 1672 Wilhelm III. zur Macht verholfen hatten oder dank dem Umsturz in Amt und Würden gekommen waren, die nun im alten, erprobten holländischen Stil für Frieden plädierten und Wilhelm III. Hindernisse in den Weg legten. Sollte es nicht durch Diplomatie und Überredung möglich sein, Ludwig XIV. von fortschreitenden Eroberungen und der Verlängerung eines kostspieligen Krieges abzubringen? Konnte die Republik weiterhin die Führung einer Koalition auf sich nehmen, in der die meisten Bundesgenossen selbst schwach und hilfsbedürftig waren? Wilhelm III. sah gegen diese Friedensopposition kein anderes Mittel, als die 1674 begonnene Annäherung an England nun in eine Bundesgenossenschaft zum Zweck der Fortsetzung des Krieges umzuwandeln. Die Heirat von Wilhelm III. mit Maria (1677), einer Tochter des Herzogs von York, des Bruders von Karl II., aus dessen protestantischer, erster Ehe, leitete ein Verteidigungsbündnis zwischen der Republik und England ein, das ein Jahrhundert lang bestehen sollte (Beginn 1678). Karl II. zog jedoch nicht die erwartete Konsequenz, und Wilhelm III. mußte schließlich dem Druck der holländischen Opposition nachgeben. Der Frieden von Nimwegen (10. August 1678) beendete den Krieg und brachte für die Republik nicht ungünstige Bedingungen, während die Bundesgenossen – dieses enttäuschte Wilhelm III. ernstlich – die Zeche bezahlen mußten. Die mühsam von ihm aufgebaute Verbindung fiel so mit Zank und Verbitterung auseinander. Seine Bestrebungen, den Kampf gegen Ludwig XIV. wieder aufzunehmen, stießen auf hartnäckigen Widerstand von Holland und vor allem der Stadt Amsterdam, wo van Beuningen sich als ein mächtiger und geschickter Gegner erwies.

Jedoch Ludwig XIV. selbst untergrub die Friedenspolitik von Holland. Nach 1678 zog er wieder auf Eroberungen aus – dieses Mal war Luxemburg an der Reihe. Einen noch tieferen Eindruck auf Europa machte die von ihm ausgelöste scharfe Verfolgung der Protestanten in Frankreich, die seit 1681 in aller Härte durchgeführt wurde. Der Widerruf des Edikts von Nantes im Oktober 1685 brachte eine endgültige Wendung in der öffentlichen Meinung der Republik hervor, die sich von nun an entschieden gegen Ludwig XIV. kehrte. Auch die holländischen Regenten sahen ein, daß die Gefahr einer französischen Beherrschung Europas eine ernste Bedrohung darstellte, vor allem nachdem in England als Nachfolger Karls II. der sich öffentlich zum Katholizismus bekennende Jakob II. an die Regierung kam. Zum letztenmal wohl flammte nun das alte Feuer der Begeisterung für Unabhängigkeit und Reformation auf, die beide durch französische Herrschsucht und »papistische« Verblendung bedroht wurden. Die Statthalter und Holland näherten sich einander wieder, und gemeinsam wurde nun eine Koalition gegen Frankreich angestrebt.

Die Verfolgung der Hugenotten brachte der Republik einen Strom von Einwanderern ins Land, die sich hauptsächlich in den holländischen und seeländischen Städten niederließen. Seit 1681 begannen französische Flüchtlinge auf Land- und Seewegen in großer Zahl ins Land zu kommen. Die heftige Entrüstung über die Glaubensverfolgung konnte nun in aktive Hilfeleistungen umgesetzt werden. Geld- und Kleidersammlungen, Zusagen für schnelle Einbürgerung und langfristige Steuerfreiheit, herzlicher Empfang durch die Glaubensgenossen der auf niederländischem Boden schon bestehenden französischen (Waalse) Kirche ermutigten zur Niederlassung. Von den rund 200000 Hugenotten, die in diesen Jahren Frankreich verließen, haben 50000 bis 75000 den Weg in die Republik gefunden. Ein Teil reiste von hier aus weiter nach den überseeischen Niederlassungen in Niederländisch-Guayana (Surinam) und am Kap der Guten Hoffnung[1]. Für das wirtschaftliche Leben bedeutete die Ankunft von oft tüchtigen und manchmal begüterten Leuten neue Impulse, besonders in bestimmten Zweigen der Luxusgüterindustrie, zum Beispiel Fächerherstellung, Seiden- und Samtfabrikation, Spiegelglasindustrie. Für das gerade in der calvinistischen Welt häufig verkümmerte religiöse und geistige Leben brachte die Einwanderung Belebung und Erneuerung. Auf kulturellem Gebiet wurde die Tür für französische Einflüsse noch weiter geöffnet, als sie schon war, denn gerade der Regentenstand und die Hofkreise um Wilhelm III. erfuhren eine starke Französisierung im Lebensstil, in der Kunst und auch in der Sprache. Durch den hugenottischen Einfluß wurden auch die ersten Samenkörner der Aufklärung in der Republik ausgestreut, u.a. durch Pierre Bayle[2]. Im Laufe des 18. Jahrhunderts sollte die hugenottische Minderheit langsam, aber sicher mit der niederländischen Bevölkerung verschmelzen[3].

Inzwischen konnte Wilhelm III., dieses Mal mit der Unterstützung von Holland, seine große Politik fortsetzen. Mit dem Segen der Generalstände, mit holländischem Geld, mit Schiffen und Soldaten der Republik segelte Wilhelm III. 1688 hinüber nach England, um dort den Thron seines römisch-katholischen Schwiegervaters einzunehmen und als König von England auch dieses Land in das antifranzösische Bündnis zu ziehen. Die hierauf folgenden zwei Kriege, der neunjährige dritte Eroberungskrieg Ludwigs XIV. (die Negenjarige Oorlog) 1688–1697 und der Spanische Erbfolgekrieg 1702–1713, haben von der Republik das Äußerste verlangt. Endgültig mußte sie die Vorherrschaft England zugestehen, und in bezug auf Geld, Material und Truppen mußte sie die volle Last eines Landkriegs, der sich gewöhnlich in den südlichen Niederlanden abspielte, tragen. Während Ruhm und Glorie an die großen ausländischen Feldherren wie Marlborough und Eugen von Savoyen gingen, waren es die Truppen der Republik, die oft den Löwenanteil bei den Verlusten tragen mußten. Dankbarkeit bei den Bundesgenossen gab es nicht oder kaum[4].

Obwohl schließlich der Eroberungstrieb eines Ludwig XIV. für immer gezähmt wurde, ging die Republik selbst aus dem langdauernden und schweren Kampf erschöpft hervor. Sogar der Barrierenvertrag, der zustande kam, wobei auf Kosten der nun in den südlichen Niederlanden regierenden österreichischen Herrscher der Republik das Besetzungsrecht von sieben dortigen Festungen eingeräumt wurde, brachte mehr Lasten als Vorteile[5]. Die starke Abhängigkeit von den österreichischen Beiträgen, die Defizite in der eigenen Staatskasse und die Neigung, entfernte Vorposten zu vernachlässigen, führten zu einem schnell veralteten Verteidigungssystem, das mehr ein Symbol vergangenen Ruhmes als reale Sicherheit darstellte. Im Jahre 1744 wurde die Barriere ohne viel Mühe von den französischen Truppen überlaufen, und es war kein großer Verlust, jedoch eine bittere Erniedrigung, als die Österreicher unter Joseph II. 1782 endlich die Barrierefestungen von den Truppen der Generalstände räumen ließen. Der holländische Ratspensionär Anthonie Heinsius, der, seit er 1689 sein Amt angetreten hatte, Wilhelms III. Politik treu und geschickt ausgeführt und nach dessen Tod fortgesetzt hatte, konnte am Ende seiner Laufbahn 1720 kaum mit Freude auf die Ergebnisse seiner Politik zurückblicken.

Eine Lektion hatte die Republik in jedem Falle mit Schaden und Schande gelernt: daß sie sich keine weiteren Koalitionskriege mehr erlauben konnte. Es glückte ihr auch, obwohl sie durch eine Allianz mit England verbunden war, sich lange Zeit aus weiteren Kriegen herauszuhalten, ohne allzu öffentlich die eigene Machtlosigkeit zu zeigen. Nur einmal band sich die Republik fester und mußte zum Schrecken und zur Enttäuschung die Konsequenz eines Krieges auf sich nehmen. Um zu verhindern, daß durch eine 1723 von Karl VI. errichtete »Kompanie von

Ostende« die südlichen Niederlande im Überseehandel eine Konkurrenz für die englischen und holländischen Kaufleute wurden, verbürgte man 1732 gegen die Aufhebung dieser Kompanie dem Kaiser die Nachfolge seiner Tochter Maria Theresia. Dadurch sollte die Republik, obwohl sie lange versuchte, sich neutral zu halten, schließlich doch in den Österreichischen Erbfolgekrieg hineingezogen werden. Dieser Krieg, der 1740 begann, ließ 1744 die Barriere verlorengehen und bedrohte schließlich 1747 die Republik mit einem französischen Einfall.

Bis zu dieser Zeit jedoch blieb die Republik außerhalb der internationalen Verwicklungen, und auch im Innern schien sie ohne allzu heftigen Parteienstreit zu einem ruhigen Stillstand gekommen zu sein. Der Tod von Wilhelm III. (1702), der keinen direkten Erben hinterließ, machte es für die Regenten leicht, aufs neue die Statthalterschaft vakant zu lassen. Im friesischen Seitenzweig war der mögliche Kandidat Johann Wilhelm Friso zuerst noch minderjährig, dann starb er frühzeitig, und ein posthum geborener Sohn war vorläufig ebenfalls zu jung, um in Frage zu kommen. Als dieser Prinz Wilhelm später den Versuch machte, durch eine Heirat mit der Tochter des Königs von England (Anna von Hannover, 1733) seine Aussichten auf die Statthalterschaft in Holland und Seeland zu verbessern, hatte dies eine gegenteilige Wirkung. Es blieb bei einer mit Mühe und Schwierigkeiten erworbenen Statthalterschaft über Groningen, Drente, Gelderland (1729) und Friesland (1731)[6].

Nicht das Fehlen eines Statthalters – es stellte sich eher heraus, daß der Staatenbund ganz gut ohne einen solchen auskam –, sondern die inneren Gebrechen der Staatseinrichtungen veranlaßten einige Träger der Staatsgewalt in der Republik zur Einberufung einer zweiten außerordentlichen Staatsversammlung (Tweede Grote Vergadering), die vom 15. November 1716 bis zum 14. September 1717 im Haag tagte. Es zeigte sich immer deutlicher, daß Hollands Übergewicht im Staatenbund nicht mehr genügte, um zu schnellen und wirksamen Beschlüssen zu kommen. Die ernsten finanziellen Probleme einer leeren Staatskasse, die Holland auf die Dauer unmöglich dadurch füllen konnte, daß es durch allerlei Beiträge die Anteile der anderen Provinzen vorschoß, zwangen zur Revision der staatlichen Institutionen. Zu ängstlich bestand jede Provinz auf ihrer Souveränität, zu hemmend wirkte das System der dauernden Fühlungnahme der Delegierten in den Generalständen mit ihren provinzialen Auftraggebern, zu hinderlich war das Fehlen von

Zwangsmitteln, die sogenannte *contrainte*, gegen die Provinz, die ihren zugesagten Verpflichtungen nicht nachkam. Die Reformen, die der Secretaris des Raad van State, Simon van Slingelandt, in seinen klaren Gutachten und Darlegungen vorschlug und die in der Staatsversammlung besprochen wurden, bezweckten eine stärkere Delegierung der Macht an die Regierungskollegien der Generalstände und ein erweitertes Mandat für die Vertreter in den Generalständen. Eine solche Reform hätte ein Schrumpfen der autonomen Stellung der einzelnen Provinzen zur Folge gehabt, ohne das Wesen des Staatenbundes anzutasten[7]. Begreiflicherweise haben die Vertreter der meisten Provinzen, die die Autonomie der auftraggebenden provinzialen Stände ängstlich hüteten, van Slingelandts Reformpläne abgelehnt und damit die Zweite Staatsversammlung scheitern lassen. Es ist begreiflich, aber auch bedauernswert, daß von nun an die Möglichkeit für eine wirkliche Erneuerung von innen heraus auf lange Zeit verspielt war.

So wurde in der ersten Hälfte des 18. Jahrhunderts die Republik ein kleiner, altertümlicher, aristokratischer Handelsstaat, der durch eine Oligarchie von reichen Bürgern, Adligen und Großbauern, die eine Kaste bildeten, beherrscht wurde und der von den Reserven an vergangenem Ruhm und wirklichem Reichtum zehrte. Selbst der Krieg, der nach 1740 die Republik erfaßte, hat dieses altertümliche, aber dauerhaft gebaute Haus nicht in seinen Grundfesten erschüttern können.

[1] W. C. Scoville, The Persecution of the Huguenots and French Economic Development 1680–1720 (1960). S. 124f.

[2] P. Dibon (Hg.), Pierre Bayle le philosophe de Rotterdam (1959).

[3] Die Lit. hierzu ist stark veraltet: H. J. Koenen, Geschiedenis van de vestiging en invloed der Fransche vluchtelingen in Nederland (1846); W. E. Berg, De refugiés in de Nederlanden na de herroeping van het Edict van Nantes. Bd. 1: Handel en nijverheid (1845). Siehe deshalb auch: De Hugenoten in Nederland (1964; Ausstellungskatalog).

[4] Für eine Rehabilitierung des niederländ. Anteils plädiert P. Geyl, Moderne historische Apologetiek in Engeland; und ders., Nederland's Staatkunde in de Spaansche Successieoorlog. Beides in: ders., Kernproblemen van onze geschiedenis (1937). S. 147 bis 188 u. 188–221. Dieses u. jenes ist mehr ausgearbeitet bei: A. J. Veenendaal, Het Engels-Nederlands Condominium in de Zuidelijke Nederlanden tijdens de Spaanse Successieoorlog. 1706–1716. Bd. 1 (1945); und J. G. Stork-Penning, Het Grote Werk. Vredesonderhandelingen gedurende de Spaanse Successie-oorlog. 1705–1710 (1958).

[5] R. de Schrijver, De eerste Staatse Barrière in de Zuidelijke Nederlanden. 1697–1701. In: Bijdragen voor de geschiedenis der Nederlanden 18 (1963), S. 65–90; R. Geiki u. I. A. Montgomery, The Dutch Barrier 1705–1719 (1930); W. Hahlweg, Bar-

rière, Gleichgewicht, Sicherheit. In: HZ 187 (1959), S. 55–89.

[6] P. Geyl, Willem IV en Engeland tot 1748 (1924).

[7] Die Vorschläge u. Betrachtungen von S. van Slingelandt wurden erst 1784/85 publiziert (Staatkundige Geschriften, 4 Bde). Zu Unrecht wird manchmal unterstellt, z.B. von L. J. Rogier, AGdN, Bd. 8 (1955), S. 208, daß Slingelandts Reformen das Ende der föderalistischen Struktur bezweckt oder herbeigeführt hätten.

f. Neue Ideen und eine neue Partei

Als Ende 1747 die französischen Truppen in Nordflandern einfielen, schienen sich die Ereignisse von 1672 zu wiederholen: von neuem ein französischer Einfall, von neuem eine Volksbewegung zugunsten eines Statthalters, von neuem die Errichtung der Statthalterschaft. Wilhelm IV., der schon bisher Statthalter über vier Provinzen war, wurde nun zum erstenmal Statthalter über alle Provinzen und erwarb schnell mehr Macht und Ansehen als irgendeiner seiner Vorgänger. Unter anderem wurde die Erblichkeit der Statthalterschaft in männlicher und weiblicher Linie eingeführt, ein oberstes Direktorat über die beiden Kompanien mit dem Statthalteramt verbunden. Damit hörte aber die Parallele mit 1672 auf. Der Krieg mit Frankreich erfuhr dieses Mal keine Wendung durch die triumphale Verteidigung des Landes. Ein ruhmloser, hastig geschlossener Friede (zu Aachen, 30. April 1748) rettete auf Zeit die Republik vor einem drohenden Zusammenbruch. Innere Reformen kamen nicht auf Initiative oder unter Leitung des Erbstatthalters zustande, sondern wurden Wilhelm IV. eigentlich durch leidenschaftliche Volksbewegungen und Unruhen aufgezwungen.

Nach den Tumulten, durch die der Statthalter zurückgerufen wurde, kam das Land nicht mehr zur Ruhe. In Friesland und danach in den holländischen Städten brachen neue heftige Unruhen aus, die sich anfangs gegen die Steuerpächter kehrten – ihre Häuser wurden geplündert –, sich dann jedoch zu einer lebhaften Petitionsbewegung und zu Demonstrationen gegen die bestehenden Regierungen und die Regenten entwickelten (1747–1748). Der Erbstatthalter war wohl bereit, die Revision des Steuersystems und die Umbesetzung verschiedener Stadtregierungen in die Hand zu nehmen, aber er wies Petitionen ab, die einen gewissen Einfluß des Volkes in der Regierung verlangten. Besonders in Amsterdam traten die in den Schützengesellschaften vereinigten Kleinbürger mit deutlich formulierten, klaren Forderungen auf, die ein Aufbrechen des geschlossenen oligarchischen Systems der Stadtregierung beabsichtigten (die sogenannte Doelistenbewegung). Die Bewegung war stark genug, Wilhelm IV. zum Besuch der Stadt zu zwingen, um persönlich die Petitionen und Klagen anzuhören. Nach vagen Versprechungen einer Einwilligung und einiger Veränderungen in der Stadtregierung ließ er bei seiner Abreise aus Amsterdam mit einer Proklamierung alle Forderungen abweisen (September 1748). Weitere demokratische Volksbewegungen wurden schließlich mit Hilfe der Miliz unterdrückt, zum Beispiel in Haarlem[1].

Diese demokratisch bestimmten Bewegungen von 1747/48 trugen wie die von 1672 stark traditionelle Züge. Man berief sich stets auf alte Rechte und Privilegien der Zünfte und Schützengesellschaften, man sah aber nicht über die Mauern der eigenen Stadt hinaus, und man überlegte nicht, wie der Einfluß des Volkes die Regierung durchdringen könnte. Dennoch gab es seit 1672 einen Fortschritt. Die Forderungen wurden deutlicher und schärfer formuliert. Die Anhängerschaft nahm in vielen holländischen Städten zu und schloß sich fester zusammen. Außerdem begannen diese demokratischen Bewegungen die alten Parteigegensätze zu durchbrechen.

Prinsgezinden und Staatsgezinden – keine von beiden hatte etwas für einen größeren Einfluß der Bürgerschaft und des Volkes in der Regierung übrig – wurden durch diese Bewegung zum Zusammengehen gedrängt, und die demokratische Bewegung wurde in ihrem Vertrauen zum Erbstatthalter bitter enttäuscht. Obwohl es noch Jahre dauern sollte, hat vielleicht doch die Erfahrung von 1748 den Weg für eine demokratische Bewegung geebnet, die sich nicht mehr auf den Statthalter berufen, sondern in ihrem Bestreben sich zu allererst gerade gegen den Statthalter richten sollte[2].

Einstweilen kehrte nach diesen unruhigen Jahren die Ruhe aufs neue zurück. Es war jedoch nun für jeden klar, daß es eine Ruhe des Verfalls war. International hatte sich die Republik in ihrer vollen Machtlosigkeit gezeigt, und kein Bundesgenosse oder Feind brauchte mehr Illusionen zu hegen. Keine staatsmännische Weisheit, keine Furcht vor der Macht der Republik, kein kluges diplomatisches Spiel, sondern bloßes Glück hielt die Republik mehr als dreißig Jahre aus jedem europäischen Konflikt heraus.

In der Innenpolitik schien mit einer Oligarchie von Regenten, die sich auf den Erbstatthalter gestützt hatte, um sich über die Unglücksjahre von 1747 und 1748 hinweg zu retten, und mit einem Erbstatthalter, der eine Regierung von Regenten billigte, wenn sie wenigstens ihm und seinem Hof die Ehre erwiesen, der alte Parteienstreit vorbei zu sein. Der Tod von Wilhelm IV. im Jahre 1753 machte selbst für die Staatsgezinden eine schnelle Abschaffung der Statthalterschaft unnötig, denn die Gefahr statthalterlichen Ehrgeizes oder dynastischer Herrschsucht bestand kaum, und schnell entstanden unter der Regentschaft interne Hofzänkereien, die eine mögliche Zügelung der Macht der Regenten vollkommen illusorisch machten. Während der junge Wilhelm V. heranwuchs, erwarb der Herzog Ludwig Ernst von Braunschweig-Wolfenbüttel einen großen politischen Einfluß, ohne im übrigen auf irgendeine Weise das Regierungssystem verändern oder verbessern zu wollen. Die vollkommene Stagnation in den inneren politischen Verhältnissen wird vielleicht am besten durch den Stillstand in der Führung der Verteidigungsangelegenheiten gekennzeichnet. Holland wollte für die Verbesserung der Landesverteidigung weder Aufmerksamkeit noch Mittel verwenden. Die Landprovinzen hatten nichts für den Flottenbau übrig, und das Resultat der sich fortschleppenden Verhandlungen war, daß weder Flotte noch Heer auch nur eine einzige Verbesserung, Erweiterung oder Modernisierung erfuhren[3].

Der wirtschaftliche Verfall trat nun ebenfalls zutage. Die Landwirtschaft, das ist zu betonen, schien sich zu erholen ungeachtet einer schweren Viehpest und ungeachtet der Tatsache, daß von einer agrarischen Revolution, wie sie andernorts stattfand, keine Rede sein konnte. Amsterdam blieb noch sehr lange das Finanzzentrum der Welt. Jedoch in der Industrie, in der Fischerei und, was das schlimmste war, im Handel und in der Schiffahrt war der Niedergang nicht länger zu übersehen. Der alte Stapelhandel funktionierte nicht mehr, die Handelsflotte veraltete, und die englischen und französischen Frachtschiffer verdrängten die Holländer und Seeländer von den Meeren. Eine erschreckende Verelendung in den Städten konnte keinem ausländischen Besucher entgehen[4].

Es ist unter diesen Umständen kein geringes Wunder, daß die Republik noch so lange in Ruhe und Ordnung weiterlebte. Schließlich geriet doch alles von innen her in Erschütterung, noch ehe die Stöße von außen die in ihren Formen und Traditionen erstarrte Republik zusammenstürzen ließen. In den siebziger Jahren begannen auf verschiedenen Wegen neue Ideen ins Land zu dringen und die Aufmerksamkeit auf sich zu ziehen. Mehr noch als aus Frankreich kamen aus den angelsächsischen Ländern die politischen Ideen der Volkssouveränität und des konstitutionellen Königtums herüber. Besonders die amerikanische Revolution fand in der Republik Enthusiasmus und Sympathie. Schon 1775 hatte sich Joan Derk van der Capellen tot den Poll, ein Edelmann aus Overijssel, jedem Versuch Wilhelms V., England, dem traditionellen Bundesgenossen der Statthalterfamilie, in seinem Kampf gegen die amerikanischen Rebellen zu Hilfe zu kommen, heftig widersetzt.

Im Jahre 1781 veröffentlichte van der Capellen seine umfangreiche Flugschrift ›Aan het Volk van Nederland‹ (›An das Volk der Niederlande‹), die der Weckruf für die Bildung einer neuen niederländischen Partei, der Patrioten, wurde[5]. Van der Capellen rief zur Einberufung von Volksversammlungen auf, die Obleute wählen sollten, damit diese ihrerseits den bestehenden Regierungskollegien des Landes beistehen und sie beraten konnten, und er plädierte für eine Volksbewaffnung in sogenannten Freikorps, die für die Erhaltung der Freiheit einzutreten hatten. Modern war hier der Gedanke von besonderen neuen Organisationen, die neben den bestehenden arbeiten sollten, während zum erstenmal die traditionellen Zunft- und Schützenverbindungen negiert wurden. Modern war auch der nationale Charakter des Aufrufs, der sich an das gesamte niederländische Volk richtete, wobei mit einem Schlag alle provinzialen und lokalen wie auch sozialen Schranken durchbrochen wurden. Natürlich gab es im Inhalt der Flugschrift auch schwache Punkte. Die Idee, daß Volksversammlungen neben den bestehenden Regierungskollegien handeln könnten, war eine Illusion. Die einen sollten bald die anderen heftig bekämpfen, und das alles konnte nur in einer Revolution oder Gegenrevolution enden. – Die Republik durchlief beide kurz nacheinander. Das Organisieren von Versammlungen und Korps im lokalen Verband mußte unwillkürlich die provinziale oder lokale Autonomie betonen, die van der Capellen doch überwinden wollte. Eine wirkliche Volksbewegung konnte die Patriotenbewegung nicht werden. Den meisten Widerhall fand sie im begüterten und kleinen Bürgertum, das außerhalb der Regierung stand. Die stärkste opportunistische Unterstützung sollte von den antistatthalterlich gesinnten Regenten kommen, die schon die Möglichkeit sahen, mit Hilfe der Patrioten den Statthalter loszuwerden. Das eigentliche, »gewöhnliche« Volk jedoch hatte zu wenig politisches Bewußtsein, war emotional zu sehr an den Oranier-Mythos gebunden und als Klasse gerade dem Kleinbürgertum gegenüber auch zu feindlich, um sich in einer demokratischen Patriotenbewegung zu Hause zu fühlen. Das »*Oranje-gepeupel*« sollte sich oft gegen die Patrioten wenden. Zufällige Entwicklungen boten bald für die Patriotenbewegung Möglichkeiten, politisch in den Vordergrund zu treten. Die amerikanische Revolution brachte die Republik unerwartet in eine prekäre Situation. Während die alte Bundesgenossenschaft das Land an die Seite von England gegen Amerika hätte bringen müssen, gab es überall in Holland, vom französischen Gesandten obendrein angestachelt, starke Sympathien für den amerikanischen Aufstand; Sympathien, die nicht nur idealistisch-patriotisch blieben, sondern auch ebensosehr durch typisch holländische Handelsinteressen inspiriert waren. Die holländischen Frachtschiffer hatten besonders bei Waffenlieferungen und die holländischen Bankiers vor allem bei Anleihen große Risiken für die amerikanische Sache auf sich genommen[6]. Diese freundschaftliche Haltung Hollands gegenüber den amerikanischen Rebellen veranlaßte England zu einer scharfen Gegenreaktion, die schließlich auf eine Kriegserklärung hinauslaufen mußte. Der vierte englisch-niederländische Krieg 1780–1784 zeigte noch unbarmherziger als alle zuvor die Wehrlosigkeit. Gerade diese militärische Machtlosigkeit bot den antistatthalterlich Gesinnten und den Patrioten Gelegenheit, Wilhelm V. als Oberbefehlshaber von Heer und Flotte für das Debakel verantwortlich zu machen. Ganz gerecht war das zwar nicht; andere hatten die Republik in den Krieg verwickelt, und die Vernachlässigung von Heer und Flotte war ein altes Übel, woran er nicht allein schuldig war. Jedoch war man nicht bereit, ihm Gerechtigkeit widerfahren zu lassen. Es ging nun um eine schnelle Untergrabung der Stellung des Statthalters und der konservativen Herrschaft der Regenten, die sich auf ihn stützten. Der mühsam erlangte Frieden mit England (Paris, 20. Mai 1784) konnte den inneren Umsturz nicht mehr verhindern.

Im Laufe der Jahre 1784 und 1785 breitete sich die patriotische Bewegung sehr schnell aus, sie organisierte sich tatsächlich in eigenen Freikorps und Klubs, die über die eigene Stadt hinaus zur Zusammenarbeit gelangten. In verschiedenen Provinzen und Städten konnte sie mit Hilfe der ihr wohlgesinnten Regenten die Macht erlangen. Vor allem war die Beherrschung von Holland von Wichtigkeit. Im September 1785 sah sich Wilhelm V. gezwungen, Den Haag zu verlassen und sich in andere, zuverlässige Provinzen zurückzuziehen. Die inneren Schwächen der Patriotenbewegung blieben lange Zeit bei dem rasch improvisierten Anwachsen verborgen; nachdem sie einmal in einigen Provinzen an der Macht war, traten sie jedoch schnell zutage. In Utrecht standen sich schon 1785 die gemäßigten Regenten und die radikalen Demokraten scharf gegenüber[7]. Obwohl mehrere Male eine Nationale Versammlung zusammentrat – ein einzigartiges Ereignis für diesen Staatenbund –, blieb die Zusammenarbeit schwach. Besonders örtlich konnten die Patrioten auf heftigen Widerstand des oranisch gesinnten Volkes stoßen. Das merkwürdigste war jedoch vielleicht, daß von einer Staatsreform weder auf irgendeiner höheren noch auf der lokalen Ebene die Rede war. Die Abschaffung der Statthalterschaft, die Verbesserung des Wahlsystems und eine radikale Reform des föderalistischen Staatsaufbaus wurden nicht angestrebt. Es war auch wenig Zeit dafür. Während die Patrioten sich zögernd um die Macht und unter sich stritten, war die erbstatthalterliche Partei mit bewußter diplomatischer Unterstützung Englands[8] eifrig beschäftigt, die Gegenrevolution zu organisieren und das patriotische Bollwerk Holland mehr und mehr zu isolieren. Im September 1787 rückten auf Ersuchen des Erbstatthalters preußische Truppen in die Republik ein, und es kostete nicht viel Mühe, auch in Holland die Patrioten auseinanderzujagen und den Erbstatthalter nach Den Haag zurückzubringen. Nach einem Zwischenspiel von zehn Jahren schien das Staatsschiff wieder sicher in den englischen Hafen zurückgelotst zu sein.

War jedoch der englische Hafen so sicher? Die Französische Revolution sollte ihre Wirkung auch auf die Republik nicht verfehlen, obwohl es in diesem Falle eine verzögerte Wirkung war, denn der Staatenbund hatte gerade 1787 ins konservative Lager zurückgefunden[9]. Die Wirkung war jedoch groß genug, um die Republik zusammenbrechen zu lassen. Mit dem Einzug der französischen Truppen im Januar 1795 kam das schon lange drohende Ende. Der Erbstatthalter flüchtete mit seiner Familie, England war als Bundesgenosse weggefallen, und die Patrioten der ersten Stunde sahen in der zweiten Stunde die Möglichkeit, auf einmal gründlich und radikal das noch einmal zu tun, was sie tastend und improvisierend zwischen 1785 und 1787 versucht hatten. Sie hatten nun klarere Reformpläne und eine radikalere Überzeugung als vorher. Man konnte nun auch alles radikaler ausführen. Die Statthalterschaft war verschwunden, die Regenten waren eingeschüchtert, und der mächtige, revolutionäre französische Bundesgenosse stand hinter den Patrioten. Es steht freilich auf einem anderen Blatt, daß sich alsbald der französische Hafen als ebensowenig sicher wie der frühere englische erwies.

[1] P. Geyl, Revolutiedagen in Amsterdam. Prins Willem IV en de Doelistenbeweging (1936); N. J. J. de Voogd, De Doelistenbeweging te Amsterdam in 1748 (1914).

[2] Zwischen demokratischen Bewegungen u. der Patriotenbewegung liegen fast 25 Jahre ziemlicher Ruhe, die Linien von der ersten zur zweiten dürfen deshalb nicht zu scharf gezogen werden.

[3] J.S. Bartstra Jr., Vlootherstel en legeraugmentatie 1770–1780 (1962).

[4] Differenzierter als hier u. mit der Neigung, den Zustand nicht zu katastrophal zu skizzieren: J. de Vries, De economische achteruitgang van de Republiek in de achttiende eeuw (1959).

[5] Die Verfasserschaft von van der Capellen für diese Flugschrift steht nun wohl fest, vgl. u. a. M. de Jong Hzn., Jan Derk van der Capellen. Staatkundig levensbeeld uit de wordingstijd van de moderne democratie in Nederland (1921). S. 392f.

[6] F. W. van Wijk, De Republiek en Amerika 1776–1782 (1921); P. J. van Winter, Het Aandeel van den Amsterdamschen handel in de Opbouw van Amerika. Bd. 2 (1927).

[7] I. Vijlbrief, Van anti-aristocratie tot democratie. Een bijdrage tot de politieke en sociale geschiedenis der Stad Utrecht (1950).

[8] A. Cobban, Ambassadors and Secret Agents. The Diplomacy of the First Earl of Malmesbury at the Hague (1954).

[9] R. R. Palmer in seinem großen Werk The Age of the Democratic Revolution. 2 Bde (1959–1962) setzt auch die Patriotenbewegung u. die »Bataafse Revolutie« von 1795 in große internationale Zusammenhänge. Vgl. P. Amann (Hg.), The Eighteenth-Century Revolution. French or Western? (1963)

Quellen und Literatur zu Kapitel 2

Hilfsmittel:

Repertorium der Verhandelingen en Bijdragen betreffende de Geschiedenis des Vaderlands. 6 Bde (1907–1933)

Repertorium van boeken en tijdschriftartikelen op het gebied van de geschiedenis van Nederland. 7 Bde (1943–1963)

Bulletin critique de l'historiographie néerlandaise. In: Revue du Nord (1953ff.)

Bibliographia Neerlandica. Bd. 1: Bücher über die Niederlande in Fremdsprachen. 1940–1957; Bd. 2: Übersetzungen niederländ. Literatur. 1900–1957, zsgest. v. P. M. Morel (1962)

H. de Buck, Bibliografie der Nederlandse geschiedenis (1968)

Offizielle Quellen:

Resolutiën der Staten Generaal 1669–1795 (von 1690 an vollständiger als zuvor)

Resolutiën der Staten van Holland 1557–1793. 250 Bde

Secrete Resolutiën 1653–1790 en Generaale Index 1524–1790. 18 Bde

Resolutiën van consideratie 1653–1668
Groot Placcaetboek van Holland en Zeeland 1576 tot 1795. 10 Bde (1638–1801)

Allgemeine Quellen:
W. P. C. Knuttel, Catalogus van de Pamfletten-verzameling berustende in de Koninklijke Bibliotheek. 1486–1853. 9 Bde, Suppl. u. Reg. (1889–1920)
L. D. Petit, Bibliotheek van Nederlandsche pamfletten. Verzamelingen van de Bibliotheek Joannes Thysius en de Bibliotheek der Rijksuniversiteit te Leiden. 1500–1800. 4 Bde (1882–1934)
G. Groen van Prinsterer, fortgesetzt v. Th. Bussemaker u. F. J. L. Krämer, Archives ou correspondance inédite de la maison d'Orange-Nassau. 23 Bde (1835–1915; von Bd. II 4 an für die Periode nach 1648)

1648–1672:
L. van Aitzema, Saken van Staet en Oorlogh in ende omtrent de Vereenigde Nederlanden beginnende met her jaar 1621 (bis 1669). 6 Bde (1667–1672; bedeutende Darstellung mit reichem Quellenmaterial)
A. van der Capellen, Gedenkschriften met den jaere 1621 (bis 1654). Ges. v. R. J. van der Capellen. 2 Bde (1777/78)
G. d'Estrades, Lettres, mémoires et négociations. 1637–1677. Hg. v. P. Marchand. 9 Bde (1743)
G. d'Estrades, Correspondance authentique 1637–1660. Hg. v. A. de Saint-Léger u. J. Lemaire (1924)
C. Huygens, Briefwisseling 1608 tot 1677. Hg. v. J. A. Worp. In: Rijksgeschiedk. Publ. Gr. Serie 15, 19, 21, 24, 28 u. 32. 6 Bde (1911–1917)
W. Temple, Works. 4 Bde (1770)
A. de Wicquefort, L'histoire des Provinces-Unies des Païs-Bas depuis la paix de Munster. Hg. v. L. E. Lenting u. C. A. Cahis van Buren. 4 Bde (1861–1874)
Johan de Witt, Brieven. Hg. v. R. Fruin, G. W. Kernkamp u. N. Japikse. 4 Bde (1906–1913)
Johan de Witt, Brieven aan J. d. W. Hg. v. R. Fruin u. N. Japikse. 2 Bde (1919 bis 1922)

1672–1747:
G. von Antal u. J. C. H. de Pater, Weensche gezantschapsberichten 1670–1720. 2 Bde (1929–1934)
J. A. d'Avaux, Négociations en Hollande 1679–1688. Hg. v. E. Mallet (1752/53)
A. Heinsius, Het archief van den raadpensionaris. Hg. v. H. J. van der Heim. 3 Bde (1867–1880), hg. v. B. van 't Hoff (1950)
A. Heinsius, the Correspondance 1701–1711 of John Churchill, first Duke of Marlborough and A. H. Grand Pensionary of Holland. Hg. v. B. van 't Hoff (1951)
C. Huygens Zn., Journaal October 1688–Sept. 1696. 4 Bde (1876–1888)
Willem III, Correspondentie van W. III en Hans Willem Bentinck, eerste graaf van Portland. Hg. v. N. Japikse. 5 Bde (1906–1913)

1747–1795:
W. Bentinck, Heer van Rhoon, Briefwisseling en aantekeningen (tot aan de dood van Willem IV 1751). Hg. v. C. Gerretson u. P. Geyl. Bd. 1 (1934)
J. D. van der Capellen (u. a.), Grondwettige herstelling van Nederlands statswezen. 2 Bde (1785/86)

H. T. Colenbrander, Gedenkstukken der algemene geschiedenis van Nederland 1795–1840. Bd 1: Inleiding. Nederland en de revolutie 1789–1795 (1905)
G. K. van Hogendorp, Brieven en Gedenkschriften. Hg. v. F. van Hogendorp u. H. van Hogendorp. Bde 1–3 (1866–1876)

Allgemeine einführende Literatur:
B. H. M. Vlekke, Evolution of the Dutch Nation (1945)
J. u. A. Romein, De Lage Landen bij de Zee ([4]1961)
J. Huizinga, Nederland's beschaving in de zeventiende eeuw. Een schets (1941), neugedr. in dessen Verzamelde Werken, Bd. 2 (1948), S. 412–507; bearb. Übersetzung einer Vortragsreihe auf deutsch: Holländische Kultur des 17. Jh. (1933)
J. u. A. Romein, Erflaters van onze beschaving. Bde 2 u. 3 (1939/40); dt. in: ders., Ahnherren der holländischen Kultur (1946). – Ausführlicher: J. Wagenaar. Vaderlandsche Historie. 21 Bde (1749–1799); für die Periode nach 1648 Bd. 12 ff. (fortgesetzt: 56 Bde 1788–1811)
P. J. Blok, Geschiedenis van het Nederlandsche Volk. Bd. 3 ([3]1926), die erste, veraltete Ausg. (1892) dt. 6 Bde (1902–1918)
Algemene Geschiedenis der Nederlanden (AGdN). Hg. v. J. A. van Houtte, J. F. Niermeyer, J. Presser, J. M. Romein u. H. van Werveke. Bde 7 u. 8 (1954/55; wichtiges Standardwerk m. ausführl. bibliogr. Erläuterungen)
P. Geyl, Geschiedenis van de Nederlandse Stam. 3 Bde ([2]1948–1959)

Kulturgeschichte:
C. D. Busken Huet, Het land van Rembrandt. 2 Bde ([6]1941)
J. G. Renier, De Noord-Nederlandse Natie (1948). Niederl. Bearb. von: The Dutch Nation (1944)
Kunstgeschiedenis der Nederlanden. Hg. v. H. E. van Gelder. Bd. 2 ([3]1955)
L. Knappert, Geschiedenis der Nederlandsche Hervormde Kerk. 2 Bde (1911/12)
J. Reitsma u. J. Lindeboom, Geschiedenis van de Hervorming en de Hervormde Kerk ([5]1949)
E. H. Kossmann, Politieke theorie in het zeventiende-eeuwse Nederland (1960)

Staatseinrichtungen:
R. Fruin u. H. T. Colenbrander, Geschiedenis der Staatsinstellingen in Nederland tot den val van de Republiek ([2]1922)
S. J. Fockema Andreae, De Nederlandse Staat onder de Republiek ([2]1962)
500 Jaren Staten Generaal in de Nederlanden. Van Statenvergadering tot Volksvertegenwoordiging. Hg. v. H. Hardenberg u. S. J. Fockema Andreae (1964)

Außenpolitik:
J. A. van Hamel, Nederland tusschen de Mogendheden (1918)
C. Smit, De buitenlandse politiek van Nederland. Bd. 1 (1945)

Wirtschafts- und Sozialgeschichte:
E. Baasch, Holländische Wirtschaftsgeschichte (1927)
V. Barbour, Capitalism in Amsterdam in the Seventeenth Century (1950)
J. de Vries, De economische achteruitgang van de Republiek in de achttiende eeuw (1959)
T. P. van der Kooy, Hollands stapelmarkt en haar verval (1931)
J. A. Faber u.a., Population Changes and Economic Developments in the Netherlands. A Historical Survey. In: A. A. G. Bijdragen 12 (1965)

Geschichte der überseeischen Niederlassungen und der Schiffahrt:
Geschiedenis van Nederlandsch-Indie. Hg. v. F. W. Stapel. Bde 3 u. 4 (1939)
B. H. M. Vlekke, Nusantara. A History of the East Indian Archipelago (^{2}1959)
Nederlanders over de Zeeen. 350 jaar Nederlandsche koloniale geschiedenis. Hg. v. J. C. de Haan u. P. J. van Winter (^{2}1955)
W. P. H. Coolhaas, A Critical Survey of Studies on Dutch Colonial History (1960)
J. C. Mollema, Geschiedenis van Nederland ter zee. Bde 2 u. 3 (1940/41)

Geschichtsschreibung:
P. J. Blok, Geschichtschreibung in Holland. Beigegeben: Die Geschichte der Niederlande in Deutschland (1924)

1648–1672:
J. J. Poelhekke, De Vrede van Münster (1948)
G. W. Kernkamp, Prins Willem II (1943)
P. Geyl, Oranje en Stuart 1641–1672 (^{2}1963)
Ch. Wilson, Profit and Power. A Study of England and the Dutch Wars (1957)
N. Japikse, Johan de Witt (^{2}1928)

1672–1750:
D. J. Roorda, Partij en Factie. De oproeren van 1672 in de steden van Holland en Zeeland, een krachtmeting tussen partijen en facties (1961)
N. Japikse, Prins Willem III de Stadhouder-Koning. 2 Bde (1930–1933)
J. K. Oudendijk, Willem III, Stadhouder van Holland, Koning van Engeland (1954)
P. L. Muller, Wilhelm III von Oranien und Georg Friedrich von Waldeck. Ein Beitrag zur Geschichte des Kampfes um das europäische Gleichgewicht 1679 bis 1692. 2 Bde (1873–1880)
P. Geyl, Willem IV en Engeland tot 1748 (1924)

1747–1795:
P. Geyl, Revolutiedagen in Amsterdam. Augustus/September 1748. Prins Willem IV en de Doelistenbeweging (1936)
N. A. Bootsma, De Hertog van Brunswijk 1750–1759 (1962)
J. S. Bartstra Jr., Vlootherstel en Legeraugmentatie 1770–1780 (1962)
M. de Jong Hzn., Joan Derk van der Capellen. Staatkundig levensbeeld uit de wordingstijd van de moderne democratie in Nederland (1921)
H. T. Colenbrander, De Patriottentijd hoofdzakelijk naar buitenlandsche bescheiden. 3 Bde (1897–1899)
P. Geyl, De Patriottenbeweging 1780–1787 (1947)
L. G. J. Verberne, Gijsbert Karel's leerjaren (1931)
G. W. Vreede, Mr. Laurens Pieter van de Spiegel en zijne tijdgenooten. 1737 tot 1800. 4 Bde (1874–1877)

Kapitel 3
Belgien, Niederlande, Luxemburg von der Französischen Zeit bis zum Beginn der deutschen Einigung (1794–1865)

Von Franz Petri

a. Unter französischer Herrschaft (1794–1814)

Der Untergang der alten Zeit, zu dem die Unruhen vom Ende der 80er Jahre im Norden und Süden der Niederlande[1] den Auftakt bildeten, wurde hier, wie in weiten anderen Teilen Europas, vollendet durch die Französische Revolution. Schon die kurzen zwei Jahre einer nochmaligen Restauration der österreichischen Herrschaft unter Leopold II. und Franz II. 1791/92[2] ließen erkennen, daß sich auch die südlichen Niederlande dem großen geistigen und gesellschaftlichen Strukturumbruch, der sich damals über Europa auszubreiten begann, auf die Dauer nicht würden entziehen können. Auch hier traten der ephemere Gegensatz zwischen dem aufgeklärten Absolutismus des österreichischen Regiments und den niederländischen Provinzen zurück und der für die weitere Zukunft des Landes bedeutsamere Zwiespalt zwischen den auf die Erhaltung ihrer überkommenen Privilegien bedachten altständischen Schichten und der alle ständischen Schranken und kirchliche Bindungen negierenden egalitären Gesellschaft unserer Tage mit wachsender Deutlichkeit hervor. Vor allem entwickelte sich nunmehr der für das moderne Belgien, ganz wie für andere katholische Länder, charakteristische Gegensatz zwischen Laïzismus und Klerikalismus. Als sich aber der hohe Klerus von der im Vergleich zum Josephinismus ungleich größeren Gefahr Rechenschaft gab, die die Ideen von 1789 für die von ihm repräsentierte Welt bedeuteten, und in die Bahn uneingeschränkter Loyalität gegenüber österreichischen Herrschern zurücklenkte, war es zu spät. Zuerst im Spätherbst 1792 und – nach einer nochmaligen Rückkehr der Österreicher im März 1793 – vom Juni 1794 bis zum Frühjahr 1814 geriet das Land unter die französische Herrschaft[3]. Nachdem bereits im März 1793 der Anschluß des Hennegaus, Tournais, Namurs und der Mehrzahl der brabantischen und flandrischen Gemeinden an Frankreich verfügt worden war, wurde das zweite Mal ganz Belgien durch Konventsdekret vom 1. Oktober 1795 in Frankreich einverleibt. Es bedeutete eine völlige Verkennung der Lage, wenn der konservative Hauptwidersacher Josephs II. in Brabant, Van der Noot, von den Franzosen hatte erwarten können, sie würden in Belgien seine altständische Konzeption der Freiheit zu voller Blüte bringen. Im Vergleich zu dem Radikalismus, mit dem nunmehr die alten Ordnungen hinweggefegt wurden, wirkten die Reformen Josephs II. beinahe zahm. So war die Constitution civile du clergé »zehnmal josefistischer als Josefs ärgste Maßnahmen« (Geyl). Und während man sich gegen diese noch mit Erfolg hatte auflehnen können, mußte man nun die neuen revolutionären Prinzipien und die zum Teil recht zweifelhaften Elemente, die durch sie zur Macht emporgetragen wurden, in vollkommener Ohnmacht sich durchsetzen sehen.

Von den Gefühlen, mit denen die ländlich-konservativen Schichten die Auslöschung der überkommenen gesellschaftlichen und religiösen Ordnungen begleiteten, zeugen die bewaffneten Erhebungen der Bauern vor allem in Flandern, Brabant, den Kempen und Luxemburg 1798/99[4]. Überall setzten sie den »vorgeblichen Freiheiten der Franzosen« die Verteidigung der »wahren alten Freiheiten« und in der Regel auch des katholischen Glaubens entgegen. Als »katholische Armee aller patriotischen Brabanter« wendeten sie sich an das Volk. »Seit den Tagen der alten Herzöge«, so las man in einem durch das ganze Land verbreiteten Anschlag, sei die Bevölkerung »frei von Militärdienst, im Besitz der freien Ausübung ihrer Religion, vieler anderer Freiheiten und Privilegien« gewesen, wie sie seit viereinhalb Jahrhunderten in der Blijden Inkomst (Joyeuse Entrée) verbrieft seien. Heute sei ihr diese so teure Freiheit entrissen, und man stecke sie in die französischen Armeen, um diese »liebe alte Freiheit« womöglich noch bis zur letzten Wurzel auszurotten. »Aber, Belgen, ... diese alte Freiheit wird wieder aufblühen und bis in den Garten der Niederlande ihre Zweige treiben!« »Arme Niederlande«, hieß es in Flandern, »Eure Rechte und Privilegien sind euch genommen ... verdammte Franzosen mit eurer falschen Freiheit! Wir waren, ehe ihr kamt, so frei, daß alle Völker uns um unser Glück beneideten«. Bäuerliche Selbsthilfe gegenüber den Rekrutierungen und Plünderungen regulärer und irregulärer Revolutionstruppen, Erbitterung über Abgaben und Steuern, Verteidigung des alten Glaubens und Ablehnung des gesamten modernen Verwaltungsstaats, dazu von allerhand Agenten skrupellos genährte Erwartungen auf baldige österreichische Hilfe zur Wiederherstellung der alten

Ordnung waren auch die entscheidenden Motive für den luxemburgischen »Klöppelkrieg«. »Die Franzosen verjagen und frei sein wie früher« – auf diese Formel haben schon Zeitgenossen das Ziel aller damaligen Erhebungen gebracht. Was die Bauern darunter praktisch verstanden, zeigten die Vernichtung der Konskriptions- und Steuerlisten, das Fällen der Freiheitsbäume und die Wiederöffnung der Kirchen. Der Gegensatz von korporativer, ständisch gestufter Freiheit und der modernen individualistisch verstandenen Freiheit ist selten so scharf und durchgängig in Erscheinung getreten wie bei diesen Bauernunruhen.

Wirklich verhindern konnten die ohne ausreichende Hilfe von außen unternommenen Aktionen – mochten sie wirklich spontan oder überörtlich organisiert sein – den endgültigen Durchbruch der bürgerlich-laïzistischen Gesellschaftsordnung so wenig wie in anderen Ländern, aber er vollzog sich, allem Freiheitspathos der französischen Sieger und der Revolutionsanhänger im Lande selber sowie manchen modernen Umwertungsversuchen zum Trotz, für die große Mehrzahl der Südniederländer ganz vorwiegend als ein Erleiden[5]. Hat doch selbst die Conventie van Vlaenderen im Namen der dem flämischen Volke zuerkannten Souveränitätsrechte gegen den Einverleibungsbeschluß des französischen Nationalkonvents protestiert. Auch im Lütticher Lande verebbte die Revolutionsbegeisterung zunehmend, nachdem hier zunächst die Convention nationale liégoise den Anschluß an Frankreich beschlossen hatte. Assignatenwirtschaft, Abwanderung der Fabrikanten, allgemeine Arbeitslosigkeit und Mißwachs ließen das Jahr 1795 als *mal année* in die wallonische Geschichte eingehen (Lebrun) und trieben dieselben Weber, die hier 1789 die Revolution entfesselt hatten, der Gegenrevolution in die Arme. Bis zum Ende des Jahrhunderts lag das Land wirtschaftlich darnieder.

In dieser Lage brachte der Aufstieg Napoleons zur Macht, namentlich seit er durch das Konkordat vom 15. Juli 1801 dem Katholizismus seine Stellung als Staatsreligion zurückgegeben hatte, auch in den südlichen Niederlanden eine Befriedung der Geister und die Wiederkehr der Ruhe. Nur kleine Gruppen Unversöhnlicher wie der ehemalige Generalvikar des Bistums Namur, Stevens, setzten den Kampf gegen das neue Regime und die eigenmächtige Auslegung, die die französische Regierung dem Konkordat in ihren Organischen Artikeln gab, in Flugschriften und durch Abspaltung von der offiziellen Kirche weiter fort[6]. Gewiß – die alte Freiheit blieb verloren, aber die

Menschen waren schließlich zu zermürbt, um sich dafür noch einmal zu erheben. Auch in den südlichen Niederlanden und in Luxemburg wurde nun die Welt des Ancien régime, an der man hier so lange zäh festgehalten hatte, ein Stück Geschichte; auch hier vermochte der nach 1795 aufgezwungene straff zentralistische französische Staatsapparat mit seinem Départements- und Präfektensystem, seinen Unterpräfekten und Mairien, seiner Gerichtsorganisation und seinen Steuern, dem Code civil usw. nun langsam Wurzel zu schlagen. Die Flucht des Adels ließ auch hier das Bürgertum an die erste Stelle treten und machte manchen für die neuen Ideen empfänglich.

Was damals wesentlich dazu beitrug, daß man sich in den südlichen Niederlanden mit der Napoleonischen Herrschaft abfand, waren die starken wirtschaftlichen Impulse[7], die sie, soweit nicht die Kontinentalsperre später lähmend wirkte, von Napoleons ins Große gehender Politik empfingen. So Antwerpen. Nachdem die Franzosen bereits im November 1792 die Wiedereröffnung der Schelde dekretiert und sie im Mai 1795 auch in ihrem Vertrag mit der Batavischen Republik verankert hatten, gab Napoleon bei seinem Besuch Belgiens im Juli 1803 den Befehl, Antwerpen zum maßgebenden Kriegshafen gegen England und modernen Welthandelshafen auszubauen. Werften für die Kriegsflotte wurden errichtet, neue Anlegeplätze geschaffen und Kanäle entworfen, die die Schelde mit der Maas und dem Rhein und Antwerpen mit Brüssel und Charleroi verbinden sollten; hohe Summen wurden investiert. Von dem Widerhall dieser Maßnahmen zeugt der noch in französischer Zeit einsetzende Zuzug unternehmender rheinischer und westfälischer Kaufmannsgeschlechter, so der Duhrings aus Broich (1802), der Nottebohms aus Bielefeld (1805), der Kreglinger aus Karlsruhe, Grisars von der Ems u.a.m. Mochte die englische Blockade das wirtschaftliche Wiederaufblühen der Scheldemetropole im Seeverkehr noch hintanhalten, so erhielt sie doch in Napoleonischer Zeit die entscheidende neue Ausrüstung für ihren großartigen späteren Wiederaufstieg. Nicht minder wirkte die Vereinigung mit dem französischen Empire und seinen weltweiten Absatzmärkten auch auf die gewerbliche Entwicklung der südlichen Niederlande. Namentlich Gent, nach dem Urteil des zuständigen französischen Präfekten damals der bedeutendste Handelsplatz Belgiens, begann sich bereits in diesen Jahrzehnten aus einer Stadt, in der die Produktion noch in alter Weise von den Gilden geregelt und in Heimarbeit manuell erzeugt wurde und deren Handel im übrigen vom Export der ländlichen Leinenerzeugung lebte, mit bemerkenswerter Schnelligkeit zum Mittelpunkt einer kapitalistischen, mechanisierten und fabrikmäßig betriebenen Großindustrie zu wandeln. An die 7000 Arbeiter wurden hier 1812 in den zehn bedeutendsten Unternehmen beschäftigt, und der Rhythmus der industriellen Erzeugung wuchs, bei starken Schwankungen im einzelnen, so stark, daß man die qualifizierten Kräfte bis von Arras und Amiens heranholen mußte. Die gleiche industrielle Konzentration vollzog sich im Zentrum der maasländischen Textilindustrie, Verviers. Auch hier zählte man 1810 bereits eine größere Zahl Fabriken. An beiden Orten war die Entwicklung dabei ebensosehr die Folge der mit ihren Wurzeln bereits bis ins Ancien régime zurückreichenden und von England her kräftig angeregten industriellen Revolution wie der durch das neue politische Regime erschlossenen größeren Absatzmöglichkeiten.

Hier wie dort fanden sich unter den alten Familien und zeitaufgeschlossenen Naturen bald unternehmerisch veranlagte Persönlichkeiten, die die neuen Verhältnisse zu nutzen verstanden. So wußten sich die Simonis in Verviers geraume Zeit früher die neuen mechanischen Kenntnisse John Cockerills zu sichern, ehe andere Vervierter Fabrikanten an den begehrten Fabrikationsgeheimnissen Anteil erlangten und lange bevor Cokkerill 1807 die Fabrikation seiner später für die belgische Metallindustrie so wichtig gewordenen Maschinen in Lüttich im großen Stile aufnahm. Prototyp des neuen Genter Unternehmers war Lieven Bouwens. Angehöriger eines seit Generationen in Gent ansässigen, vermögenden Gerber- und Kaufmannsgeschlechts, zögerte er nicht, sich politisch und wirtschaftlich auf die durch die Angliederung an Frankreich gegebenen Verhältnisse umzustellen. Durch glückliche Finanzoperationen wußte er schon während der politischen Krisenjahre 1794–1796 sein Vermögen kräftig zu vermehren. Als erster wagte er, das unpopuläre Amt eines Maire anzutreten. Im Jahr 1798 eröffnete er eine Spinnerei im Gutleutkloster Passy bei Paris, 1801 in der Genter Kartause, 1804 im Norbertinerkloster Drongen. Zweimal wurde ihm für seine Erzeugnisse die französische Goldmedaille zuerkannt. Aber auch die industrielle Entwicklung in England, wo er seine Lehrzeit verlebt hatte, behielt er sorgfältig im Auge. Wahrscheinlich über eine Filiale seines Hauses in Hamburg, die von seinem jüngeren Bruder geleitet wurde, verschaffte er sich Ende 1798 die komplette Ausrüstung einer englischen Spinnerei samt Dampfmaschine und schuf sich vermöge der damit gewonnenen technischen Monopolstellung unter Ausnutzung seiner reichen Familienverbindungen in den folgenden Jahren »ein wirkliches industrielles Empire« (Dhondt). Dem immer mehr ins Große anschwellenden Gang der Geschäfte und der rasch wechselnden Konjunktur war er freilich auf die Dauer nicht gewachsen. So ging er 1810 bankrott, während die vorsichtigeren Unternehmer, die er nach sich gezogen hatte, alle Krisen überdauerten. Bedeutende strukturelle Umstellungen vollzogen sich auch in der Metallindustrie. Hier nahm vor allem der Übergang von der Holzkohle zur Steinkohle seinen Fortgang. 1815 verfügte das Land bereits über 89 Hochöfen und 24 Hüttenwerke. So beginnt, von der Wirtschaft her gesehen, das moderne Belgien mit seiner vornehmlich auf die Schwerindustrie und die Textilindustrie gegründeten Aktivität bereits in der Franzosenzeit. Spätestens jetzt gelang es ihm, den ihm im 17. Jahrhundert wirtschaftlich so weit überlegenen niederländischen Norden nicht nur einzuholen, sondern selber in Führung zu gehen.

Auch im luxemburgischen Département des Forêts erholte sich die Eisenindustrie in der Napoleonischen Zeit zunächst ziemlich schnell von ihrem Niedergang im Revolutionsjahrzehnt. Doch blieben hier Erzabbau und Verhüttung, bedingt durch Kapitalmangel und fehlende Verkehrserschließung, primitiv und rückständig. Deshalb wurden sie durch die Kontinentalsperre besonders schwer und nachhaltig getroffen. Von den übrigen Gewerben hatte hiervon einzig die Porzellanindustrie Vorteile.

Am problematischsten waren die geistig-kulturellen Auswirkungen der französischen Zeit[8]. Der Anpassung von Teilen des Wirtschaftsbürgertums und dem Napoleonskult steht die innere Teilnahmslosigkeit weiter anderer Kreise gegenüber. Zudem wurden in Flandern unter dem Einfluß einer mehr oder weniger planmäßigen Franzisierung »die soziale Sprachgrenze« (van Werveke), die Gebildete und Volk voneinander trennte, immer ausgeprägter und die Möglichkeit für die Pflege der flämischen Eigenkultur immer begrenzter. Auch auf dem Lande blieben lediglich die kleinen, ausschließlich von Arbeitern und Bauernkindern besuchten Schulen eine Domäne des Flämischen. Im gesamten mittleren und höheren Schulwesen und den Pensionaten herrschte das Französische; für Rechtswesen und Verwaltung gilt das gleiche. Selbst eine eigene flämische Presse gab es nicht oder nicht mehr, und sogar in die Dichtkammern hielt die Zweisprachigkeit nun ihren Einzug. Eine für das ganze Land gültige flämische Literatursprache existierte nicht mehr. Nur wenig besser war die Lage für die bodenständige Literatur in französischer Sprache. Das gilt in gleicher Weise für Gent mit seiner 1805 gegründeten Société de Littérature wie für Brüssel mit seiner bis in die österreichische Zeit zurückreichenden französischen Literaturtradition wie für die Städte in den wallonischen Landesteilen. Der flämischen Unterschicht in Stadt und Land ging mit der eigenen Schriftsprache für lange Zeit überhaupt jedes literarische Verständigungsmittel verloren. Hingegen orientierte sich die Mittel- und Oberschicht der flämischen Städte, je mehr sich das neue Regiment innen- und außenpolitisch konsolidierte, um so entschiedener in ihrer Sprache und ihren gesellschaftlichen Umgangsformen auf Frankreich hin. Das war namentlich bei der wirtschaftlich aufstrebenden Unternehmerschicht Flanderns der Fall. Ihren wallonischen Berufsgenossen folgend, nahmen manche ausgesprochen großbürgerliche Lebensformen an. Die Genter Bouwens besaßen in Paris nicht weniger als sieben ansehnliche Stadthäuser, darunter das Hôtel de Richelieu, für das sie bedeutende Kosten aufwandten. Frankreich war es auch, das für den neuen, anspruchsvollen Lebensstil das Vorbild abgab. Auch eine spezifisch niederländische Kunst hatte in einer solchen Atmosphäre keinen rechten Platz mehr. Was das Land an schöpferischen Kräften hervorbrachte, wanderte ab nach Paris, der »Hauptstadt der Welt«.

In weitgehender Apathie verharrte, von kleinen Notabelnkreisen wie dem um Rechtsanwalt Pastoret abgesehen, nach der Niederschlagung des Klöppelkrieges das Luxemburger Land: »Es gibt dort«, so berichtete 1812 der Präfekt Jourdan an seine Zentralbehörde, »keine Akademie, keine wissenschaftliche Gesellschaft, keine Zeitung ... Anderswo gibt es eine öffentliche Meinung, die in dem großen Prinzip der Hingebung und des öffentlichen Gehorsams gegen die Autorität besteht. Aber hier kommt eine öffentliche Meinung nicht auf wegen der Unwissenheit über die Dinge, die sich anderwärts zutragen ... Man haßt Frankreich nicht, aber das geschieht aus Kaltsinn, weil man nichts haßt ...«[9]

Auch in den nördlichen Niederlanden[10] endete das mit Preußens Hilfe 1789 noch einmal restaurierte Ancien régime mit dem Eindringen der französischen Truppen im Januar 1795, ohne daß sich der letzte oranische Statthalter Wilhelm V. dazu fähig gezeigt hätte, mit Entschlossenheit entweder selber den Weg der Erneuerung zu beschreiten oder einen durchgreifenden Widerstand gegen die neuen Mächte vorzubereiten. Ebenso unentschieden waren die Regenten. Obwohl er den Anspruch des Volkes auf politische Mitsprache im Prinzip für nicht gerechtfertigt hielt, behauptete zum Beispiel der bedeutende Mitarbeiter des Statthalters, der holländische Ratspensionär Van den Spiegel: Da die Niederlande schon eine Republik seien, erlaube es die Natur ihrer Verfassung nicht, an deren Grundlagen zu rühren. Denn dann werde man von einer Neuerung zur anderen getrieben und werfe alles über den Haufen, ohne aufzubauen. Das war gewiß kein Programm, mit dem Statthalter und Regententum, die sich 1790 noch einmal zu einer aussichtslosen Bundesgenossenschaft zusammengefunden hatten, der drängenden politischen und gesellschaftlichen Probleme hätten Herr werden können, die auch in der niederländischen Republik der Lösung harrten.

So konnte es nicht ausbleiben, daß die Franzosen von den 1787 unterlegenen Patrioten als Befreier begrüßt wurden. Auch hier begann damit der große politisch-soziale Umwandlungsprozeß, im bemerkenswerten Unterschied zu den südlichen Niederlanden aber nicht in der Form einer einfachen Übertragung des französischen Klischees auf ein einzuverleibendes bzw. einverleibtes Gebiet, sondern unter anfänglicher Wahrung einer weitgehenden Selbstbestimmung, wenn auch der französische Zugriff vom Jahre 1798 an immer enger wurde. Es war vor allem die Rücksicht auf die viel verwundbarere wirtschaftliche Struktur des Landes und der Wunsch, den holländischen Welthandel funktionsfähig zu erhalten, was die Franzosen dazu veranlaßte, sich im Norden zunächst anstelle einer Eingliederung mit der bloßen Allianz zu begnügen[11]. So konnte die Batavische Republik die ersten Jahre hindurch relativ selbständig an das längst überfällige nationale Reformwerk herangehen. Wohl sahen darin die späteren Generationen, gleich dem aristokratisch-antirevolutionären Willem Bilderdijk, nur »die fieberhafte Sucht, den Raub der Nation unter sich zu verteilen«, doch ist die heutige Historikergeneration bereit, auch den Männern der Batavischen Republik Gerechtigkeit widerfahren zu lassen. Mit ihren tönenden Worten von Menschenrechten, Freiheit, Gleichheit und Brüderlichkeit entbehrt gewiß auch ihr Tun, von dem wir uns aus ihren vielbändigen Parlamentsberichten, Verordnungen, Briefen und Memoiren eine sehr genaue Vorstellung machen können, nicht der menschlich-allzumenschlichen Züge – aber die Art, wie man in dieser »Revolution in Sammethandschuhen« die großen Zeitanliegen des einheitlichen Nationalstaats und der politischen Mündigkeit und Gleichberechtigung aller Staatsbürger im ganzen mit Mäßigung und Respekt vor der Vergangenheit zu verwirklichen suchte, bleibt bemerkenswert.

Zwar wurde die in jahrelangen Verhandlungen von der Nationalversammlung erarbeitete gemäßigt unitarische Verfassung[12] schließlich mit großer Mehrheit verworfen, aber allein schon die Tatsache, daß Drente und die brabantischen Generalitätslande nunmehr als vollkommen gleichberechtigte Glieder dabei mitwirkten und daß an die Stelle der Generalstaaten ein aus allgemeinen Wahlen hervorgegangener Nationalrat trat, zeigte, daß die Tage der alten siebenköpfigen Föderativoligarchie – »het zevenhoofdig monster, het Uniegedrocht« (= Trugbild der Utrechter Union) nannten sie die demokratischen Klubs und Patriotensocietäten – vorüber waren. Auch die bevorrechtete Stellung der Hervormde Kerk fand auf einstimmigen Beschluß ihr Ende: Allen übrigen protestantischen Kirchen, Katholiken und Juden wurde die Gleichberechtigung zuerkannt.

Das rechte Gleichgewicht zwischen der nationalen Einheit und der Selbständigkeit der Provinzen zu finden, gelang freilich bei den mancherlei hineinspielenden materiellen Interessengegensätzen trotz mehrfacher Anläufe nicht. Unversöhnlich standen die Wünsche der radikalen Unitarier, der Gemäßigten und Föderalisten einander gegenüber. Namentlich in den Ostprovinzen war nur eine Minderheit bereit, aus der Losung von »der einen unteilbaren Republik« die praktischen politischen und insbesondere die finanziellen Folgerungen zu ziehen. Wollte doch die Kamper Munizipalität die »alte Hoheit und Freiheit der Stadt« schon gegen die neue Overijsseler Provinzialverwaltung mit Kanonen verteidigen, die sie auf der Ijsselbrücke postierte, ganz zu schweigen von Friesland, wo nicht nur die oranisch Gesinnten, sondern auch ein Gutteil der Revolutionsanhänger den Grundsatz der friesischen Souveränität nach innen und außen mit Leidenschaft verfochten. Die Batavische Republik schien außerstande, die Einheit im Innern aus eigenen Kräften zu verwirklichen.

Infolgedessen richteten sich die Blicke der Radikalen mehr und mehr hilfesuchend auf Frankreich. Im Zusammenspiel zwischen den Volkssocietäten und dem französischen Gesandten kam es am 22. Januar 1798 zu einem Staatsstreich und Ende des Jahres zur Oktroyierung einer Staatsverfassung unter unmittelbarem französischen Druck. Immer tiefer geriet die Batavische Republik in die Abhängigkeit von Frankreich. Ohnmächtig machte sie hinfort in ihrer inneren Entwicklung alle Wendungen des französischen Staates mit: Wie Frankreich erhielt sie 1798 im Uitvoerend Bewind ein fünfköpfiges Direktorium und 1801, dem Jahre von Napoleons Aufstieg zum ersten Konsul, im Staatsbewind eine Konzentration der Staatsmacht in den Händen einiger weniger. Mit Napoleons Kaiserkrönung 1804 waren dann auch in den Niederlanden die Tage der Republik gezählt: unter dem neuen Namen Bataafse Gemenebest wurde die Republik im April 1805 einem Ratspensionär mit königlichen Vollmachten, Rutger Schimmelpenninck, unterstellt und im Juni 1806 durch die Erhebung von Napoleons Bruder Ludwig Bonaparte zum »roi de Hollande« förmlich aufgehoben. Und als auch er eine Napoleon noch zu selbständige Politik trieb und die Kontinentalsperre gegen England nicht bedingungslos genug nach des Kaisers Wünschen durchführte, verfügte dieser im Juli 1810 die schon vier Jahre vorher erwogene unmittelbare Annexion des Landes.

Der revolutionäre Elan aus der Anfangszeit der »Batavischen Freiheit« war über diesen Ereignissen längst in Apathie oder offene Gegnerschaft gegen Frankreich umgeschlagen[13]. Schon 1796 machten unter dem Landvolk Verse voll bitteren Hohns die Runde. Im gleichen Jahr stellte auch der klügste Kopf unter den radikalen Neuerern, Valckenaer, bitter fest, die Batavische Republik sei »verpfuscht und verdorben«. Vollends nach den Ereignissen des Jahres 1798 gab man sich im Kreise seiner politischen Freunde keiner Täuschung mehr darüber hin, daß die Mehrheit des Volkes mit ihren Gefühlen auf der Seite der Oranier und Engländer stehe. So blieb es hinfort die ganze französische Ära hindurch: 1807 hat das die holländische Deputation, die Napoleon in Polen aufsuchte, dem Kaiser unumwunden bestätigt. Im Dezember 1809 begründete er selber gegenüber seinem Bruder Ludwig seinen Willen zur Einverleibung des Landes damit, daß es »eine englische Kolonie« sei. Doch wurden gleichwohl auch jetzt noch wichtige Reformen durchgesetzt. So schuf van Maanen nach dem Vorbild des *Code Civil* ein einheitliches niederländisches Recht, wurde die Steuergesetzgebung durch Gogel auf gesunde Grundlagen gestellt und die allgemeine Schulpflicht eingeführt – alles Maßnahmen, die die französische Zeit überdauerten.

Auch die beste Verwaltungsreform konnte freilich die schwere Lage des Landes[14] nicht ändern, das in immer tiefere Not geriet. Eine drückende Staatsschuld, die durch die Eingliederung Ostfrieslands (1807) nur wenig gemildert wurde, lastete auf dem Lande. Der vom Kaiser mit großem Interesse aufgenommenen Anregung einer holländischen Deputation, dem neugeschaffenen holländischen Königreich noch weitere niederdeutsche Gebiete bis hin nach Lübeck anzugliedern und ihrem Staate auf diese Weise Anteil am Ostseehandel zu verschaffen, kam Napoleon nicht in der Weise nach, wie sie es sich gedacht hatte, sondern 1810 mit der direkten Angliederung an Frankreich. Statt dessen gingen 1807 mit Curaçao der letzte Stützpunkt in Westindien und das Kapland erneut verloren. Wie katastrophal sich die Kontinentalsperre auf den Überseehandel auswirkte, zeigt der Verkehr des Amsterdamer Hafens: Während 1805 noch 2394 Schiffe einliefen, waren es 1806 nur noch 1394, 1808 noch 390 und 1811 überhaupt keines mehr. Stillstehende Betriebe und Werkstätten, verlassene Häuser und abgemagerte, dürftig gekleidete Menschen waren die beherrschenden Eindrücke, die B. G. Niebuhr 1808 von seinen Besuchen in den einst so blühenden Niederlanden mitbrachte; gut zwei Fünftel der 200000 Amsterdamer waren damals auf Armenunterstützung angewiesen. Selbst eine der nächstliegenden Erwerbsquellen des Landes, die Seefischerei, lag völlig darnieder; nur die Landwirtschaft machte eine Ausnahme.

So hatte Ludwig Napoleon[15] wohl Anlaß zu seinen den Bruder ständig verstimmenden Klagebriefen, und die Notwendigkeit, dem niederländischen Handel und Gewerbe wieder einen Absatzmarkt zu verschaffen, beförderte die am 1. Juli 1810 vollzogene Einverleibung in Frankreich. Auch der Gedanke an den Rhein als Frankreichs natürliche Grenze spielte bei Napoleons Außenminister Champagny eine Rolle: »pour posséder le Rhin tout entier Votre Majesté doit aller jusqu'au Zuyderzee«, schrieb er dem Kaiser, unmittelbar bevor dieser der Selbständigkeit Hollands ein Ende machte. Sie ahnten wohl kaum, daß die Tage ihrer Herrschaft auch in diesen Gebieten bereits gezählt waren. Dort ließ die Fremdherrschaft die Bewohner nun doch über ihre alten inneren Gegensätze hinauswachsen und machte sie reif für eine nationale Einigung unter den Oraniern. Für sie erhob sich die Bevölkerung, als die Franzosen im Gefolge der Leipziger Schlacht die ersten Anstalten zum Abzug trafen, am 15. November 1813 in Amsterdam, zwei Tage später im Haag, und beschleunigte dadurch den Vormarsch der verbündeten preußisch-russischen Truppen. Im Namen des Prinzen von Oranien übernahm am 21. November Gijsbrecht Karel van Hogendorp die Leitung einer von Frankreich unabhängigen provisorischen Regierung. Nicht mehr als Statthalter, sondern als König Wilhelm I. und souveräner Monarch wurde Prinz Wilhelm, der Sohn des 1805 im Exil verstorbenen letzten Statthalters Wilhelm V., neun Tage später bei seiner Landung in Scheveningen empfangen; als gleichberechtigte Macht konnten die Niederlande ihren Platz wieder unter den freien europäischen Völkern einnehmen. Wenn auch nicht stark und elementar genug, um einen nationalen Geistesfrühling heraufzuführen, sicherte die Erhebung von 1813 den Niederlanden doch ihren Fortbestand als Nation. Auch die südlichen Niederlande gingen bis zum 5. Mai 1814 ganz in die Hand der Verbündeten über[16]. Auch hier machte sich in der Bevölkerung in Stadt und Land vielerorts der Wunsch nach Wiedererlangung der Unabhängigkeit geltend, noch ehe die Franzosen das Land verlassen hatten. Jedoch fehlte diesen Regungen hier, ähnlich wie in Luxemburg und in deutlichem Unterschied zu Holland, ein klares politisches Ziel und eine einheitliche zentrale Leitung. Wie schon früher so oft, blieben beide Länder daher auch jetzt Objekt der großen Politik.

[1] Es handelt sich um: a) die Patriottenkrisis (1780 bis 1787) in der niederländischen Republik. Übersicht: I. Vijlbrief in: Algemene Geschiedenis der Nederlanden (AGdN), Bd. 8, Kap. 6 u. S. 418ff., mit weiterer Lit. Im Gegensatz zu H. T. Colenbrander, De Patriottentijd. 3 Bde (1897–1899) wurde sie national aufgewertet bes. durch P. Geyl, Studies en Strijdschriften (1958). S. 201–234, sowie C. H. E. de Wit, Aristocratie en democratie. Umfassende neue Synthese bei S. Schama, Patriots and Liberators; b) die Brabanter Revolution (1789/90). Übersicht: A. Cosemans in: AGdN, Bd. 8, Kap. 7 u. S. 420f. Zum Grundsätzlichen: S. Tassier, Les Démocrates belges en 1789. Etude sur le Vonckisme et la Révolution brabançonne (1930), sowie J. Craeybeckx, De Brabantse omwenteling. In: TGGroningen 80 (1967), S. 303–330; c) die Lütticher Revolution von 1789. Übersicht: P. Harin in: AGdN, Bd. 8, S. 216 bis 221, 423. Im Vergleich zur Brabanter Revolution steht sie der Französischen Revolution näher, weicht aber gleichwohl in grundlegenden Punkten von ihr ab; vgl. P. Harsin, La Révolution liégoise de 1789 (1954).

[2] Die Charakterisierung des wiederhergestellten österreichischen Regimes durch P. Geyl, Geschiedenis

van de Nederlandse Stam. Bd. 3 (1959), S. 254ff., steht im Einklang mit den Aussagen der Wiener Quellen; vgl. H. von Zeissberg, 2 Jahre belgische Geschichte. In: SbbAkad. Wien (1891), und E. Wangermann, From Joseph II to the Jacobin Trias Government. Policy and Public Opinion in the Habsburgs Dominions in the Period of the French Revolution (1959).

[3] Einseitig, aber unentbehrlich: De Lanzac de Laborie. La domination française en Belgique, 1792–1814. 2 Bde (1895), und P. Verhaegen, La Belgique sous la domination française, 1792–1814. 5 Bde (1922–1929).
Knappe neuere Gesamtdarstellungen mit Quellen- u. Literaturübersicht: H. van Werveke u. J. Willequet in: AGdN, Bd. 9, Kap. 2 und 4, S. 448ff., u. für Luxemburg: A. Lefort, Histoire du Département des Forêts (Le Duché de Luxembourg de 1795 à 1814). Bd. 1 (1905). Die grundlegenden Erlasse bis 1795 in: Ordonnances des Pays-Bas autrichiens. 5e série, 1790–1794, Bd. 14; seit der Angliederung an Frankreich in: Recueil des lois de la République française Bd. 4ff.

[4] Bauernaufstände 1798/99: Zusammenfassend: P. Verhaegen, La Belgique, Bd. 3, passim; Van Werveke u. Willequet in: AGdN, Bd. 9, S. 52ff., u. R. van Roosbroeck in: RheinVjbll 7 (1937), S. 328–340.
Neuere Lit.: RechHist, S. 433f. Luxemburg: J. Engeling, Geschichte des sog. Klüppelkrieges ([3]1858), und W. Zorn, Der Luxemburger Klüppelkrieg (1898). Nach H. Pirenne, Histoire de Belgique. Bd. 6 (1926), S. 111ff., trug die Erhebung lediglich Spontancharakter, nach Verhaegen handelte es sich um eine gut organisierte, nationale Bewegung; vermittelnd: Van Werveke, La Belgique, S. 62.
Zum Begriff der alten Freiheit K. v. Raumer, Absoluter Staat, korporative Libertät, persönliche Freiheit. In: HZ 183 (1957), S. 55–96 (selbst. 1958).

[5] Neugestaltung der Verfassung: P. Poullet, Les institutions françaises de 1795 à 1814. Essai sur les origines des institutions belges contemporaines (1907); neuere Lit. in: RechHist, S. 435.

[6] Kirche u. Staat: L. Preneel, Bonaparte, le concordat et les nouveaux diocèses en Belgique. In: RHE 57 (1962), S. 871–900. – Stevens: J. Soille, C. Stevens (1957), und ders., Notes p. s. à l'histoire du stévisme (1963).

[7] a) Allgemein: P. Lebrun, La rivoluzione industriale, und J. Craeybeckx, Les débuts de la révolution industrielle en Belgique. In: Mélanges offerts à G. Jacquemyns (1968), S. 115–144. b) Antwerpen: A. Fischer, Napoléon et Anvers (1933). Zuwanderung deutscher Kaufmannsgeschlechter: F. Petri in: Handwörterbuch für Grenz- und Auslandsdeutschtum, Bd. 1 (1934), S. 363ff. c) Verviers: P. Lebrun, L'industrie de la laine à Verviers (1948). Ebd. S. 372 auch nähere Angaben über die Erwerbung von Landgütern u. Schlössern durch wallonische Industrielle. d) Gent: J. Dhondt, L'industrie cotonnière gantoise à l'époque française. In: RevHistModContemp 2 (1955), S. 233–279. J. Leleux, Liévin Bouwens spéculateur. In: RevBelgPhilolHist 48 (1970), S. 1240–1254. H. Coppejans-Desmedt, De Gentse vlasindustrie vanaf het einde van de XVIIIe eeuw tot de oprichting van de grote mechanische bedrijven. In: Handelingen MaatschappijGOudheidKdeGent XXII (1968), S. 179–202. e) Luxemburg: A. Flinck, L'industrie au département des Forêts (1913).

[8] Kultur- und Geistesleben: H. van Werveke in: AGdN, Bd. 9, S. XVIIff., und G. Schmook, ebd., Kap. 15. – Sprache: M. Deneckere, Histoire de la langue française dans les Flandres 1770–1823. In: HandelingenMaatschappijGOudheidKdeGent VI–VIII (1952–1954); dazu: H. J. Elias, Vlaamse Gedachte. Bd. I, Kap. 3–5.

[9] Zit. nach J. Hess, Luxemburger Volkskunde (1929). S. 80.

[10] Quellen: H. T. Colenbrander, Gedenkstukken. Bde 1–6, 11–13, 16. Nationale Vergadering: Dagverhaal der Handelingen der N. V. (1796 tot 1798). 9 Bde. Gesamtdarstellung: P. Geyl, Geschiedenis van de Nederlandse Stam (bis 1798); AGdN, Bd. 9, Kap. 1, 3, 5 (Beiträge von K. M. van der Sterre, R. G. Mansfeld, J. Schöffer u. J. Haak); H. T. Colenbrander, Schimmelpenninck en koning Lodewijk (1911); ders., Inlijving en opstand ([2]1941); J. C. Ramaer, De Fransche tijd, 1795–1815 (= Geschiedkunde Atlas van Nederland 15, 1926). Schließlich neuestens S. Schama, Patriots and Liberators, Tle 2 u. 3.

[11] Aufschlußreiche Begründung der Allianzpolitik anstelle sofortiger Eingliederung in dem Schreiben von Ch. Cochon an das Wohlfahrtskomitee vom 3. März 95, vgl. Colenbrander, Gedenkstukken, Bd. 1, Nr. 473.

[12] Die Frage, ob Bundes- oder Einheitsstaat, durchzieht sämtliche Verhandlungen dieser Jahre. Vgl. Colenbrander, Gedenkstukken, Bd. 2, Nr. 477, 511, 518 sowie P. Geyl, Geschiedenis, S. 355 ff., 361 ff., 433.

[13] Colenbrander, Gedenkstukken, Bd. 2, Nr. 482, 494 u. 576 mit Belegen für den grundsätzlichen Stimmungswandel. Für die oranische und proenglische Stimmung des Landes 1807 vgl. die aus dem Archiv Goldberg stammende Niederschrift über das Gespräch der holländischen Delegation mit Napoleon in Finkenstein, abgedruckt bei L. Wichers, De regeering van koning Lodewijk Napoléon 1806–1810 (1892). Beilage 14, S. 273 ff. Napoleons Ausspruch vom Jahre 1809 bei: Colenbrander, Schimmelpenninck, S. 187.

[14] Wirtschaftliche Lage der nördlichen Niederlande unter Napoleon: S. Schöffer in: AGdN, Bd. 9, S. 89 ff.; B. G. Niebuhr, Circularbriefe aus Holland 1808. In: Nachgelassene Schriften nichtphilologischen Inhalts (1842), S. 1–313. Außer der Angliederung Ostfrieslands an Holland erwog Napoleon 1807 auch eine solche von Oldenburg und Osnabrück. Über die positive Aufnahme dieses Plans durch die holländische Delegation vgl. Wichers De regeering, S. 58 u. Quellenanhang, S. 276 f.

[15] Rücktrittserklärung König Ludwigs, Schreiben Champagnys u. Einverleibungsdekret ebda. S. 355 f., ferner Th. Jorissen, De ondergang van het koninkrijk Holland ([2]1910).

[16] Befreiung: a) Der Norden: AGdN, Bd. 9, S. 145–153 (Haak); dazu: J. Huizinga, De betekenis van 1813 voor Nederlands geestelijke beschaving. In: Verz. Werken, Bd. 2 (1948), S. 528–542; b) Süden: P. Verhaegen, La Belgique, Bd. 5, insbes. Kap. 3, Abschnitte 3, 5–6; c) Nord u. Süd: E. H. Kossmann, Low Countries. Abschnitt 3, 1; d) Luxemburg: N. Margue, Luxemburger Nationalgefühl. S. 260 f.

b. Mißglückte Wiedervereinigung

Die Friedensschlüsse und Verträge, durch die die europäischen Diplomaten dem Kontinent nach den Erschütterungen des Napoleonischen Zeitalters wieder sein früheres Gleichgewicht zurückzugeben suchten, brachten den Niederlanden eine politische Neuordnung, die P. Geyl vom Standpunkt seiner großniederländischen Geschichtsauffassung als »die große Chance« der neueren niederländischen Geschichte bezeichnete: die Vereinigung der zwei – oder, mit Einschluß des Fürstenbistums Lüttich, drei – politischen Gebilde, die in diesem nordwestlichen germanisch-romanischen Grenzraum im Laufe der Jahrhunderte entstanden waren, zu einem einheitlichen Staatswesen unter dem Regiment des zum König erhobenen Oraniers Wilhelm VI. (als König Wilhelm I.). Diese Lösung wurde erzielt nach langen Verhandlungen und von England, das daran einen Hauptanteil hatte, von vornherein nur als die zweitbeste Lösung betrachtet, nachdem es ihm nicht gelungen war, Österreich oder namentlich Preußen als stärkste deutsche Militärmacht zu bewegen, in einem um die untere Schelde verkleinerten belgischen Glacis noch vor den nördlichen Niederlanden die Grenzwacht gegen Frankreich zu übernehmen. Denn um eine zeitgemäß abgewandelte Wiederaufnahme des alten Barrieregedankens war es den Diplomaten, wie in den Verhandlungen unumwunden ausgesprochen wurde, zu tun. Der Oranierkönig sah durch sie langgehegte eigene Wünsche in Erfüllung gehen. Hatte er die Wiedervereinigung der 17 Provinzen doch bereits am 28. Januar 1796 in einem Brief an seine Mutter als den »angenehmsten seiner Träume« seit der Batavischen Revolution bezeichnet[1]. Einer der interessantesten und auch für den heutigen Betrachter lehrreichsten Abschnitte der niederländischen Geschichte nahm damit 1815 seinen Anfang: Noch einmal gewährte in ihm die Geschichte den Niederlanden die Möglichkeit, den ganzen Raum von den Höhen der Ardennen und den weiten Ebenen Flanderns bis hin nach Friesland zu einem einheitlichen politischen Ganzen zusammenzuschließen und dort wieder anzusetzen, wo einst Burgunder und Habsburger nach zwei Jahrhunderten fortgesetzter Staatsschöpfung schließlich gescheitert waren.

Die äußeren und inneren Voraussetzungen für ein Gelingen des großen Unternehmens schienen nicht ungünstig: Der Monarch war besten Willens; die Sieger von 1815 wünschten und sanktionierten die Vereinigung, und auch in den Niederlanden selber war, so möchte man meinen, die Zeit dafür reif: Revolution und Fremdherrschaft hatten in Nord und Süd den ganzen Oberbau der gegensätzlichen politischen und gesellschaftlichen Lebensformen, in die sich die lange durch eine Art eisernen Vorhangs voneinander geschieden gewesenen Teile auseinandergelebt hatten, wieder abgetragen; auch die Trennung von Kirche und Staat war vollzogen, der alte Parteistreit inhaltslos geworden, das Feld für einen großzügigen Neuaufbau vorbereitet. Diesen nahm Wilhelm I. mit aller ihm zu Gebote stehenden Energie in Angriff, kaum daß ihm die Londoner Konferenz im Juni 1814 die Souveränität über den Süden angetragen, der Wiener Vertrag vom Februar 1815 diesen Beschluß bekräftigt und er selber, unter Annahme des Königstitels, am 13. März 1815 den Zusammenschluß der nördlichen und südlichen Niederlande zum Königreich der Niederlande proklamiert hatte. Oberstes Ziel der Vereinigung sollte sein gemäß des Königs eigenen, in der Akte der acht Artikel von den verbündeten Mächten gutgeheißenen Vorschlägen: die möglichst restlose Ausdehnung der für den Norden bereits im Jahre 1814 ausgearbeiteten Verfassung auch auf den Süden. Trotz der großen Widerstände, die die in Art. 2 des Abkommens festgelegte Freiheit der religiösen Bekenntnisse infolge der unnachgiebigen Haltung des Genter Bischofs Msgr. de Broglie hervorrief, wußte es der König schließlich durchzusetzen. Obwohl Wilhelm ganz vorwiegend mit Männern aus dem Norden regierte – namentlich der in seiner geistigen Grundhaltung die Traditionen der Napoleonischen Zeit fortsetzende Justizminister Van Maanen hatte auf ihn großen Einfluß –, war es ihm keineswegs nur um die Ausdehnung des nördlichen Modells auf den Süden zu tun. Vielmehr lebte in diesem Oranier, wie während der Verhandlungen der Jahre 1813–1815 schon sein Streben nach Ausdehnung des ihm zu übertragenden neuen Staates auch über große Teile des Rheinlandes bis zur Mosel und, wenn möglich, auf seine nassauische Erblande erkennen ließ, trotz vieler liberaler Züge der Typus des aufgeklärten Selbstbeherrschers wieder auf, der sich seinen Staat weitgehend nach seinen eigenen Vorstellungen und Wünschen zu gestalten gedachte. Soweit ihm dabei ein historisches Vorbild vorschwebte, waren es die burgundischen Niederlande. Von den Historikern bald mit Joseph II., bald mit Napoleon verglichen, suchte er den Zusammenhalt des neuen Königreichs durch unermüdliche persönliche Initiative und planmäßige Stärkung der ganz auf ihn selber als Monarchen zugeschnittenen staatlichen Zentralgewalt zu erreichen. Daß er für die geschichtlich gewordenen Besonderheiten und die psychologischen Imponderabilien der seinem Reiche eingefügten Volksteile nicht genügend Sensibilität besaß, wurde dabei der neuen Schöpfung zum Verhängnis[2].

Allgemein anerkannt sind Wilhelms wirtschaftlicher Weitblick[3], seine Initiative und sein Sinn für die praktischen Notwendigkeiten, vor die sich die Niederlande damals gestellt sahen. Denn mochten der Norden mit seinem Handel, seiner Schiffahrt und seinen Kolonien und der vorwiegend agrarisch-industrielle Süden in mancher Hinsicht zur gegenseitigen Ergänzung wie geschaffen scheinen, so hatten doch beide damals großenteils gegensätzliche Interessen und strebten insbesondere wirtschaftspolitisch völlig auseinander. Der Handel des Nordens, der sich schon am Vorabend der französischen Zeit in unverkennbarem Niedergang befand und nun durch die Kontinentalsperre fast alle seine Absatzmärkte verloren hatte, glaubte nur durch die Rückkehr zum entschiedenen Freihandel wieder gedeihen zu können, während Belgiens in der französischen Zeit so kräftig ausgeweitete Industrie für sich nun nicht nur den französischen Markt durch hohe Zollmauern versperrt sah, sondern gleichzeitig, ganz ähnlich wie damals Deutschland, die übermäßige englische Konkurrenz erfuhr und deshalb nach Zollschutz rief. Auch daß der Süden die schwere Schuldenlast, die der Norden als drückendes Erbe der französischen Zeit in die gemeinsame Staatlichkeit miteinbrachte, nun in Gestalt von Steuern mittragen mußte, war für ihn eine Quelle tiefsten Mißvergnügens. Außerdem vereitelte diese Hypothek lange Jahre hindurch das Gleichgewicht im Staatshaushalt. Trotzdem gelang dem König in kaum 15 Jahren zwar vielleicht nicht, wie man öfter gemeint hat, schon eine wirkliche gesamtniederländische Nationalwirtschaft aufzubauen – dafür waren die soziologischen Strukturunterschiede der beiden Teile zu groß und der Wille zur Zusammenarbeit auf beiden Seiten zu wenig entwikkelt –, aber doch die entscheidenden Ansätze zu einem wirtschaftlichen Interessenausgleich und einer fruchtbaren Ergänzung der Teile zu schaffen und darüber hinaus jeden der beiden Landesteile gesondert wirksam zu fördern.

Das gilt namentlich für Belgien, dem die Früchte der königlichen Wirtschaftspolitik mit ihrem besonderen Nachdruck auf der von ihm für primär gehaltenen Industrie in allererster Linie zugute kamen. »Sich selber überlassen«, meint Pirenne, »wäre das Land unfähig gewesen, sich auch nur auf dem Punkte, den es während der französischen Herrschaft erreicht hatte, zu behaupten.« Am Vorabend der Belgischen Revolution aber hatte es dank der königlichen Politik nicht nur das, sondern weit darüber hinaus eine seit den Tagen Karls V. nicht mehr innegehabte Höhe erreicht: »In den 18 Monaten vor dem Umsturz werden in den Provinzen Lüttich und Hennegau 218 Dampfmaschinen aufgestellt, während des ersten halben Jahres von 1830 im Hennegau allein 77 Fabriken fertig ... Die Cockerillwerke zählen bereits 2500 Arbeiter; in Seraing und Marcinelle rauchen seit 1827 die ersten Kokshochöfen des Kontinents. Belgien mit seinen Becken von Lüttich, Charleroi und der Borinage, mit seinen Kohlengruben, Glas- und Kristallfabriken, mit seiner Weberei und seinem Luxusgewerbe wird so, was es schon einmal im Mittelalter war: das älteste Industriegebiet des Kontinents, jetzt freilich im modernen Gewande.« (Häpke) Die Niederlegung der Zollschranken zwischen den beiden Landesteilen gestattete es den belgischen Erzeugnissen – Kohle, Eisen, Stein, Tuche und Maschinen –, ohne Behinderung nach Norden einzuströmen; die Textilindustrie fand in den niederländischen Kolonien einen neuen, sicheren Absatzmarkt; auf der ganzen Linie gewann nun auch der Antwerpener Hafen seinen alten bevorzugten Platz im niederländischen Überseeverkehr zurück; ein modernes Wegenetz überzog das Land, wichtige neue Kanäle entstanden, jedweder industrielle Fortschritt wurde vom König ermutigt, technische Schulen und Lehrstühle für die angewandte Wissenschaft an den Universitäten errichtet.

Die Industrie seines Landes auch in technischer Hinsicht auf die Höhe der englischen zu heben, betrachtete der König durch den großen Pionier für den technischen Fortschritt in den Niederlanden, den aus dem ostfriesischen Esens gebürtigen Ingenieur und Erfinder Gerhard Moritz Roentgen auf das sachkundigste beraten, mit Recht als vordringliche Aufgabe. Es war der König selber, der als gelehriger Schüler seines Onkels Friedrich des Großen und der im preußischen Staat verwirklichten Symbiose zwischen Staat und Unternehmertum einem John Cockerill und der belgischen Metallindustrie erst den Weg zu ihrer späteren Führerstellung auf dem Kontinent geebnet hat. Roentgens in unmittelbarem Regierungsauftrag erarbeitete Gutachten über den ›Zustand der Eisenwerke Großbritanniens im Jahre 1821‹ und nachfolgende Berichte über den ›Zustand der Eisenwerke in den wallonischen Provinzen und die Verbesserung, derer sie bedürfen‹, bildeten den Ausgangspunkt für die ganze Modernisierung der belgischen Stahlindustrie. Als besonders wichtig für die wirtschaftliche Gesamtentwicklung des Landes erwies sich ferner die Errichtung eines reich ausgestatteten Bankinstituts, das bis zur Gegenwart eine führende Stellung im belgischen Wirtschaftsleben behauptet hat: der Société générale pour favoriser l'industrie nationale im Jahre 1822 in Brüssel –

nach Pirenne der Krönung von Wilhelms ganzem wirtschaftlichen Aufbauwerk in Belgien. Sie verschaffte der aufstrebenden belgischen Industrie nunmehr endlich die bis dahin stets mangelnden Kreditmöglichkeiten.

Im Vergleich zu Belgien blieben die Erfolge der königlichen Wirtschaftspolitik im Norden bescheidener. Wohl sorgte Wilhelm auch hier für die Modernisierung der Verkehrswege. So bekam Zwolle 1821 in der Willemsvaart nun endlich die direkte Verbindung mit der Ijssel, die ihm vier Jahrhunderte zuvor die Konkurrenz von Deventer und Kampen verwehrt hatte, Amsterdam erlangte im nordholländischen Kanal die dringend notwendige Verbesserung seiner Nordseeverbindung. Rotterdam erhielt gleichfalls eine bessere Seeverbindung. Der große Pionier der niederländischen Dampfschiffahrt und der Erfinder der Verbundmaschine Roentgen gründete 1823 die niederländische Dampfschiffahrtsgesellschaft und 1825 mit Feijenoord die noch heute führende niederländische Gesellschaft für Schiffahrts- und Werkzeugbau. Die Seefischerei wurde neu belebt. Mit der Nederlandsche Bank erhielt auch der Norden anstelle der alten Amsterdamer Wechselbank mit ihren überlebten Methoden bereits 1814 ein modernes Bankinstitut und in der Niederländischen Handelsmaatschaapij (N. H. M.) 1824/25 wieder eine große nationale Gesellschaft für den niederländischen Indienhandel. Alles in allem jedoch hatte die königliche Wirtschaftspolitik im Norden viel mehr mit der Unbeweglichkeit und den Widerständen der noch stark am Althergebrachten hängenden Wirtschaftskreise zu ringen als im wirtschaftlich verjüngten belgischen Süden. Ein Wort wie das von Wilhelm van Hogendorp: »Die Zeit der Handelsfahrt als nationale Hauptbeschäftigung ist vorbei; nur durch eine systematische Industrialisierung kann die allgemeine Wohlfahrt wiedergewonnen werden«, für deren Verwirklichung die beiden unlängst veröffentlichten allgemeinen Betriebsenquêten von 1816 und 1820 ohne Zweifel die praktischen Unterlagen für den Norden bereitstellen sollten, fand hier zunächst noch taube Ohren. Man beharrte nicht nur in Amsterdam, sondern auch im ganzen übrigen Land, von ein paar Textilunternehmen in Nordbrabant und Utrecht abgesehen, noch ganz auf den althergebrachten handwerklichen Methoden. Verbote und Behinderungen der Konkurrenz waren die einzigen Hilfen, die man sich denken konnte. Noch lange Jahrzehnte hindurch hielt man in Gebieten wie zum Beispiel der Twenter Kattunindustrie mit ihrer Bevorzugung der Handweberei an verhältnismäßig primitiven Methoden fest. Selbst die niederländische Landwirtschaft, 1816 von van Hogendorp als »eine der reichsten von Europa« gepriesen, war in ihren Methoden eher rückschrittlich als modern. Auch Wilhelm selber machte hier im Norden noch mancherlei Kompromisse mit der alten Zeit, vor allem in seinem 15 Jahre lang gegen den immer schärferen Widerspruch der europäischen Umwelt durchgehaltenen Versuch, die alten niederländischen Stapelrechte der Flußschiffahrt, die einst der Republik ihr Übergewicht gegenüber den Rheinstädten verschafft hatten, noch einmal wiederaufleben zu lassen.

So deutet alles darauf hin, daß der niederländische Norden, von der stolzen Höhe der vergangenen Jahrhunderte immer tiefer herabgesunken, damals Zeit brauchte, um wieder seinen Weg zu finden. Selbst in seiner Bevölkerungsentwicklung fiel er damals gegenüber Belgien weit zurück, wies er doch 1829 mit 2314000 Einwohnern gegenüber 3931000 in den belgischen Landesteilen noch nicht drei Fünftel der Einwohnerzahl des Südens auf.

Auch die Hebung der Volkskultur ließ sich Wilhelm I. angelegen sein. In den 15 Jahren seiner Regierung wurden allein in Belgien 1500 öffentliche Schulen und eine Anzahl Gymnasien gegründet, der Analphabetismus mit Nachdruck bekämpft und die Universitäten sowie die Brüsseler Akademie neu oder wieder errichtet. Trotzdem aber lief die staatliche Kulturpolitik[4] auf einen einzigen großen Mißerfolg hinaus. Schon im Norden kam es nicht zu überzeugenden Leistungen. Hausbackenheit und geistige Selbstgenügsamkeit beherrschten das Bild. Für den geistig selbständigsten und bedeutendsten Vertreter des Zeitalters, den antirevolutionären Romantiker Willem Bilderdijk (1756–1831), war an einer niederländischen Hochschule überhaupt kein Platz. Gleich seinem Schüler Isaac de Costa (1798 bis 1860) und einem weiteren markanten Vertreter des holländischen 19. Jahrhunderts, dem Historiker Guillaume Groen van Prinsterer (1801–1876), stand er innerlich vielmehr im Lager des sogenannten Réveil, einem dem Zeitgeist tief entgegengesetzten altkirchlich oder pietistisch gerichteten Konservativismus. Vollends Wilhelms Kirchenpolitik, die die Nederlandsche hervormde kerk zur eigentlichen Staatskirche zu machen strebte und unumwunden das ius majestaticum circa sacra völlig in Anspruch nahm, sollte durch die im Oktober 1834 vollzogene sogenannte Afscheiding und Rückkehr der Strenggläubigen zu der alten Gereformeerde kerk ein völliges Fiasko erleben.

So kann es nicht überraschen, daß Wilhelm I. noch weniger imstande war, mit der katholischen Kirche seiner südlichen Landesteile einen Modus vivendi zu finden. Auch ohne die Schärfen, die der aus Frankreich gebürtige und mit den Bourbonen sympathisierende Msgr. de Broglie als Primas von Belgien von vornherein in das beiderseitige Verhältnis brachte, wäre der Konflikt zwischen dem auf den Bahnen Josephs II. und Napoleons wandelnden und von liberal-doktrinären Ministern wie van Maanen beratenen Monarch und dem belgischen Katholizismus wohl unvermeidbar gewesen: Wilhelms Anspruch auf das Recht der Bischofsernennung; sein Bemühen, das staatliche Schulwesen auf Kosten des kirchlichen auszubreiten; namentlich sein Versuch, das höhere Schulwesen ganz zu verstaatlichen und selbst die Priesterausbildung durch die Schaffung eines zentralen Collegium Philosophicum in Löwen weitgehend unter seine Aufsicht zu bringen, seine Maßnahmen zur Einschränkung der religiösen Orden; vollends das ihm nachgesagte Ziel der Schaffung einer von Rom weitgehend unabhängigen katholischen Kirche nach Art der anglikanischen – diese Bestrebungen zeugen sämtlich von einer geistigen Grundhaltung des Königs, die es seinen neuen katholischen Untertanen sehr schwer machen mußte, sich in das neue Staatswesen einzuleben. Der Abschluß eines Konkordats mit Rom im Jahre 1827 brachte keine Besserung, da der Streit mit der grundverschiedenen Auslegung des Vertrages seinen Fortgang nahm. Dennoch steht außer Zweifel, daß die belgischen Bischöfe und ihre Mitarbeiter wie der Generalvikar und spätere Kardinal Sterckx bis zuletzt die Loyalität gegenüber dem König in keiner Weise verletzten, sondern um eine Beseitigung ihrer Beschwerdepunkte unter Aufrechterhaltung des gesamtniederländischen staatlichen Rahmens bemüht waren. So entwickelte sich der gegen die Regierung gerichtete Adressensturm 1828 anfangs ohne besondere Unterstützung durch den Klerus und ohne jede Billigung durch die kirchlichen Oberen. Noch als die Revolution bereits ausgebrochen war, hielten die Bischöfe an ihrer grundsätzlichen Loyalität gegenüber dem König fest. Ausdrücklich verwahrte sich der neue Lütticher Bischof, van Bommel, obwohl den Ideen Lamennais' zugetan, dagegen, daß man die Septemberrevolution von 1830 mit der Brabanter Revolution von 1789 gleichsetzte. Und während von Brüssel schon Kanonendonner herüberdrang, arbeitete der Mechelner Erzbischof, Graf de Méan, weiter am Ausgleich seiner Kirche mit dem König. Der Gedanke an Frankreich war keineswegs verlockend und der einer völligen Eigenstaatlichkeit noch nicht geboren. So ist gesichert, daß der Konflikt mit der katholischen Kirche in Belgien allein trotz seiner Schwere nicht zur Revolution und gewaltsamen Losreißung des Südens vom Norden[5] geführt haben würde. Diese wurde vielmehr herbeigeführt durch die radikalen Kräfte auf seiten der Liberalen und möglich gemacht durch das taktische Bündnis, das sie zuvor mit den publizistischen Wortführern des südniederländischen Katholizismus eingegangen waren.

Des Königs Verhältnis zu den liberal gesinnten Kräften im Süden hat im Laufe seiner Regierung große Veränderungen durchgemacht. Anfangs war man in diesen Kreisen durchaus geneigt, in ihm einen Bundesgenossen gegen den Klerikalismus zu sehen. Die das neue Grundgesetz bejahenden Stimmen kamen 1815 außer aus den östlichen Randgebieten, wo man froh war, der Einverleibung in die preußische Rheinprovinz entgangen zu sein, vornehmlich von liberaler Seite. Des Königs Kampf gegen die Macht der katholischen Kirche im öffentlichen Leben des Landes fand den liberalen Beifall, seine Wirtschaftspolitik bei vielen ebenfalls vorwiegend liberal gesinnten Industriellen Walloniens und Flanderns sowie in Antwerpen zum Teil geradezu begeisterten Widerhall. Zeugnis dafür sind u.a. im September 1830 aus Fabrikantenkreisen an den König versandte und sich entschieden gegen eine Trennung verwahrende Adressen, die in Antwerpen 370 und in Gent 700 Unterschriften auf sich vereinigen konnten, sowie die Existenz orangistisch gesinnter Zirkel weit über die Revolution hinaus. So konnte man in Kreisen der fremden Diplomaten noch Ende 1826 der Meinung sein, daß das neue Staatswesen seine Bewährungsprobe bestanden habe. Ein sprechendes Zeugnis dafür sind der ganz auf den Ton der Bewunderung gestimmte Bericht, den der österreichische Diplomat von Kaisersfeld im November 1826 der Wiener Regierung übersandte, und ein entsprechender Bericht seines preußischen Kollegen Graf Galen nach Berlin.

Der Stimmungsumschlag im Lande wurde hervorgerufen durch die zunehmende autoritäre Verhärtung Wilhelms I. samt den hinter seiner Politik stehenden belgischen Kreisen und vor allem durch den sich um 1827 vollziehenden Aufstieg einer in den kaiserlichen Gymnasien herangebildeten, von den Ideen des französischen Liberalismus durchdrungenen jungliberalen Führungsschicht von Anwälten und Journalisten. Sie ersetzte den überlieferten Kampf gegen den Klerikalismus durch die ihr zeitgemäßer erscheinende Forderung nach den klassischen liberalen Freiheiten, vor allem der Pressefreiheit, und fand mit ihren ausgezeichnet geleiteten Zeitungen alsbald auch über den Kreis ihrer engeren Gesinnungsgenossen hinaus starken Widerhall. So wurde sie zum Sprachrohr für alle in Belgien gegen Wilhelms Regiment bestehende Unzufriedenheit. Eine ihrer Quellen war das im Süden verbreitete, eigentlich von der Sache her kaum ganz berechtigte Gefühl, trotz seiner überlegenen Bevölkerungszahl und Wirtschaftskraft vom König und seinen Ratgebern hinter dem niederländischen Norden zurückgesetzt zu werden. Nicht weniger heftig verärgert war die französisch gebildete Oberschicht des Südens über Wilhelms staatspolitischen Rücksichten entsprungenen Versuch, in den flämischen Landesteilen die alleinige Geltung der niederländischen Sprache im öffentlichen Leben durchzusetzen und damit die frühere französische Sprachenpolitik für Flandern ins Niederländische zu übersetzen. In den gleichen Jahren, in denen sich damals in Frankreich schwere innere Konflikte vorbereiteten, steigerten sich die jungliberalen Kreise in Belgien in eine grundsätzliche Opposition gegen den König und den niederländischen Gesamtstaat hinein.

Die entscheidende Wendung zum Schlimmeren, die dem gesamten niederländischen Staatswesen zum Verhängnis werden sollte, trat ein, als sich die publizistischen Wortführer der Liberalen und der katholischen Opposition 1828 auf der Grundlage der gemeinsamen Forderung nach Freiheit zum Bündnis gegen Krone und Regierung zusammenfanden. »Bis jetzt haben wir die Jesuiten verfolgt: laßt uns nun einmal die Regierung verhöhnen, beschimpfen und verfolgen«, schrieb am 8. November 1828 der Populärste der Antiklerikalen, Louis de Potter, im führenden Brüsseler Oppositionsblatt, dem ›Courier des Pays-Bas‹. Den außerordentlichen Widerhall des bald nicht mehr nur als taktisch empfundenen Zusammengehens spiegelt die durchschlagende Wirkung von zwei an den König gerichteten öffentlichen Adressen wider: Die erste, vom November 1828, verband die katholische Forderung nach Freiheit des Unterrichts mit den liberalen Forderungen des Versammlungsrechts, der Pressefreiheit und der Schwurgerichte. Sie vermochte in kurzer

Zeit 40000 Stimmen auf sich zu vereinigen. Die zweite, vom November 1829, erhob die Forderung nach parlamentarischer Verantwortlichkeit der Minister und brachte es sogar auf über 300000 Unterschriften. Auch die katholische Opposition war nun in Bewegung geraten. Mancherorts stellten sich die Priester selber an die Spitze der Unzufriedenen. Die soziale Unzufriedenheit, die damals weite Kreise erfüllte, und die Erbitterung der Bevölkerung über die drückenden Verbrauchssteuern verschafften der Bewegung auch in der einfacheren Bevölkerung Brüssels und der gewerbereichen wallonischen Städte Widerhall. So wurde die Opposition zur Staatskrise, und es kam im europäischen Revolutionsjahr 1830, wenige Wochen nach der Pariser Julirevolution, zur Belgischen Revolution, zur Bildung einer provisorischen Regierung und zur Errichtung eines vom Norden unabhängigen Staates. Innerhalb der Bevölkerung aber erwuchs, parallel mit der politischen Verselbständigung, zwischen Frankophilie und Orangismus über alle Gegensätze hinweg ein spezifisch belgisches Bewußtsein. Der niederländische Norden reagierte darauf nicht einheitlich. In Amsterdamer Kaufmannskreisen betrachtete man die Losreißung des lästigen wirtschaftlichen Nebenbuhlers mit kaum verhehlter Genugtuung. Die Mehrheit der Bevölkerung aber unterstützte Wilhelm I. in seinem Bemühen, die »muitzieke Belgen« (aufrührerischen Belgier) wieder unter sein Regiment zu zwingen und war bereit zum »heiligen Streit«. Doch endete des Königs im August 1831 unternommener Versuch einer Wiedereroberung Belgiens durch das Dazwischentreten Frankreichs ohne Erfolg. Das Experiment der Wiedervereinigung aller niederländischen Gebiete in einem gemeinsamen Staat war gescheitert.

Die Entstehung eines selbständigen belgischen Staatswesens wurde möglich, weil die am 18. November 1830 vom belgischen Nationalkongreß einstimmig proklamierte Unabhängigkeit von den am 4. November zur Londoner Konferenz zusammengetretenen Mächten England, Frankreich, Preußen, Österreich und Rußland in den Protokollen vom 20. Dezember 1830 und 20. Januar 1831 zunächst grundsätzlich akzeptiert und nachfolgend vertraglich bestätigt wurde (Vertrag der 18 Artikel vom 26. Juni 1831; Vertrag der 24 Artikel vom 14. Oktober 1831 und Schlußverträge vom 19. April 1839). Für Frankreich bedeutete der bereits in Wien von Talleyrand vorausgesagte Wiederzerfall der Vereinigten Niederlande die Sprengung des 1815 um seine Nordflanke gelegten Sicherheitsgürtels; England konnte sich damit anfreunden und die neue Lösung tatkräftig vorantreiben, da es inzwischen zum Staate Louis-Philippes ein freundschaftliches Verhältnis gewonnen hatte und vor allem Belgiens Selbständigkeit sein Aufgehen in Frankreich zu verhindern verhieß; von den drei Ostmächten aber wagte es insbesondere Preußen nicht, zugunsten des niederländischen Königs, der seine Lage durch Starrköpfigkeit noch weiter verschlechterte, zu intervenieren und damit einen neuen europäischen Krieg zu entfesseln. Den Notwendigkeiten des angestrebten europäischen Gleichgewichts wurde Rechnung getragen durch die Festlegung einer immerwährenden bewaffneten Neutralisierung Belgiens und deren kollektive Garantierung durch die Mächte. Auch König Wilhelm I. erkannte nach achtjährigem Sträuben im Februar 1839 schließlich die in den 24 Artikeln festgelegte Regelung an[6].

Ob die Entwicklung so verlaufen mußte, ist eine viel erörterte Frage. Daß der Wiederzerfall des Vereinigten Königreichs[7] unvermeidlich war, glauben diejenigen, die der Meinung sind, daß die beiderseitigen Nationalcharaktere 1815 im wesentlichen bereits endgültig ausgeprägt waren. So urteilte Pirenne und mit ihm eine ganze Reihe anderer belgischer und niederländischer Historiker. Nord und Süd hätten sich damals schon viel zu weit auseinandergelebt, als daß sie überhaupt noch ein gemeinsames Staatswesen hätten bilden können: »Es gab nichts Gemeinsames mehr zwischen ihnen. Nach so langer Trennung plötzlich wieder vereinigt, betrachteten sie sich, ohne sich wiederzuerkennen und mit nur zu verständlichem Mißtrauen. Verhaßt den Belgiern, war die Vereinigung auch den Holländern nicht sympathischer.« Es sei eine Vereinigung völlig ungleichartiger Teile gewesen. Anderer Ansicht sind hingegen alle, die von der fortwirkenden Realität der Nord und Süd gemeinsam umfassenden niederländischen Sprach- und Kulturgemeinschaft überzeugt sind. Für sie war der Mißerfolg der Wiedervereinigung nur die Folge vermeidbarer politischer Irrtümer. Verfehlt war nach ihnen nicht das Prinzip der Vereinigung als solches, sondern der dabei eingeschlagene Weg. Es ist jedoch ein gesichertes Ergebnis der Forschung, daß generalisierende Gegenüberstellungen von Nord und Süd die Dinge zu sehr vereinfachen. So stehen im Norden neben den Amsterdamer Kaufleuten und den protestantischen Befürwortern einer Politik der Stärke gegenüber dem aufständischen Süden die mehr vermittelnden Generalitätslande. Vor allem aber ist im Süden nicht nur zwischen den relativ kleinen orangistisch gesinnten Wirtschaftskreisen und der Masse der übrigen Bevölkerung zu unterscheiden, sondern außerdem zwischen dem Gros der wallonischen Gebiete und Brüssel auf der einen Seite und den flämischen Provinzen auf der anderen. So tief die Verbitterung über des Königs Kirchen- und Schulpolitik bei den Flamen auch sein mochte – am eigentlichen Aufstand nahmen sie doch nur geringen Anteil. Im Unterschied zum Bauernkrieg der Jahre 1798/99 war die Belgische Revolution ein Werk vorwiegend der Gebiete und Schichten, die einst im Kampf gegen die Franzosen abseits gestanden hatten. Einen spezifisch belgischen Nationalismus gab es bei der überwältigenden Mehrheit der flämischen Bevölkerung damals ebensowenig wie ein lebendiges Bewußtsein einer Nord und Süd umspannenden niederländischen Volksgemeinschaft. Der zur Trennung führende Konflikt wurde ausgelöst durch das an den aufgeklärten Absolutismus des 18. Jahrhunderts erinnernde Verhalten des Königs: sein trotz aller liberalen Allüren zu selbstherrliches und zuweilen geradezu willkürliches Regiment; seinen und seiner Mitarbeiter doktrinären Rationalismus, der immer nur auf die Stärkung der Staatsautorität bedacht war und dabei jegliches Gefühl für geschichtliche Imponderabilien vermissen ließ, so daß er ständig die innersten Gefühle der neuen Untertanen verletzte. Umstritten ist, wieweit man darüber hinaus von einer grundsätzlichen Bevormundung der südlichen Provinzen in politischen Fragen reden darf oder ob die entscheidenden Gegensätze mehr innerbelgischer Natur gewesen sind.

Derart verhängnisvoll auswirken konnten sich all diese Dinge aber nur, weil auch die Struktur des 1814/15 von den verbündeten Mächten geschaffenen gesamtniederländischen Staatswesens als solche eine Fehlkonstruktion gewesen war. Um es für seine gegenüber Frankreich zugedachte Barriererolle möglichst kräftig zu machen, sollte das vereinigte Königreich nach dem Willen der Mächte ein Einheitsstaat mit dem Übergewicht des Fürsten sein anstelle eines Bundesstaats oder Staatenbundes mit einem echten Gegengewicht der Organe der Volksvertretung gegenüber der Regierung. Hier lag der Kardinalfehler. Schon in den Ende 1813 für Wilhelm I. verfaßten, allerdings wohl kaum von ihm wirklich zur Kenntnis genommenen ›Grundzügen einer Verfassung Niederlands‹ hatte Barthold Georg Niebuhr mit sicherem historischen Gefühl davor gewarnt und betont, daß es für die zusammenzufügenden Volksteile »nichts Verderblicheres ... geben würde, als die Verschmelzung durch die Einheit«. »So hat man Holland und Belgien durch Vereinigung unvereinbar gemacht«, urteilte nach dem Auseinanderbruch auch der nordniederländische Historiker Groen van Prinsterer. Daß beide sich nicht täuschten, bestätigten manche der Revolutionäre selber. So schrieb De Potter, der liberale Wortführer der Revolution, in seiner berühmten ›Lettre de démophile au roi‹ 1829 die von dem führenden katholischen Publizisten Bartels mit Zustimmung zitierten Sätze: »Bestimmt über Eure Art zu denken, Eure Kultur, Eure Schulen, wie es Euch richtig scheint und laßt uns die Freiheit, über die unsrigen zu bestimmen. Behaltet Eure Sitten, Eure Gewohnheiten, Eure Sprache und laßt uns unsere Sprache, unsere Gewohnheiten und unsere Sitten. Macht Gesetze lediglich zum Besten Eures Handels, und wir werden dasselbe tun für unsere Landwirtschaft und unsere Industrie. Wenn wir nicht länger in einer gemeinschaftlichen Quälerei, die unerträglich geworden ist, vereinigt sind, werden wir mehr denn je Verbündete, Landsleute und Brüder sein, innig vereint für unsere Verteidigung als Nation ... Indem wir aufhören, eine Einheit zu sein, werden wir nicht weniger unteilbar sein.«

In der Diskussion über die Lebensfähigkeit der gesamtniederländischen Staatsschöpfung von 1815 ist das letzte Wort noch nicht gesprochen. Sicher ist lediglich, daß das dabei angewendete zentralistische Prinzip zum Scheitern verurteilt war. Anderes hingegen erwies sich als zukunftsträchtig. So hat unser Jahrhundert mit dem Zusammenschluß Belgiens, der Niederlande und Luxemburgs zur Wirtschaftsgemeinschaft der Benelux den Teil des Lebenswerks Wilhelms I., an den dieser seine besten Kräfte gesetzt hatte, noch nachträglich als sinnvoll und fruchtbar anerkannt.

[1] Schaffung des Vereinigten Königreichs, allgemein: J. Willequet in: AGdN, Bd. 9, Kap. 7 u. S. 455 ff.; J. C. Ramaer, Het Koninkrijk der Nederlanden, 1815–1931 (= Geschiedk. atlas van Ned. 17, 1931). – Quellen: H. T. Colenbrander, Gedenkstukken. Bde 6 u. 7, sowie ders., Ontstaan der Grondwet. Bronnenverzameling. 2 Bde (RGP, Kleine Serie 1, 2). – Diplomatische Verhandlungen: G. J. Renier, Great Britain and the Establishment of the Kingdom of the Netherlands 1813–1815 (1930). Für Wilhelms I. Rheinische Pläne zu ergänzen durch E. M. Klingenburg, Die Entstehung der deutsch-niederländischen Grenze im Zusammenhang mit der Neuordnung des niederländisch-niederrheinischen Raumes 1813–15 (1940), sowie H. Fischer, Die oranischen Erblande und die Vergrößerung der Niederlande 1813–15 (1936). – Prinz Wilhelms im Text erwähnter Brief vom 28. Jan.

1796 in: Colenbrander, Gedenkstukken, Bd. 2, S. 892, Anm. 2.

[2] Innere Entwicklung: Quellen: Colenbrander, Gedenkstukken, Bde 7–10, 1813–40; dazu für 1830: C. Gerretson, Muiterij en scheuring. 2 Bde (1936), u. Dom. A. Smits OSB, Instructies aan en rapporten van gouverneurs uit 1830. In: BijdrMededHistGenootschapUtrecht 67 (1948), S. 157–359. Darin enthaltene Berichte der Gouverneure aus den südl. Provinzen u. Gesamtübersicht über die Quellenlage. – Darstellungen: L. G. J. Verberne in: Geschiedenis van Nederland. Hg. v. H. Brugmans. Bd. 7 (1937); M. Lamberty in: Geschiedenis van Vlaanderen. Hg. v. R. v. Roosbroeck. Bd. 6 (1949), sowie R. Demoulin in: AGdN, Bd. 9 (1956), Kap. 8 und 10. Dort auch S. 456–463 ausführl. Quellen- u. Lit.nachweise, insbes. die älteren Darstellungen. Nachträge: RechHist, S. 439f. – Hervorhebung der innerbelgischen Gegensätze: A. J. Vermeersch, Verenigung en Revolutie. De Nederlanden 1814–1830 (1970), dazu E. H. Kossmann in: BijdrMededGNederl 85 (1970), S. 387, und ders., Low Countries. Abschnitt III, 2 und 3.

[3] Wirtschaftspolitik: Ch. Terlinden, La politique économique de Guillaume Ier. In: RH 139 (1922), S. 1–40; dazu: R. Häpke in: VjschrSozialWirtschG 17 (1924), S. 152ff. M.-G. de Boer, Guillaume Ier et les débuts de l'industrie métallurgique. In: RevBelgPhilolHist 3 (1924), S. 527–552, und ders., Leven en bedrijf van G. M. Roentgen (1923); J. Demoulin, Guillaume Ier et la transformation économique des provinces belges (1938). – Roentgens Gutachten vgl. in: EconHistJb 9 (1923); der im Text zitierte Ausspruch Wilhelms I. nach Verberne, Nederland, S. 157. – Industrialisierung der nördl. Niederlande: Statistieken van de Nederlandsche nijverheid uit de eerste helft der 19e eeuw. Hg. v. I. J. Brugmans. 2 Bde (1956 = RGP 98); dazu: L. Beutin in: VjschrSozialWirtschG 44 (1957), S. 121–134. – Rheinschiffahrt: P. I. Bouman, Rotterdam en het Duitsche achterland (1931), sowie Verberne, Nederland, S. 122ff. – Einwohnerzahlen 1829 nach H. Pirenne, Histoire de Belgique. Bd. 6 (1926), S. 348.

[4] Kirchen- und Kulturpolitik: Verberne, Nederland, Kap. 1, sowie AGdN, Bd. 9, Kap. 9 und 12; Ch. Terlinden, Guillaume Ier et l'église catholique en Belgique. 2 Bde (1906); A. Simon, Le cardinal Sterckx et son temps (1950), insbes. Teil 1, Kap. 3. – Schulpolitik: J. de Nooy, Eeenheid en vrijheid in het nationale onderwijs onder koning Willem I (Diss. Utrecht 1939). – Sprachenpolitik: A. de Jonghe, De taalpolitiek van koning Willem I ([2]1967). Dazu: M. Deneckere, Histoire de la langue française dans les Flandres 1770–1823. In: HandelingenMaatschappijGOudheidKdeGent VI–VIII (1952–1954), S. 204. – Liberaler Katholizismus: H. Haag, Les origines du catholicisme libéral en Belgique (1950).

[5] Revolutionsereignisse: Zusammenfassende Übersicht von R. Remoulin u. H. van Werveke in: AGdN, Bd. 9, Kap. 11; Quellen u. Schrifttumsnachweise: S. 465ff. Ergänzungen in: RechHist, S. 460ff.; Kossmann, Low Countries, Abschnitt IV, 1, 2, 3. – Haltung der flämischen Landesteile: A. Smits, De scheuring van het Verenigd Koninkrijk en de houding van het Vlaamse land in 1830 (1850), und die sich daran anschließende Kontroverse mit J. Dhondt in: De Vlaamse Gids 35 (1951). Bei Smits, De Scheuring, S. 336ff. auch Angaben über die Geisteshaltung des Nordens. – Flugschriften: W. P. C. Knuttel, Catalogus VI (1910), Nr. 25914 u. 26225. – J. Stengers, Sentiment national, sentiment orangiste et sentiment français à l'aube de notre indépendance. In: RevBelgPhilolHist. 28/29 (1950/51).

[6] Aus der umfänglichen Lit. zum Problem seien genannt: Fl. de Lannoy, Histoire diplomatique de l'indé-

pendance belge (1930); A. de Ridder, Histoire diplomatique du traité de 1839 (1919), u. H. Lademacher, Die belgische Neutralität als Problem der europäischen Politik.

[7] Gründe für das Scheitern der Wiedervereinigung: Das im Text angeführte Pirenne-Zitat vgl. in ders., Histoire de Belgique, Bd. 6, S. 246. Ähnlich J. Demoulin in: AGdN, Bd. 9, S. 223f. Abweichend van Werveke, ebd., S. XII, u. Lamberty in: Geschiedenis van Vlaanderen, Bd. 6, S. 48ff. – B. G. Niebuhr, Grundzüge der Verfassung Niederlands, in der Urfassung französisch, wurde in deutscher Übers. 1852 von seinem Sohn Marcus posthum herausgegeben. Bei der Ausarbeitung der niederl. Verfassung hat die Schrift keine Rolle gespielt; vgl. Colenbrander, Ontstaan der Grondwet Bd. 1, Einl. S. XIXf. – Das Urteil Groens van Prinsterer in: Handboek van de geschiedenis van het Vaderland. Bd. 2 (1852), S. 996. – De Potters Ausspruch nach Demoulin in: AGdN, Bd. 9, S. 222. Entsprechend hielt A. Bartels, Documents historiques sur la révolution belge ([2]1836). Vorrede S. VIIIf. bei einer Föderalisierung die dauernde Vereinigung von Nord und Süd für möglich. – Abweichend J. B. Nothomb, Essai historique et politique sur la révolution belge ([4]1876) mit der interessanten Begründung, daß bei einem Ausbleiben der Revolution von belgischer Seite durch die Anziehungskraft, die Belgien auf das katholische Nordbrabant ausübte, die Mehrheit im Vereinigten Königreich eines Tages auf Belgien und Nordbrabant übergegangen wäre u. dann Holland revoltiert hätte (S. 72f.).

c. Luxemburg (1814–1830)

Luxemburg wurde nach der deutschen Besetzung 1814 zunächst der neu gebildeten Provinz Mittelrhein und später dem neuen Generalgouvernement Mittel- u. Niederrhein zugeteilt, dann aber vom Wiener Kongreß als Bundesstaat des Deutschen Bundes König Wilhelm der Niederlande zum Ersatz für seine nassauischen Erblande als Großherzogtum unterstellt; die Stadt Luxemburg wurde deutsche Bundesfestung mit gemeinsamem preußisch-niederländischem Besatzungsrecht. Ein 1816 zwischen Preußen und den Niederlanden geschlossener, 1819 von den übrigen Mächten bestätigter Vertrag sah für Preußen die Ernennung des Militärgouverneurs und die Stellung von 3/4 der Besatzung vor, für den niederländischen König die Stellung von 1/4 der Besatzung und die volle Staatshoheit über Stadt und Festung Luxemburg. Als Mitglied des Deutschen Bundes hatte Luxemburg selber ein Bundeskontingent von etwa 2000 Mann zu stellen, die in Echternach, Ettelbrück und Diekirch stationiert wurden. Die innere Neuordnung des Landes und die Regelung seines Verhältnisses zu den Niederlanden wurden dem Ermessen Wilhelms I. überlassen.

Dieser suchte, so charakterisiert der luxemburgische Historiker Margue sein Verhalten, »alles auszuschalten, was einem völligen Aufgehen Luxemburgs im neuen Königreich der Niederlande hinderlich sein konnte. Dazu gehörte auch, sogar den Umständen nach in erster Linie, alles, was Luxemburg mit Deutschland verbinden konnte. Der völkische Charakter eines Teiles der Bewohner, die Art der luxemburgischen Sprache im früheren germanischen Bezirk, die Zugehörigkeit des Ganzen zum Deutschen Bunde, das alles waren Dinge, die dem politischen Gedanken des Königs widerstrebten: Luxemburg durfte möglichst wenig Deutsches an sich haben, wenn es belgisch-niederländisch werden und bleiben sollte. Daher nun die vorläufige Bekämpfung aller deutsch gerichteten Einflüsse: Manche Beschlüsse der Frankfurter Bundesversammlung wurden in Luxemburg nicht veröffentlicht, ... der Einfluß der deutschen Sprache wurde zurückgedrängt, Französisch blieb praktisch die alleinige Amtssprache, Deutsch wurde an den höheren Schulen zuerst gar nicht, später nur nebenbei als Wahlfach betrieben, dagegen Holländisch zuletzt sogar in der Volksschule eingeführt. Der Erfolg war zwar nicht sonderlich, wenigstens nicht im Sinne der königlichen Politik, aber noch immer ließ sich der Luxemburger alles gefallen, namentlich, weil einer gewissen intellektuellen Oberschicht die Bekämpfung des Deutschtums eher zusagte. 15 Jahre wurden so die Luxemburger als belgische Niederländer angesehen und behandelt, und es war kein Wunder, daß sie sich schließlich selber als solche vorkamen.« Im Wirtschaftsleben löste die staatliche Verbindung mit den Niederlanden eine allgemeine schwere Krise aus. Zahlreiche Familien wanderten deshalb nach Amerika aus. Der Belgischen Revolution schloß sich die Mehrheit der Bevölkerung an, allerdings erst nachträglich im Oktober 1830 und ohne größere Eigeninitiative. Jetzt endlich verlieh Wilhelm I. dem Lande durch königlichen Beschluß vom 31. Dezember 1830 eine gewisse Autonomie, die zum Ansatzpunkt für ein eigenständiges politisches Bewußtsein werden konnte[1].

[1] P. Müllendorf, Das Großherzogtum Luxemburg unter Wilhelm I. (1815–1840); A. Calmès, Le grand-duché de Luxembourg dans le royaume des Pays-Bas, 1813–1830 (1933), u. ders., Le grand-duché de Luxembourg dans la révolution belge (1939); W. V. Franqué, Luxemburg, die belgische Revolution und die Mächte (1933); N. Margue, Luxemburger Nationalgefühl.

d. Belgien (1830–1865)

Über die Grenzen der aus der Belgischen Revolution hervorgegangenen beiden niederländischen Staaten entschied die Londoner Konferenz im Vertrag der 24 Artikel[1]: Das ehemalige Staats-Vlaanderen, Nordbrabant und der Nordteil der Provinz Limburg verblieben beim niederländischen Norden, und zwar (mit Ausnahme von Maastricht und Venlo) als besonderes Herzogtum und Mitglied des Deutschen Bundes. Entsprechend wurde auch Luxemburg geteilt und die deutschsprachige Osthälfte mit Ausnahme des zu Belgien geschlagenen Kreises Arlon weiterhin als selbständiges, dem Deutschen Bund angehörendes Großherzogtum dem persönlichen Regiment Wilhelms I. unterstellt. Auf den Thron berief der Nationalkongreß in Leopold I. einen Angehörigen des Hauses Koburg, nachdem die Wahl eines Bourbonenprinzen wegen der sich daraus ergebenden zu engen Bindungen Belgiens an Frankreich von der Londoner Konferenz zurückgewiesen worden war.

Seine verfassungsmäßige Grundlage erhielt das neue Staatswesen in der am 7. Februar 1831 durch den Nationalkongreß beschlossenen Konstitution[2]. Für über ein halbes Jahrhundert wurde diese zum Ideal und vielfach nachgeahmten Modell aller parlamentarischen und liberalen Verfassungen in Europa. Sah der liberale Zeitgeist doch in ihr das Prinzip der Selbstregierung der Nation in der reinsten damals denkbaren Form verwirklicht. Der Kongreß war in seiner Mehrheit republikanisch gesinnt und entschied sich vorwiegend nur aus außenpolitischen Rücksichten für die Aufrechterhaltung der Monarchie. Infolgedessen wurde Belgien nach der treffenden Kennzeichnung eines Zeitgenossen in Wirklichkeit eine »republikanische Monarchie«, d. h. eine Art Mittelding zwischen einer Monarchie und einer Republik. Artikel 25 seiner Verfassung verkündet das Prinzip der Volkssouveränität in noch absoluterer Form als ihr französisches Vorbild von 1789. Das darin gemeinte Volk war freilich nicht das Volk im heutigen demokratischen Sinne, sondern, in Übereinstimmung mit den Anschauungen der Zeit, in erster Linie das gutsituierte Bürgertum: Das Wahlrecht wurde ganz im Sinne des damals auch in England und Frankreich geltenden Zensussystems an bestimmte Vermögens- oder Einkommensvoraussetzungen gebunden. Die Höhe des Zensus variierte zwischen einem Mindestsatz von 20 Gulden für einen Teil der Landbewohner und 80 Gulden für die Einwohner von Gent,

Brügge und Antwerpen. Anders als in Frankreich gab es dabei für die geistige Oberschicht keine Sonderregelung. Im ganzen beschränkte sich die Zahl der Wahlberechtigten bis gegen Ausgang des Jahrhunderts auf nur 1 bis 2 Prozent der Bevölkerung. Das belgische Königtum ist das Musterbeispiel einer parlamentarisch beschränkten Monarchie. Allein im Auftrag der Nation übt sein jeweiliger Inhaber sein Amt aus. Vor dessen Auftritt hat er sich eidlich auf die Verfassung zu verpflichten. Nur im Einklang mit den parlamentarischen Körperschaften kann er sein Regiment führen. Er ist zwar der höchste Repräsentant des Staates, das Symbol seiner Selbständigkeit und die Spitze der Exekutive, jedoch bedarf jede seiner Verfügungen zu ihrer Gültigkeit der Gegenzeichnung durch einen Minister. Diese aber sind in jeder ihrer Handlungen dem Parlament verantwortlich und an sein Vertrauen gebunden. Auch die Macht der staatlichen Bürokratie wurde aufgrund der vorangegangenen Erfahrungen mit dem Vereinigten Königreich tunlichst beschnitten. Noch heute ist in Belgien der Respekt, den man dem Staat und der öffentlichen Verwaltung entgegenbringt, nicht sonderlich groß. In Übereinstimmung mit dem Geist der Verfassung galt und gilt nur die von der Bevölkerung immer wieder selbst gewählte Autorität als die einzig natürliche. Gemäß der zu jener Zeit vorherrschenden Übung entschied sich der Nationalkongreß für das Zweikammersystem: Neben die Abgeordnetenkammer, zu der jeder Staatsbürger wählbar war, trat ein lediglich dem Bürgertum vorbehaltener Senat. Der Adel verfügt über keinerlei Privilegien mehr. Im Rechtswesen folgte man wie in der Finanzverwaltung dem auf Napoleon zurückgehenden Beispiel. Besonders angelegen sein läßt sich die belgische Verfassung eine reinliche Trennung der Gewalten. Die Stellung des Parlaments ist stark, Kenner sind jedoch der Meinung, daß in Fällen des Konflikts der drei Gewalten das Schwergewicht der Zuständigkeit eher der richterlichen Gewalt zuneigt. Wiederholt haben jedenfalls die Juristen in innerpolitischen Krisen durch ihren Spruch die Lage entschieden, und ihr Ansehen ist groß. Die Einflußmöglichkeiten des Königtums haben sich jedoch unter den ersten Koburgern als größer erwiesen, als man nach dem Wortlaut der Verfassung annehmen könnte. Insbesondere Leopold I. (1831–1865)[3] kommt dank seiner weitgespannten verwandtschaftlichen Beziehungen, vor allem aber dank seinem diplomatischen Takt und Geschick ein nicht geringer Anteil an der Konsolidierung des belgischen Staatswesens und der Festigung der europäischen Stellung des Landes zu. Pirenne nennt ihn daher den zweiten »conditor Belgii« (nach Herzog Philipp d. Guten von Burgund im 15. Jahrhundert) und sieht in ihm das bedeutendste Beispiel eines konstitutionell beschränkten Monarchen, das die europäische Geschichte kennt. Das Verhältnis zwischen staatlicher Einheit und landschaftlicher Autonomie – dieses alte Zentralproblem der niederländischen Geschichte – wurde durch die Februarverfassung in einer Weise gelöst, die zwar in mancher Hinsicht die alten niederländischen Traditionen fortsetzt, in entscheidenden anderen Punkten jedoch die geistige Abhängigkeit dieser Verfassung von den Ideen der Französischen Revolution und der 1830 von der französischen Julirevolution neu redigierten französischen Verfassung deutlich erkennen läßt: Auf der kommunalen Ebene wurde dem überlieferten niederländischen Autonomiebedürfnis Rechnung getragen. Hingegen verzichtete man darauf, die für die politische Willensbildung und das nationale Leben des Landes nicht minder wichtige Autonomie der Provinzen in dem einstigen Umfang wiederherzustellen. Auch unabhängig geworden, behielten die südlichen Niederlande das Prinzip des Einheitsstaates bei, das die französische Herrschaft dem Lande auferlegt und an dem nach 1815 auch König Wilhelm I. festgehalten hatte. Die Folgen dieser Maßnahme für die weitere politische Entwicklung in Belgien waren weitreichend: Einerseits förderte sie die staatliche, wirtschaftliche und soziale Integration der Teile, andererseits aber wurde sie eine der Hauptursachen für die spätere Ausweitung der flämischen Frage zu einem zeitweise das gesamte nationale Leben überschattenden, noch heute nicht endgültig gelösten Problem.

Ein weiterer charakteristischer Zug der belgischen Verfassung ist ihr konsequenter Liberalismus in der Regelung der wichtigsten Bereiche des öffentlichen Lebens. Der Staat begab sich des Rechtes nicht nur auf die Beherrschung, sondern auf jede Kontrolle der Presse, der öffentlichen Meinung, der religiösen Betätigung, des Schulwesens, des Sprachgebrauchs usw. Wohl waren sich die Liberalen darüber im klaren, daß damit entscheidende Bereiche des öffentlichen Lebens dem vorherrschenden Einfluß der Kirche ausgeliefert wurden, doch trugen sie der Tatsache Rechnung, daß nur um diesen Preis die Zusammenarbeit mit dem katholisch gesinnten Teil der Bevölkerung zu erhalten war, der der selbständige belgische Staat seine Entstehung verdankte. In diesem formal ganz auf das Prinzip der

Freiheit abgestellten Bündnis schwebte freilich den beiden Partnern für die Gestaltung der Verhältnisse im Innern des Landes nach wie vor ein durchaus verschiedenes Leitbild der Freiheit vor: Die Liberalen erstrebten sie als Wegbereiterin einer rein laïzistisch verstandenen bürgerlichen Gesellschaft, die Katholiken hingegen als Garantie für ihr Streben nach einer kirchlichen Ordnung aller Verhältnisse. Der weltanschauliche Gegensatz zwischen den beiden Auffassungen blieb unüberbrückt. In der politischen Praxis aber gaben Katholiken und Liberale gleichwohl ein erstes eindrucksvolles Beispiel für die Möglichkeit einer schiedlich-friedlichen Koexistenz. Sie lieferten den Beweis, daß man auch bei verschiedener Grundeinstellung völlig gleichberechtigt und mit gleichen Chancen nebeneinander leben und sich entfalten kann, ohne sich gegenseitig auf Schritt und Tritt zu verketzern. Es genügte dem Kongreß nicht, die Freiheit des Bekenntnisses zu statuieren. Er befreite auch die Ausübung des Gottesdienstes für alle Religionen und Denominationen von jeder Kontrolle: Kein Orden, keine Bruderschaft oder welche religiöse Vereinigung sich immer bilden oder niederlassen wollte, bedurfte dafür noch einer besonderen staatlichen Genehmigung. Es gab auch kein Konkordat mehr. Darüber hinaus verfügte die Verfassung die völlige Trennung von Kirche und Staat auch im Finanziellen. »Es gibt hinfort«, so umriß einer der führenden Köpfe der Revolution, J.B. Nothomb, ihr Verhältnis, »nicht mehr Beziehungen zwischen dem Staat und der Religion als zwischen der Religion und der Geometrie«. Ebenso vollständig war die Abdankung des Staates auf dem Gebiet des Unterrichts – hier allerdings nicht ohne gewisse Widerstände der militanten Antiklerikalen, die wohl sahen, wie man damit die einst gerade vom Liberalismus begrüßten laïzistischen Grundsätze Wilhelms I. wieder preisgab. Aber auch das in diesem Punkte nicht durchbrochene Ideal der belgischen Verfassung war nun einmal der liberale oder, wie seine Kritiker meinten, der »Nachtwächterstaat«, der seinen Einfluß, soweit immer möglich, zugunsten der Gesellschaft beschränkte.

Vergleicht man die durch die Revolution von 1830 verwirklichten staats- und kulturpolitischen Prinzipien in Belgien mit denen der Brabanter Revolution, so ist in gewisser Hinsicht unverkennbar, welch tiefgreifende Wandlung sich inzwischen in den südlichen Niederlanden vollzogen hatte. In wichtigen Punkten entsprach nämlich das nun Geschaffene den Idealen des aufgeklärten Reformers Joseph II., gegen die sich das Land vier Jahrzehnte zuvor noch so leidenschaftlich zur Wehr gesetzt hatte – man denke nur an den politischen Zentralismus und das nunmehr auch von den konservativen Schichten akzeptierte Prinzip der Trennung von Kirche und Staat. Ein grundlegender Unterschied gegenüber dem von Joseph II. angestrebten Staatsgebilde besteht aber andererseits darin – und das allein machte die belgische Februarverfassung von 1830 für alle annehmbar –, daß nunmehr der omnipotente Staat abgedankt hatte und durch den liberalen Staat ersetzt war, der, soweit immer möglich, hinter der Gesellschaft zurücktrat. Und in dieser Gesellschaft sprachen noch immer die Kräfte ein entscheidendes Wort mit, die auch hinter der Brabanter Revolution von 1789 gestanden hatten.

Der Sieg der Belgischen Revolution war möglich geworden durch das Bündnis der katholischen und liberalen Kräfte des Landes[4]. Desgleichen beruhte darauf die weitere Konsolidierung des Staates im Innern. Mehr als ein halbes Jahrhundert hindurch wurde das belgische parlamentarische Leben dank dem Zensussystem, das den Einfluß des liberalen Bürgertums in einzigartiger Weise begünstigte, ausschließlich von diesen beiden Kräften bestimmt. In ihrem Verhältnis zueinander überwog bis in die zweite Hälfte der 40er Jahre in Nachwirkung der gemeinsam durchkämpften Revolution das Verbindende. In beiden Kammern herrschten die Vertreter der Mitte, die in der Bewahrung und in weiterem Ausbau der durch die Verfassung gelegten Grundlagen ihre höchste Aufgabe erblickten. Die Ministerien waren teils gemischt, teils unionistisch und auch in ihren Regierungsgrundsätzen überparteilich. Die katholische Rechte war weiterhin von den Idealen eines liberalen Katholizismus erfüllt, wie sie unter dem Einfluß des zeitweiligen Kongreßpräsidenten de Gerlache, des unionistisch gesinnten Kreises um den Mechelner Erzbischof Méan und der Ideenwelt des französischen Reformers Lamennais[5] seit dem Ende der 20er Jahre im belgischen Katholizismus zum Durchbruch gekommen waren. Der liberalen Linken hingegen fehlte zunächst überwiegend noch der scharfe antiklerikale Akzent. In ihrer Mehrheit bestand sie noch aus praktizierenden Liberalen oder solchen, die den katholischen Auffassungen zum mindesten mit Respekt begegneten. Gegenseitige Toleranz bestimmte das innerpolitische Klima, und Leopold I. tat aus Gründen der Staatsraison sein möglichstes, die unionistischen Tendenzen zu fördern. Allmählich freilich verschärften sich die Gegensätze zwischen den beiden weltanschaulichen Lagern. Schon die Gründung der katholischen Universität Löwen und der liberalen Gegenuniversität Brüssel 1834/35 waren dafür erste Vorboten. Elf Jahre später führte die Bildung eines ausgesprochen katholischen Ministeriums zum festen Zusammenschluß aller liberalen Kräfte und zu einer energischen Verfechtung der laïzistischen Ideale in Schule und Staat. Nur ganz vorübergehend bewirkten die außenpolitischen Gefahren des europäischen Revolutionsjahres 1848, in der sich Belgien dank seiner freiheitlichen Verfassung als die »ruhigste Ecke des Kontinents« bewährte, ein Wiederaufleben der Union. Mit dem allmählichen Ausscheiden der gemäßigt liberalen Revolutionsgeneration vom Typ Rogiers und dem Vordringen des doktrinären Liberalismus trat an die Stelle des Unionsgedankens ein schärferer Antagonismus zwischen Katholiken und Liberalen. Freidenkertum und Antiklerikalismus hier, Ultramontanismus dort, gerieten nun auch in Belgien heftig aneinander. Zugleich kam es 1864 auch von katholischer Seite zu einem strafferen Parteizusammenschluß.

Worin sich alle maßgebenden politischen Kräfte mit dem Königtum und dem ganzen Lande auch dann weiter einig blieben, war die Befolgung einer europäischen Politik, die im Einklang sowohl mit den durch die Londoner Verträge übernommenen internationalen Verpflichtungen als auch im wohlverstandenen nationalen eigenen Interesse das Ziel einer »neutralité sincère, loyale et forte« zum obersten Inhalt hatte. Mit Takt und Geschick verfolgte Belgien die dadurch vorgezeichnete außenpolitische Linie in allen es berührenden europäischen Fragen und Krisen. Frankreichs Versuch, Belgien mit Hilfe eines Zollanschlusses von sich abhängig zu machen zu Beginn der vierziger Jahre; die umgekehrte Gefahr durch eine zu enge Bindung an den Zollverein kurz danach; 1848 der Invasionsversuch sozialrevolutionärer französisch-belgischer Gruppen; der Krimkrieg 1853–1856, bei dem England und Frankreich hartnäckig versuchten, Belgien zu einer dem Geiste einer allseitigen Neutralität widersprechenden Begünstigung ihrer Politik zu verlocken; der von Rußland unternommene Versuch der Begründung eines Propagandaorgans auf belgischem Boden 1855 und nicht zuletzt die immer wieder neu ansetzenden Bemühungen Napoleons III. zu einer endgültigen Beseitigung der 1815 an Frankreichs Nord- und Nordostgrenze errichteten politischen Ordnung – all diesen Gefahren, durch die es in irgendeiner Weise auf die eine oder andere Seite gezogen werden konnte, begegnete Belgien mit einer Politik, die bei allem Entgegenkommen in der Praxis (zum Beispiel durch den Abschluß von Zollverträgen mit dem Zollverein 1844, mit Frankreich 1845, mit Holland 1846) letztlich darauf abzielte, seine Neutralität aus einem einseitig im Interesse der Großmächte geschaffenen Instrument nun umgekehrt zu einem Grundprinzip und Wahrzeichen der europäischen Ordnung zu erheben, die außerhalb jeder Diskussion zu stehen hätten und zu deren aktiver Verteidigung gegen gleich welchen Verletzer man zu jeder Zeit bereit sein werde. Und es darf anerkannt werden, daß die belgischen Politiker diesen Gedanken trotz aller vielfältigen Vorbehalte, mit denen man ihnen anfangs begegnete, auf die Dauer durchaus moralisches und politisches Gewicht zu verleihen imstande gewesen sind[6].

Auf wirtschaftlichem Gebiet vermochte Belgien die durch das Auseinanderbrechen der Vereinigten Niederlande hervorgerufenen vielfältigen Probleme im ganzen erfolgreich zu meistern. Die Wandlung der agrarisch-bürgerlichen Welt alten Stils zur modernen industriellen Massengesellschaft[7], die, wie wir sahen, in Belgien bereits früher als in allen anderen europäischen Staaten außer England begonnen hatte, vollzog sich hier auch weiterhin mit einer Intensität, die nur in wenigen Ländern ihresgleichen besitzt. Die im belgischen Staatswesen vereinigten Gebiete stiegen damit zum zweitenmal in der europäischen Geschichte zu einem Platz in der Weltwirtschaft empor, der weit über dem lag, zu dem sie nach Größe und Naturausstattung vorbestimmt zu sein schienen. Industriell und finanziell gleich bedeutend, wurde Belgien damals stärker als jedes andere Land in die Weltwirtschaft verflochten. Kohle und Eisen waren dabei wie in England lange die wichtigste Grundlage für die industrielle Entfaltung. In dem Maße als nach der Erfindung der Verkokung der Steinkohle die Umstellung der Eisenverhüttung von der überlieferten Holzkohle auf die Steinkohle fortschritt, wuchs der Abbau der belgischen Steinkohlenvorkommen immer mehr ins Große. Ihre Lager erstrecken sich in fast ununterbrochener Folge aus der Gegend von Mons bis unterhalb von Lüttich. Der ganze durch diese Orte umschriebene Bereich bedeckte sich mit einer Vielzahl von Zechen und Förderanlagen. Dem Kohleabbau folgte eine Menge weiterer Industrien. Im gesamten Maas- und Sambrebecken wuchsen in unmittelbarer Nachbarschaft der Kohle, die für sie die unentbehrliche Energiequelle darstellte, die Hochöfen, Eisen- und Stahlgießereien, Maschinenfabriken, Glasbläsereien, Zement- und Kalköfen sowie keramische Werke in fast ununterbrochener Kette empor. Der schier unerschöpfliche Bedarf, auf den ihre Produkte im In- und Ausland während der industriellen Aufbauperiode des 19. Jahrhunderts stießen, sicherte ihnen großartige Entwicklungsmöglichkeiten. Neben die direkte Beteiligung der belgischen Industrie an der industriellen Entwicklung fremder Länder trat die Finanzierung oder Mitfinanzierung gewinnbringender Unternehmen im Ausland, wofür man als Gegenleistung abermals den Materialbezug aus Belgien eintauschte. Die nach dieser Richtung hin entfaltete Aktivität war weit stärker, als es an sich der belgischen Finanzkaft entsprach. Denn die belgischen Finanziers verstanden es, im beträchtlichen Umfange auch fremdes Kapital, vornehmlich französischer Provenienz, an ihren Unternehmungen zu interessieren. Insbesondere der Brüsseler Geldmarkt zog im starken Maße fremde Kapitalien an. Eine ganze Reihe von Filialen französischer Banken in Brüssel und zahlreiche französische Kapitalbeteiligungen zeugen davon. Mit der weitgehenden Freiheit, die er jeder wirtschaftlichen Betätigung und insbesondere dem Börsenhandel bot, sowie seinen niedrigen Steuersätzen schuf der belgische Liberalismus auch für Finanzgeschäfte jeder Art ein ungewöhnlich günstiges Klima. Nicht umsonst konnte Karl Marx, der bei seinem Aufenthalt in Brüssel 1847/48 die belgischen Verhältnisse persönlich kennengelernt hatte, das Belgien seiner Zeit als »Paradies der Kapitalisten« bezeichnen.

Bietet die Entwicklung der belgischen Großindustrie und Hochfinanz ein sehr eindrucksvolles Bild, so vollzog sich dieser Prozeß doch nicht in allen Teilen des Landes gleichmäßig und er kam auch nicht allen Wirtschaftszweigen gleichermaßen zugute. Vielmehr hatten lange Zeit ziemlich ausschließlich die Industrie der wallonischen Landesteile und die Brüsseler Hochfinanz daran teil, während Flanderns Wirtschaftskraft, mit der Walloniens verglichen, nicht nur relativ zurückging, sondern auch absolut genommen schwere Rückschläge und Einbußen erlitt. Von Flandern und Brabant, den einstigen Mittelpunkten der gesamten niederländischen Gewerbetätigkeit, verlagerte sich das wirtschaftliche Schwergewicht des Landes während des 19. Jahrhunderts einseitig in die wallonischen Gebiete und nach Brüssel. Am schwersten war der Rückschlag für die eigentliche flämische Nationalindustrie seit dem Hochmittelalter: die Textilerzeugung. Namentlich über die noch ganz in der herkömmlichen Produktionsweise der Hausindustrie betriebene Leinenerzeugung brach in den Jahrzehnten nach 1830 unter dem Ansturm der um 1820 in England erfundenen mechanischen Leinwandspinnerei eine wahre Katastrophe herein. In wenigen Jahren verlor sie ihre wichtigsten Absatzgebiete, und die 200 bis 300000 auf dem platten Lande ansässigen flämischen Flachsspinner wurden eines großen Teiles ihrer Existenzgrundlage beraubt, da der karge Landbesitz als Lebensbasis allein für sie bei weitem nicht ausreichte. Die Krise erreichte ihren Höhepunkt, als sich 1845–1847 zu dem Ausfall des gewerblichen Nebenverdienstes Mißwachs und Teuerung gesellten. Unterernährung und Seuchen rafften Tausende dahin, ein Gutteil der Bevölkerung lebte von Armenunterstützung. So zählte man, wie wir aus der von der Regierung veranlaßten Leinenenquête und anderen zeitgenössischen Berichten erfahren, in der Provinz Westflandern damals auf 642660 Einwohner 226180 Arme, in den Arrondissements Thielt und Roselaere allein sogar 51672 Arme auf 125461 Einwohner, d.h. 42 Prozent der Gesamtbevölkerung. Gleichfalls schwere Zeiten durchlebte der zweitwichtigste Zweig der flämischen Textilindustrie: die Baumwollfabrikation. Hier erfolgte der Niedergang bereits unmittelbar nach Ausbruch der Belgischen Revolution, die dem Gewerbe seinen wichtigsten Absatzmarkt, Ostindien, verschloß: Binnen fünf Jahren stellten 24 der 77 Spinnereien ihren Betrieb ein, die Produktion verminderte sich auf weniger als ein Drittel, und der Lohn der Baumwollweber fiel von 2 Frs. auf 62 Cts. Noch 1896 waren nur 19400 Arbeiter in diesem wichtigen Industriezweig beschäftigt – also kaum ein Fünfzehntel der 270000 Arbeiter in der vorzugsweise in Wallonien lokalisierten Montan-, Stein- und Glasindustrie. Die Geißel der Arbeitslosigkeit und Armut schwebte ständig über dem flämischen Land, denn auch die Landwirtschaft und die Fischerei lagen infolge der einseitig auf die Förderung der Schwerindustrie bedachten Zollpolitik der damaligen belgischen Regierung darnieder. Andere Wirtschaftszweige blieben rückständig. Nur die Schiffahrt machte dank dem Wiederaufblühen Antwerpens, das für die Erzeugnisse der Metallindustrie und die Kohle als Ausfuhrhafen wichtig war, eine Ausnahme.

Die erfolgreich bestandene Revolution, die Neuordnung des gesamten politischen und gesellschaftlichen Lebens nach den Prinzipien der liberalen Zensusdemokratie und die, auf die führenden Teile des Landes gesehen, ungebrochene wirtschaftliche Aufwärtsentwicklung bildeten einen denkbar günstigen Nährboden für die immer weitere Verbreitung der Einrichtungen, Sitten und Lebensformen, die der große nationale Historiker Belgiens, Henri Pirenne[8], als civilisation belge so einprägend beschrieben hat, und zugleich für die Festigung der Vorherrschaft des Französischen als der Sprache der tonangebenden politisch-sozialen Oberschicht. Notwendigerweise damit verbunden war, ohne daß es dafür irgendwelcher besonderer Zwangsmaßnahmen bedurft hätte, ein folgenschwerer Rückschlag für alle Bestrebungen nach einer entsprechenden Hebung der flämisch-niederländischen Volkskultur. Gewiß wurde der sprachlich-kulturelle Grundcharakter der südlichen Niederlande seit über 1000 Jahren, ihre Zweiteilung in eine wallonisch-französische und eine flämisch-niederländische Hälfte, nicht ausgelöscht; »bis auf den heutigen Tag sind belgisches Bewußtsein, Nationalgefühl und belgisches Geistesleben kein Beweis für eine belgische Einheitskultur, so daß man bei einem Vergleich bestimmter künstlerischer und geistiger Erscheinungen mit entsprechenden fremden auf eine spezifisch belgische Sonderstellung, Eigenart und Wesensstruktur schließen könnte« (Rutten) – doch ist Belgien darum gleichwohl keineswegs nur das Zerrbild einer Nation und eine lediglich künstliche Schöpfung der auf der Londoner Konferenz versammelten Diplomaten, wie man das in Deutschland unter dem Einfluß eines einseitig am Volkstum orientierten Nationalbegriffs nicht selten glaubte. Auch die Flämische Bewegung[9] empfand in ihren Anfängen keinerlei grundsätzlichen Gegensatz zwischen ihren flämischen Zielen und dem belgischen Staat. Der »Vater der Bewegung«, J.F. Willems, vollzog 1834 die Schwenkung vom Orangisten zum loyalen belgischen Staatsbürger. P. van Duyse dichtete seine ›Vaderlandsche poesie‹. ›De Vlaemsche Belgen‹ nannte J. Sleeckx 1845 die von ihm herausgegebene Tageszeitung; H. Conscience aber, der in seinen einst hochgeschätzten Romanen den breiten Schichten der flämischen Bevölkerung wieder den Stolz auf Flanderns große geschichtliche Vergangenheit einzuimpfen verstand, verfaßte zum 25jährigen Bestehen des belgischen Staates eine belgische Geschichte auf Flämisch. Erst aus der Erbitterung über das starre Festhalten der maßgebenden Kreise an dem Konzept von 1830 erwuchs sehr viel später bei einer – allerdings besonders aktiven und entschlossenen –

Minderheit zeitweise eine radikale Ablehnung alles Belgischen.

Ebenso verfehlt wäre es, das belgisch-deutsche Verhältnis nach 1830 in Rückprojizierung späterer Weltkriegsstimmungen ins 19. Jahrhundert vorwiegend negativ zu bewerten. Gewiß stand Belgien infolge der Nähe von Paris und der Vorherrschaft der französischen Sprache im belgischen Leben unter dem vorwaltenden kulturellen Einfluß Frankreichs. Doch strahlte gleichzeitig auch die deutsche Kultur – von den Sonderbeziehungen der Brüder Grimm, Hoffmanns von Fallersleben[10] und mancher Jungdeutscher zur Flämischen Bewegung ganz abgesehen – durch seine Klassiker, seine Musik, Philosophie, Wissenschaft und Wirtschaft auf das belgische Leben kaum weniger nachhaltig aus, während umgekehrt dem deutschen Liberalen und dem deutschen Katholiken, namentlich im preußischen Rheinland seit dem Kirchenstreit von 1837, die in Belgien gefundenen politischen Lösungen weithin als vorbildlich erschienen[11].

[1] Siehe oben S. 111.

[2] Verfassung vom 7. Februar 1831: Charakterisierung bei H. Pirenne, Histoire de Belgique. Bd. 6 (1926), S. 442 ff., sowie F. van Kalken, La Belgique contemporaine. Bd. 1 ([2]1950), S. 351 ff. – Belgisches Königtum seit 1830: Pirenne, Histoire de Belgique, Bd. 7 (1932), S. 47 ff., 201 ff., 269 ff.

[3] Leopold I.: L. de Lichtervelde, Léopold Ier et la formation de la Belgique contemporaine (1929). Der Vergleich mit Philipp dem Guten, dem Justus Lipsius den Beinamen eines conditor Belgii gegeben hatte, bei Pirenne, Histoire de Belgique, Bd. 7, S. 48. Zurückhaltender ist die Beurteilung des Königs durch A. Simon, Leopold Ier (1963).

[4] Parteigeschichte seit 1830: Ch. Terlinden, Histoire politique interne. Formation et évolution des partis. In: Histoire de la Belgique contemporaine. Bd. 2 (1950). – Wahlrecht: J. Gilissen, Le régime représentatif en Belgique depuis 1790 (1958); J. Bartier, Partis politiques et classes sociales en Belgique. In: Res publica 10 (1968), S. 33–106, und ders., Th. Verhaegen, La franc-maçonnerie et les sociétés politiques. In: RevUnivBruxelles 21 (1968/69), S. 8 bis 34; C. Lebas, L'union des catholiques et des libéraux des 1839 à 1947 (1960); A. Simon, Le parti catholique belge 1830–1945 (1958); L. Delsinne, Le parti ouvrier belge des origines à 1894 (1958); B.D. Gooch, Belgium and the February Revolution (1963); dazu: K. Jürgensen in: HZ 201 (1965), S. 152 ff. – Zum ganzen neuerdings auch L. Wils in: AGdN, Bd. 12, Neubearb. S. 267–304.

[5] K. Jürgensen, Lamennais u. die Gestaltung des belgischen Staates. Der liberale Katholizismus in der Verfassungsbewegung des 19. Jahrhunderts (1963). Dazu: RechHist, S. 442 ff., 454 ff. mit Lit.referat über versch. Arbeiten von H. Haag u. A. Simon zum Problem des Mennaisismus u. den Anfängen des liberalen Katholizismus in Belgien.

[6] Weithin abschließende Behandlung des belgischen Neutralitätsproblems durch H. Lademacher, Die bel-

gische Neutralität. Dort auch die ausgedehnte, vielschichtige frühere Lit. – Handelspolitik: M. Suetens, Histoire de la politique commerciale de la Belgique depuis 1830 jusqu'à nos jours (1955).

[7] Allg. Übersichten: J.A. van Houtte in: AGdN, Bd. 10, Kap. 8, S. 445, u. ders., Economische en sociale geschiedenis. – Für die Wirtschaftsentwicklung speziell Flanderns: H. van Werveke in: Geschiedenis van Vlaanderen. Bd. 6, Buch 3, ebenfalls mit Bibliographie. – Soziale Frage: J. Dhondt in: AGdN, Bd. 10, Kap. 12; Bibliographie S. 450. – Hinfort grundlegend: AGdN, Neubearb., Bd. 12, S. 11–52, 72–122; Bibliographie S. 440ff.

[8] Kulturentwicklung seit 1830: H. Pirennes Charakterisierung in: Histoire de Belgique. Bd. 7, S. 392ff.; dazu grundsätzlich: F. Petri, Aus Geschichte u. Landeskunde der Rheinlande, Westfalens u. ihrer westlichen Nachbarländer. Ges. Aufsätze (1973), und M. Rutten in: AGdN, Bd. 11, S. 223. Vgl. ferner die allg. Übersicht von G. Schmook in: AGdN, Bd. 10, Kap. 15; Literaturnachweise in: AGdN, Bd. 9, S. 471–475. Für Flandern: R. Lissens in: Geschiedenis van Vlaanderen, Bd. 6, Buch 5. – Neuestens ferner: AGdN, Neubearb., Bd. 12, S. 167–266.

[9] Flämische Bewegung: Grundlegend u. in Aufarbeitung aller früheren Lit.: H.J. Elias, Geschiedenis van de Vlaamse gedachte. Bde 2 u. 3. – Zur belgischen Nationalidee: L. Pesch, Volk u. Nation in der Geistesgeschichte Belgiens (1941); und F. Vercauteren, Cent ans d'histoire nationale en Belgique (1959).

[10] Über ihn vgl.: P.H. Nelde, Flandern in der Sicht Hoffmanns von Fallersleben (1967).

[11] Aufschlußreich für die Einwirkungen des belgischen Liberalismus auf den rheinischen: J. Hansen, Rheinische Briefe u. Akten zur Geschichte der politischen Bewegung 1830–1850. Bd. 1ff. (1919ff.). – Katholizismus: L. Schwahn, Die Beziehungen der katholischen Rheinlande u. Belgiens 1830 bis 1840 (1914), sowie H. Schrörs, Rheinische Katholiken u. belgische Parteien z.Zt. der Kölner Wirren. In: AnnHistVNdRh 107 (1923) und 108 (1924).

e. Niederlande (1830–1865)

Der Auseinanderbruch des Vereinigten Königreichs war für den König und das nordniederländische Volk ein harter Schlag. Zwar trauerten der mißglückten Wiedervereinigung nicht viele nach. Hatte doch sogar König Wilhelm selber schon 1823 erklärt: »Ich würde hundertmal glücklicher sein mit meinem Holland allein.« Nur wenige gaben sich, gleich dem jungen Genter und späteren Leidener Professor J.R. Thorbecke – dem scharfsinnigsten politischen Kopf, den die Niederlande im 19. Jahrhundert hervorgebracht haben –, 1830 sofort davon Rechenschaft, daß Belgiens Ausscheiden die Niederlande hinfort zu einem europäischen Kleinstaat mache, der nicht mehr imstande war, in Nordwesteuropa neben Frankreich und England eine selbständige politische Rolle zu spielen, und dem daher nichts übrig blieb, als sich gegenüber den Auseinandersetzungen der Großen möglichst auf die Haltung einer freiwilligen Neutralität zurückzuziehen. Bei anderen dauerte die innere Anpassung an die neue Lage ihres Staates in Europa Jahrzehnte, wenn nicht noch länger: »Anfangs fühlten sie sich in dieser Rolle noch etwas fremd und blickten sie mit Wehmut auf die große, oft zu groß gesehene Vergangenheit des Goldenen Jahrhunderts zurück. Wie oft wurde nicht Potgieters klangvoller Vers von der europäischen Völkerwaage, in die die holländische Jungfrau einmal ihr Schwert, das andere Mal ihren Ölzweig warf, zitiert. Aber allmählich lebte man sich in den neuen Zustand ein und fühlte, daß die Niederlande bei all ihrer Kleinheit doch auf den Gebieten der Wirtschaft und Kultur sowie in der Gestaltung der Verhältnisse im Innern wichtiges vollbringen konnten ... Tief liegt es seitdem im niederländischen Bewußtsein verankert, daß die eigentliche Haltung, die für ein kleines Land in den großen Fragen der Weltpolitik angemessen ist, in der Neutralität liegt. Trotz aller damit verbundenen Schwierigkeiten.« (Japikse) Doch beruhte diese Neutralität – und das begründet einen tiefgehenden Unterschied zu Belgien – nicht wie dort auf einer von den Mächten auferlegten Verpflichtung, sondern, wie bei der Schweiz, auf dem freiwilligen Verzicht der Teilnahme an politischen Blockbildungen. Ganz wie in Belgien verband sich mit dieser Haltung schon frühzeitig der Wunsch nach einem friedlichen Ausgleich aller internationalen Gegensätze und das Streben nach einer die Völker umspannenden Friedensordnung[1].

Zunächst aber waren erschüttertes nationales Selbstvertrauen und wachsendes innerpolitisches Mißbehagen die Folgen der 1839 zu den in London ausgehandelten Trennungsgrundlagen endlich gegebenen Zustimmung. Wilhelm I. entsagte 1840 dem Thron und zog sich für den Rest seines Lebens nach Berlin zurück. Sein Nachfolger, Wilhelm II., hielt zwar, durch seine Umgebung und das Verhalten der ersten Kammer darin bestärkt, an der überkommenen Form der Kabinettspolitik zunächst im wesentlichen fest, war jedoch im übrigen weit entfernt von der selbstsicheren »friesischen Dickköpfigkeit« seines Vaters. Die geistige Elite des Landes aber war gespalten. Während Potgieter als nationaler Zensor 1840 den engstirnigen Jan Salie-Geist seiner Landsleute geißelte, zeitaufgeschlossene Geister wie Thorbecke seit 1839 mit steigendem Nachdruck auf eine den gesellschaftlichen Wandlungen der Zeit entsprechende

Reform der Verfassung und die verantwortliche Mitbeteiligung des Staatsbürgers am öffentlichen Handeln drängten und selbst der utopische Sozialismus Saint-Simons im Lande nicht ganz ohne Echo blieb, verkündete Groen van Prinsterer, der geistige Vater der Antirevolutionäre, in seinen ›Nederlandsche Gedachten‹ und in seinen Vorlesungen über ›Unglaube und Revolution‹ (1846) die Abkehr von den modernen politischen Prinzipien und Rückkehr zu einer stärker christlichen Fundierung von Staat und Gesellschaft als das alleinige Heilmittel. Hinzu kamen das fortdauernde Stagnieren der im wesentlichen noch immer auf den überkommenen handwerklichen Methoden beharrenden niederländischen Wirtschaft, Spannungen mit dem werdenden Deutschen Zollverein; die Bevorzugung Antwerpens vor den niederländischen Häfen durch die rheinische Wirtschaft; schwere Finanznöte des Staates; Mißwachs und soziale Mißstände; ständige politische Aufsässigkeit in Niederländisch-Limburg, die mit der Emanzipation des Katholizismus und der Separierung der altreformierten Kreise verbundenen Probleme u.a.m. Überall herrschte Unruhe oder tastete man nach Auswegen, ohne zunächst den Mut zu wirklich durchgreifenden Reformen zu finden.

Den endlichen Durchbruch in politisches Neuland brachte das Revolutionsjahr 1848. Binnen 24 Stunden wandelte sich der König unter dem Eindruck der aus Deutschland kommenden Nachrichten nach seinen Worten vom Konservativen zum Liberalen. Thorbecke erhielt nun die Möglichkeit, zunächst als Leiter einer Revisionskommission und seit 1849 als verantwortlicher Minister die von ihm in langjähriger methodischer Durchdenkung entwickelten Verfassungsideen weithin in die Wirklichkeit umzusetzen. Etwa zwei Jahrzehnte nach Belgien kam es so auch in den nördlichen Niederlanden zur Durchführung der klassischen Grundsätze der konstitutionell beschränkten Monarchie und zur Begründung der ersten Kammer, die zusammen mit dem Oberhaus der Provinzialstaten die Generalstaten[2] bildete, auf direkte (Zensus-)Wahlen. Auch im Norden wurden nun die Grundsätze der staatsrechtlichen Unverletzlichkeit des Königs und der vollen Ministerverantwortlichkeit eingeführt. Die Träger der Krone waren seitdem nicht mehr unmittelbar verantwortlich für die Handlungen der Regierung und namentlich für die Finanzpolitik, die unter Wilhelm I. zu vielfältigen Klagen gegen den König Veranlassung gegeben hatten. Der stark persönliche Charakter, den bis dahin das königliche Regiment trug, wurde zurückgedrängt und die Macht der Generalstaten dafür größer. Auch fanden nun die bürgerlichen Freiheiten ihre Verankerung in der Verfassung. Während diese aber in Belgien geradewegs auf die egalitären Ideen von 1789 zurückgeht und nur so weit davon abwich, wie es das liberale Bündnis mit dem Katholizismus nötig machte, blieben in den nördlichen Niederlanden die Kräfte der Tradition ungleich stärker erhalten. Schon die Beschränkung der Macht des Königs zugunsten der Generalstaten war im Grunde eine Rückkehr zu den Prinzipien von vor 1795, von denen sich das autokratische Züge tragende Regiment Wilhelms I. weit entfernt hatte. Überdies blieb die Stellung, die die Dynastie im nationalen Leben des Landes einnimmt, auch nach 1848 wesentlich stärker als in Belgien. Denn es wirkte sich nun aus, daß die Oranier mit dem niederländischen Freiheitskampf und den ruhmreichsten Zeiten nordniederländischer Vergangenheit in viel unmittelbarerer Weise verbunden waren, als das die erst 1831 ins Land gekommenen Koburger in Belgien je sein konnten. So ist es nicht von ungefähr, daß im Süden der Revolutionsgesang der Brabanconne, im Norden hingegen das Wilhelmslied zur Nationalhymne geworden ist. Wie fest das Oranierhaus im niederländischen Volk verankert war, zeigt die Tatsache, daß in ihm der republikanische Gedanke vor dem Aufkommen des Sozialismus kaum eine Rolle spielte. Mit der Lösung, die die niederländische Verfassung für das Verhältnis von nationaler Einheit und landschaftlicher Vielfalt fand, knüpfte Thorbecke ebenfalls an die alte niederländische Tradition wieder an. Zugleich setzte er darin eine Einsicht in die Wirklichkeit um, die ihm während seines Studiums in Göttingen 1820–1822 zugewachsen war und die er 1824 als junger Privatdozent in einer seinem Lehrmeister K.F. Eichhorn gewidmeten deutsch geschriebenen kleinen Schrift über ›Das Wesen und den organischen Charakter der Geschichte‹ niedergelegt hatte. Er machte sich damit jene im Denken der Romantik wurzelnde Vorstellung zu eigen, daß ein jedes Staatswesen seine besondere Anlage und Individualität besitze und daß es sich auch in seinem Innern nach den Grundsätzen des organischen Lebens, also nicht abstrakt zentralistisch, sondern gliedhaft aufbauen müsse. Insbesondere das neue Wahlgesetz, Provinzial- und Gemeindegesetz (aus den Jahren 1850 und 1851) sind durch das Bemühen, die nationalen, regionalen und örtlichen Zuständigkeiten reinlich gegeneinander abzugrenzen, gekennzeichnet. Schon bei der politischen Neuordnung der Jahre 1814/15 hatte sich überall im Lande das in der Geschichte der Niederlande so tief begründete Verlangen nach Dezentralisation und tunlichster Wiederherstellung der früheren provinzialen Selbständigkeit, damals allerdings ohne Erfolg geltend gemacht.

Thorbecke unterschied grundsätzlich zwischen allgemeinen Landes- und Provinzbelangen. In dem Wahlgesetz zur zweiten Kammer hatte nach seiner Meinung der Provinzialismus nichts zu suchen, so bei der Abgrenzung der Wahlbezirke. Ebenso entschieden begegnete er umgekehrt aber auch allen Versuchen, die Machtbefugnisse der Provinzen zugunsten der des Gesamtstaates zu verkürzen. Schon im revidierten Grundgesetz wurde allen vom Wunsch nach straffer Einheitsstaatlichkeit ausgehenden Widerständen zum Trotz der Grundsatz der provinzialen Selbstverwaltung fest verankert. Die Provinz sollte in ihrem ganzen Aufbau nicht weniger eine in sich selbst ruhende eigenständige Gemeinschaft sein als zum Beispiel die Gemeinde. Deshalb die Ersetzung des früheren Provinzialgouverneurs, der sich nach dem Vorbild des französischen Präfekten allzu einseitig als Vertreter der staatlichen Zentralgewalt in den Provinzen gefühlt hatte, durch den Kommissar des Königs, der ebensosehr wie der Vertreter der Zentralgewalt der Anwalt der Provinzen gegenüber dem Gesamtstaat sein sollte. Und neben ihm sollten hinfort die Provinzialvertretungen und Provinzialdeputierten (Provinciaalstaten und gedeputeerde Staten) an der Regierung der Provinz einen unmittelbar aktiven Anteil nehmen. Sie bekamen eigenes Budgetrecht. Auch die Benennung der Provinzialbeamten wurde ihnen zum Teil übertragen. Außerdem wurden sie an der Durchführung der Reichsgesetze und königlichen Beschlüsse beteiligt.

Die seitdem vergangenen 125 Jahre haben den Beweis geliefert, daß in dem Gesetzgebungswerk Thorbeckes das uralte Grundproblem der niederländischen Geschichte seit den Tagen der mittelalterlichen Reichskirche, die rechte Ausbalancierung des Verhältnisses zwischen landschaftlichen und zentralen Kräften, eine für unsere Zeit vorbildliche Lösung erhalten hat. Auch jenseits der niederländischen Staatsgrenzen wurde es bald als solche anerkannt. Aus diesem Gefühl heraus widmete ihm zum Beispiel in den 60er Jahren der gebürtige Rheinländer und preußische Minister Miquel eine eingehende Betrachtung in den Preußischen Jahrbüchern. Auch das preußische Provinzialgesetz inspirierte sich teilweise an dem niederländischen Vorbild.

Noch heute ist das Provinzialgesetz nach berufenen Urteilen in seinen tragenden Grundgedanken so zeitgemäß wie einst[3].

Ein Sachgebiet, auf dem das Maß der dem einzelnen Staatsbürger gewährten Freiheit hinter dem in der belgischen Verfassung festgelegten zurückblieb, die Freiheit des Unterrichts, wurde in Abänderung des Thorbeckeschen Entwurfs zugunsten des Staates eingeschränkt. Die Folge davon war ein halbes Jahrhundert kulturpolitischer Kämpfe, bis die kirchliche Rechte unter dem geistigen Erben Groens, Abraham Kuyper (1837 bis 1920), im Bündnis mit der jungen katholischen Staatspartei ähnlich wie in Belgien eine Regelung erkämpfte, in der der Staat dem freien und insbesondere dem kirchlichen Schulwesen volle Entfaltungsfreiheit ließ und es seinerseits weitgehend mitfinanzierte[4].

Wie für das innerpolitische Leben wurde die Mitte des 19. Jahrhunderts auch für die Erneuerung der wirtschaftlich-sozialen Struktur der Niederlande zu einer Zeit der Wende[5]. Auch hier brach sich nun anstelle der überalterten und immer erfolgloseren staatlichen Protektionswirtschaft in Handel und Gewerbe der Grundsatz eines freien Spiels der Kräfte und der vorbehaltlosen Einschaltung in die ringsum mächtig aufstrebende moderne europäische Wirtschaft schrittweise Bahn. Hand in Hand damit ging eine grundlegende Erneuerung der wirtschaftlichen Methoden – angefangen von der durchgehenden Modernisierung des Verkehrsnetzes zu Wasser und zu Lande und dem großzügigen Ausbau der Häfen bis zur entschlossenen Nutzung der durch das Maschinenzeitalter gebotenen neuen technischen Möglichkeiten zur Einführung des industriellen Großbetriebs und zu einer durchgreifenden Modernisierung des Bankwesens. Handel und Schiffahrt fanden Ersatz für den Verlust der alten niederländischen Stapelrechte in der Freiheit des Rheinverkehrs bis hinauf nach Basel und in der belebenden Wirkung, die je länger, je mehr von der Entwicklung des rheinisch-westfälischen Industriegebiets zur wirtschaftlichen Schlagader Deutschlands auch auf die niederländische Wirtschaft ausgehen sollte. Die Folge der steigenden Bedeutung, die die Niederlande als Transitland für Deutschland und Tor zur Welt für die westdeutsche Wirtschaft gewannen, war der gegen Ende der hier zu behandelnden Periode einsetzende Aufstieg Rotterdams zur heute zweiten Stadt der Niederlande und zum führenden europäischen Überseehafen. Anfangs freilich machte ihm dabei Antwerpen scharfe Konkurrenz. Von dem belgischen

Bestreben, einen möglichst großen Teil des westdeutschen Verkehrs nach Belgien abzulenken, zeugen u.a. der bereits 1834 ins Auge gefaßte Bau einer durchgehenden Bahnverbindung zwischen Antwerpen und Köln, der Abschluß des Handelsvertrages mit dem Deutschen Zollverein 1844 und die Wiederaufnahme der alten Bemühungen um die Schaffung eines leistungsfähigen Netzes von Wasserstraßen zwischen der Schelde und dem Rhein. Nach der Ablösung des Scheldezolls durch die belgische Regierung im Jahre 1863 konnte Antwerpen in der Tat eine Zeit lang Rotterdam überflügeln. Gegenüber Rotterdam fiel Amsterdam infolge seiner ungünstigeren Verkehrslage für den Transitverkehr in der Seeschiffahrt allmählich zurück, bewahrte jedoch seine starke Stellung im Kolonialhandel, dem es einst seine Blüte in erster Linie verdankt hatte. Auch sonst war für den wirtschaftlichen Wiederaufstieg der Niederlande von großer Bedeutung, daß ihnen der Besitz ihres Kolonialreichs noch ein volles Jahrhundert hindurch verblieb. Zögernder als die Entwicklung zum modernen Handels- und Verkehrsland vollzog sich die industrielle Entwicklung der Niederlande. Der Wendepunkt liegt hier ums Jahr 1860, als der Industrialisierungsprozeß die Twenter Textilindustrie erfaßte. Das Textilgewerbe Nordbrabants folgte auf dem Fuße, jedoch konnte hier namentlich in der Leinenfabrikation die Hausindustrie noch geraume Zeit einen Platz behaupten. Für die in ihren Anfängen schon auf Wilhelm I. zurückgehende Maschinenindustrie kamen neue Entwicklungsmöglichkeiten mit dem Aufbau einer modernen niederländischen Seeschiffahrt und dem Ausbau des inländischen Verkehrsnetzes. Noch ganz in den traditionellen Bahnen verharrten Ackerbau und Viehzucht. Doch profitierten sie von den durch die Freihandelsära in Europa und namentlich in England gebotenen günstigen Absatzmöglichkeiten.

Eine eigentümliche Mischung von Tradition und Fortschritt begann seit der Mitte des Jahrhunderts das gesellschaftliche Erscheinungsbild der Niederlande und die geistige Einstellung der Niederländer zu kennzeichnen. Wie in England das Gentleman-Ideal noch immer nachwirkt, ist auch in den Niederlanden bis auf den heutigen Tag noch viel vom Geiste der calvinistisch geprägten altniederländischen Republik lebendig geblieben. Namentlich die reformierten Kirchen und die protestantischen Konfessionsparteien der Anti-Revolutionäre und der Christlich-Historischen sorgten dafür, daß diese Kräfte auch weiterhin in der niederländischen Öffentlichkeit Resonanz fanden.

Ebensowenig verleugnete sich das patrizisch-humanistische Regentenerbe in der bürgerlichen Oberschicht. Doch stand das Land in der zweiten Jahrhunderthälfte gleichwohl im wachsenden Maße im Zeichen zweier politisch-gesellschaftlicher Neubildungen[6]: des nach einem letzten vergeblichen Aufbäumen der alten Kräfte in der Aprilbewegung des Jahres 1853 endgültig aus dem geistigen und politischen Ghetto zur politisch-gesellschaftlichen Freiheit und Gleichberechtigung emporsteigenden nordniederländischen Katholizismus und der seit Anfang der 60er Jahre – allerdings zunächst nur sporadisch und sehr spät im Vergleich zu den umliegenden Ländern – sich vollziehenden Emanzipation der arbeitenden Schichten. Auf diesem politischen, wirtschaftlichen und gesellschaftlichen Hintergrund erhielt auch der niederländische Beitrag zur europäischen Kultur seit etwa der Jahrhundertmitte[7] seine charakteristischen Konturen. Wie in Gesellschaft und Politik wurde dabei der von der Republik überkommene calvinistisch-humanistische Rahmen zunehmend gesprengt. Auf katholischer Seite kam es zum Aufbau einer selbständigen katholischen Publizistik, Literatur, Kunst und Wissenschaft. Der Arzt und Historiker Dr. Nuyens (1823–1894) und vor allem der auch literarisch bedeutende »katholische Potgieter« Alberdingk Thijm (1820–1883) waren die Wegbereiter. In ihrem zeitlichen Ablauf zeigte dabei die kulturelle Entwicklung weitgehende Gleichläufigkeit mit dem allgemeinen Rhythmus des niederländischen Lebens: Sie verharrte bis über die Mitte des Jahrhunderts in den überlieferten Bahnen der Romantik oder eines etwas konventionellen niederländischen Realismus; danach erfolgte auch hier – endgültig in den 80er Jahren – der Durchbruch ins Europäische.

Mit ihm gewannen die Niederlande auch die innere Sicherheit zurück in der Behandlung der beiden schwierigsten Probleme, vor die sie sich nach 1830 gestellt sahen: der Gewinnung eines Modus vivendi mit dem abgefallenen Nachbarn im Süden und der Neugestaltung ihres Verhältnisses zur deutschen Welt mit ihrer durch die nationale Einigungsbewegung sprunghaft anwachsenden Dynamik. Gegenüber Belgien[8] dauerte es fast ein Jahrhundert, bis die Nachwirkungen des Schocks von 1830 endgültig überwunden werden konnten. Die persönlichen Briefe, in denen König Wilhelm II. angesichts der französischen Bedrohung der belgischen Unabhängigkeit 1848 den belgischen Vetter seines Einverständnisses mit dem zwischen ihren Staaten geschaffenen Zustand versicherte und ihm darüber hinaus seinen Beistand gegen Frankreich zusagte, hatten noch keine dauerhafte Wandlung des politischen Klimas zur Folge. Auch zu Flandern und der sich dort vollziehenden Renaissance der niederländischen Sprache und Kultur fand man im Norden nur ganz allmählich ein Verhältnis. Mochten nicht alle so antiflämisch gesinnt sein wie der Prototyp des vergangenheitsstolzen Nordniederländers, R.C. Bakhuizen van den Brink (1810 bis 1864), – Mißtrauen gegenüber den Flamen herrschte damals in den Niederlanden fast überall. Demgegenüber besagen die seit 1849 von einem kleinen Kreis Andersdenkender gemeinsam mit dem Süden abgehaltenen Niederländischen Kongresse nur wenig. Sie sanken bald zu sprach- und literaturwissenschaftlichen Fachtreffen herab. Ihr Hauptverdienst war die Arbeit für die Erhaltung der Nord und Süd gemeinsamen Schriftsprache.

Nächst der an das niederländische Selbstverständnis rührenden Frage seines Verhältnisses zu Flandern war das ohne Zweifel schwierigste Problem, vor das sich die Niederlande in den letzten 1½ Jahrhunderten gestellt sahen, die Gestaltung ihres Verhältnisses zu der nach einem halben Jahrtausend der Zerteiltheit sich unmittelbar an seiner Ostflanke politisch regenerierenden deutschen Welt[9]. Wilhelm I. hatte sie trotz seiner Verwandtschaft mit dem Hause Hohenzollern und seiner Zugehörigkeit zum Deutschen Bundestag – dieses in seiner Eigenschaft als Herzog von Limburg und Großherzog von Luxemburg – mit möglichster Nichtbeachtung behandelt und damit nicht nur den ersten niederländischen Vertreter beim Bundestag, Reichsritter Hans von Gagern, tief enttäuscht, sondern nicht weniger die deutschen Patrioten, die auf die Wiedererstehung des mittelalterlichen Reiches mit Einfluß der Niederlande hofften. In immer neuen Schriften mahnte Ernst Moritz Arndt die Niederlande, sich an ihre »treuesten Nachbarn und ältesten Brüder«, die sie in Europa besäßen, wieder anzuschließen; die mehr als halbjahrtausendjährige politische und volkliche Eigenentwicklung der Niederlande nahmen er und die ihm Gleichgesinnten nicht zur Kenntnis. Thorbecke hat mit feinem Gefühl für die inneren Gesetze des niederländischen Lebens 1837 gegenüber dem deutschen Historiker Heinrich Leo das Irreale solcher Erwägungen klarzumachen gesucht und die unüberschreitbaren Grenzen umrissen, die auch der aufgeschlossensten Zusammenarbeit mit Deutschland seitens der Niederlande gesetzt seien. Die seitherige Entwicklung hat ihm auch darin Recht gegeben. Als unmittelbar nach der Losreißung Belgiens die politische und materielle Zukunft der Niederlande noch im Dunkel lag, mochten – auch außerhalb Niederländisch-Limburgs, das sich nur schwer in die neue politische Gemeinschaft fand und 1848 ähnlich Luxemburg noch unmittelbar von der Großdeutschen Bewegung erfaßt wurde[10] – manche politisch und kulturell einflußreiche Persönlichkeiten des Landes eine engere Wiederanlehnung an Deutschland für diskutabel halten. Sobald sich jedoch die eigene Zukunft wieder aufhellte und Deutschland den Weg zum nationalen Einheitsstaat unter preußischer Führung einschlug, verstummten diese Stimmen. Die Bismarcksche Einigungspolitik weckte, wie ein Blick in die zeitgenössische Presse erkennen läßt, im scharfen Gegensatz zu der überwiegend freundlichen Resonanz in Flandern, nur noch Sorge, ja, ausgesprochene Ablehnung. Das politische Unbehagen gegenüber dem großen deutschen Nachbarn hinderte freilich nicht, daß sich die Niederländer auf vielen Gebieten mit Bereitwilligkeit dem deutschen Einfluß öffneten. In weiten Kreisen entstand »ein Verständnis für den deutschen Geist, wie es außerhalb des deutschen Sprachgebiets nur in den skandinavischen Ländern anzutreffen ist«, konstatiert Johan Huizinga. Deutsches Denken, deutsche Wissenschaft, deutsche Musik und zum Teil selbst die Sprache haben vor allem in der zweiten Hälfte des 19. Jahrhunderts einen wahrhaft formenden Einfluß auf das Niederländische ausgeübt. Doch gab es daneben wichtige Bereiche, in denen sich dieser, selbst als er auf seinem Höhepunkt stand, in den Niederlanden nicht durchsetzen konnte: Instinktivem Widerstand begegneten vor allem die Kräfte, die mit dem Bau der eigenen Nation in irgendeiner Weise in Widerspruch standen wie das Preußische. Aber auch bestimmte Züge des neudeutschen Volkscharakters wie die Neigung zur scharf durchdachten logischen Konsequenz, Eigenheiten im Arbeitsethos und ähnliches wurden nicht rezipiert. Gerade an solchen für den geistig-seelischen Habitus der Völker bestimmenden Unterschieden zeigte es sich, daß das Deutsche und das Niederländische seit ihrer Trennung endgültig zu zwei in der Anlage verschiedenen Ausprägungen der europäischen Art geworden waren.

Eine stillere Art der deutschen Einwirkung auf die Niederlande harrt noch ihres Historikers: die das ganze letzte Jahrhundert hindurch sich vollziehende deutsche Zuwanderung[11]. Bedeutend war vor allem der Zuzug einfacher Elemente aus Westfalen, das damit für die Niederlande noch immer die *terra viri-*

fera blieb, als die sie Werner Rolevinck vier Jahrhunderte zuvor geschildert hatte. Groß ist die Zahl derer, die sich in den Niederlanden mit Zielstrebigkeit und zähem Fleiß in ein bis zwei Generationen aus einfachsten Verhältnissen zu führenden Stellungen emporgearbeitet haben. Aber während es von jeher als fein galt, zur wallonischen Kirche zu gehören und auch die englischen Zuwanderer, die Rotterdam im 18. Jahrhundert zur »englischsten Stadt des Kontinents« machten, sich über ihre neue Umgebung weit erhaben dünkten, trachteten die Kinder der deutschen Zuwanderer ängstlich danach, ihre deutsche Abkunft in Vergessenheit geraten zu lassen. Trotzdem steht außer Zweifel, daß, ähnlich wie der protestantische Bevölkerungsteil im 17./18. Jahrhundert aus der ehemals hansischen Welt manch wertvollen Zufluß erhalten hat, nun ein erheblicher Teil der prominenten katholischen Geschlechter von westdeutscher Abkunft war.

Neben der Beziehung von Volk zu Volk steht schließlich die nachbarliche Berührung über die Grenze hinweg. Noch als sie allen Anschlußgedanken längst entsagt hatten, blieben die Limburger mit den Rheinländern in enger Verbindung. Auch zwischen dem nördlichen Niederrhein und dem benachbarten Gelderland rissen die alten Beziehungen nicht ab, nicht anders zwischen Twente und dem Münsterland. Ganz im Norden schließlich förderte das gemeinsame friesische Bewußtsein die Kontakte. Man könnte freilich alle diese Verbindungen und Wechselwirkungen nicht tiefer mißverstehen, als wenn man darin, wie 1867 W. H. Riehl, die Grundlage für ein Wiederzusammenwachsen der beiden ursprungsverwandten Völker erblicken wollte[12]. Der Historiker kann hier nur Huizinga beipflichten: »Die Verschiedenheit ist fruchtbarer als die Gleichheit. Für das deutsche Volk liegt die geistige Bedeutung Hollands vor allem darin, daß die deutsche Denkart sich hier in einem getreueren Spiegel sehen kann, als ihn ihm die meisten Völker vorhalten.«

[1] Neuere Gesamtdarstellungen: L. G. J. Verberne, Nieuwste geschiedenis. In: Geschiedenis van Nederland. Hg. v. H. Brugmans. Bde 7 u. 8 (1937 u. 1938; auch selbständig 1957); W. L. M. E. van Leuven, Hondert jaar Nederland 1848–1948 (1948); AGdN, Bde 9–10. Dort auch umfassende Lit.- u. Quellennachweise für die älteren Darstellungen, von denen der von N. Japikse bearbeitete neuzeitliche Teil des Handboek tot de staatkundige geschiedenis van Nederland v. J. H. Gosses u. N. Japikse ([5]1946–1947) noch immer unersetzt ist. Dort auch das Zitat auf S. 50f. – Neueste Synthesen der wirtschaftlichen, sozialen, kulturellen u. politischen Entwicklung in den 40er bis 70er Jahren in: AGdN, Neubearb., Bd. 12, S. 53–76,

131–166, 209–266, 305–432, 440ff. Ferner J.C. Boogman, Rondom 1848. De politieke ontwikkeling van Nederland 1840–1858 (AGN Monografieën). 1830–1848: J. de Bosch Kemper, Staatkundige geschiedenis van Nederland na 1830. 5 Bde (1875–1882); Rapporten van de gouverneurs in den provincien, 1840–1949. Hg. v. J.C. Rüter (bisher 3 Bde, 1941–1950). – Thorbecke: Vgl. nachstehend Anm. 3. – W. Heyting, Saint-Simonisme in Nederland 1830–1850. In: BijdrMedeGNederl 85 (1970), S. 315–336.

[2] Ndl.: Staten-Generaal und Provinciale Staten (ndl. Staten entlehnt aus frz. états »Stände, Kammern«).

[3] Thorbecke: J. Brandt-van der Veen, Het Thorbecke-Archief 1798 tot 1872 (bisher 2 Bde, 1955 ff.). Gesamtwürdigung: J.J. Brugmans, Thorbecke (1948). Dazu: W. Verkade, Thorbecke als Oost-Nederlands Patriot. In: Gelderse Historische Reeks IV (1974). – Verfassungsreformen: R. Kranenburg, Het Nederlandsch Staatsrecht (1951); die Zitate im Text nach J.V. Ripperda Wiedsma in: De provinciale Wet 100 jaar. Gedenkboek (1950), S. 65–89. Deutsche Würdigung: J. Miquel, Verfassung u. Verwaltung der Provincen des Königreichs der Niederlande. In: PreußJbb 24 (1869), S. 312–340. – Regionalismus: Provinciaal besef in de z.g. randgewesten. Een bundel artikelen uit de N.R.C. (um 1950).

[4] Parlament: W.J. van Welderen Rengers, Schets eener parlamentaire geschiedenis van Nederland 1840 tot 1940. 5 Bde (1848–1850). – Groen, A.R. Partei, Schulstreit: G.J. Vos AZ., Groen van Prinsterer en zijn tijd. 2 Bde (1886–1891); J.C. Wirtz, Bijdragen tot de geschiedenis van den schoolstrijd (1926); P. Kasteel, Abraham Kuyper (1938).

[5] Wirtschaft: I.J. Brugmans (Hg.), Statistieken van de Nederlandsche nijverheid uit de eerste helft der 19e eeuw. 2 Bde (1956 = RGP 98), Umfrage von 1843; ders., Paardenkracht en mensenmacht, sowie AGdN, Bd. 10, Kap. 10, schließlich AGdN, Neubearb., Bd. 12, S. 53–76, 131–166; C. Gerretson, History of the Royal Dutch. 4 Bde (1953–1957); J.J. Bouman, Rotterdam en het Duitsche achterland (Diss. Amsterdam 1951). – Kolonien: W.Ph. Coolhaas in: AGdN, Bd. 10, Kap. 9.

[6] Emanzipation des Katholizismus: L.J. Rogier u. N. de Rooy, In vrijheid herboren. Katholiek Nederland 1852 tot 1953 (1953). Arbeiterbewegung: Erst 1871 kam es zur Gründung des noch sehr gemäßigten Algemeen Nederlands Werkliedenverbond (A.N.-W.V.), vgl.: A.I.C. Rüter, De Nederlandse trekken der Nederlandse arbeidersbeweging. In: Historische studies over mens en samenleving (1967), S. 185–217.

[7] Kultur- u. Geistesleben, Kunst: Th. van Thijn u. O. Noordenbos, in: AGdN, Bd. 10, Kap. 11 u. 14 sowie Neubearb., Bd. 12, S. 209–266; Katholizismus: Rogier u. Rooy, In vrijheid herboren.

[8] Verhältnis zu Belgien: J.R. Thorbecke, Een woord in het belang van Europa bij het voorstel der scheiding tuschen België en Holland (Sept. 1830). – Briefwechsel zw. Leopold I. u. Wilhelm II. 1848: A. de Ridder, La crise de la neutralité belge en 1848 (1948). – Grenzprobleme: C. Gerretson, Nederland, Vlaanderen, België (1927). – Verhältnis zu Flandern: C. Ter Haar, Nederland en Vlaanderen 1830–1873 (Diss. Leiden 1933), sowie H.J. Elias, Geschiedenis van de Vlaamsche gedachte. Bde 2–4. – Über Bakhuizen van den Brink vgl.: P.L. Blok, Geschichtsschreibung in Holland (= Schriften des Hollandinstituts, Frankfurt a.M. 1924), S. 16; P. Geyl, Eenheid en tweeheid in de Nederlanden (1946).

[9] Verhältnis zu Deutschland: J.R. Thorbecke, Onze betrekking tot Duitschland (1837, abgedr. in: Historische Schetsen, 1862). Dazu: F. Petri in: WestfForsch 13 (1960), S. 21 ff.;

J.C. Boogman, Nederland en de Duitse Bond 1815–1851. 2 Bde (1955); dort Bd. 1, S. 9ff. u. 86ff. die Haltung von Gagerns u. Arndts. – Kulturbeziehungen: Eindringende Gesamtwürdigung: J. Huizinga, Der Einfluß Deutschlands auf die niederländische Kultur, zuletzt in: Verz. Werken, Bd. 7 (1950). Dort auch das im Text angeführte Zitat.

[10] Für Niederländisch-Limburg vgl. außer Boogmann, Nederland en de Duitse Bond, auch: J.M. Gijsen, Johannes Augustinus Paredis 1795–1886 (1968). Insbes. S. 262ff.

[11] Weiterführende Bemerkungen über die deutsche Einwanderung im 19. Jh. bei Rogier, In vrijheid herboren, S. 297ff.

[12] W.H. Riehl, Auf dem Wege nach Holland (1867). Abgedr. in: Die Naturgeschichte des deutschen Volkes. Bd. 4 ([5]1925).

f. Luxemburg (1830–1865)

Die Abtretung der ganz überwiegend wallonischen Hälfte des Landes an Belgien änderte die Voraussetzungen für den inneren Zusammenhalt der beim Großherzogtum verbleibenden Bevölkerung beträchtlich. Ihr deutscher Charakter trat nunmehr stärker hervor; denn da König Wilhelm seinen Luxemburger Besitz hinfort in erster Linie durch Belgien bedroht sah, glaubte er zur Bannung der belgischen Gefahr kein geeigneteres Mittel zu besitzen, als alles Nichtbelgische, d.h. vor allem das Deutsche im Luxemburger Staat und öffentlichen Leben zu betonen, was sich allerdings als gar nicht so einfach erwies, da viele Luxemburger Beamte zwar Deutsch verstanden, aber kaum einer den deutschen amtlichen Stil beherrschte. Die neue Politik fand einen Ausdruck auch in der Bestellung des hessischen Reaktionärs Hassenpflug zum Zivil-Gouverneur in Luxemburg (1839) – ein Fehlgriff, der bereits 1841 von dem neuen König Wilhelm II. wieder rückgängig gemacht wurde. Statt dessen legte dieser mit der Gewährung einer echten Autonomie den Grund für die Entwicklung eines verstärkten Luxemburger Selbstbewußtseins: Ein eigener Regierungs- und Verwaltungsapparat wurde geschaffen; Luxemburger traten an die Spitze des Landes, die 1831 eingesetzte Regierungskommission mit kaum mehr als konsultativen Befugnissen wurde durch ein wirkliches Ministerium ersetzt und Luxemburg auch in kirchlicher Hinsicht verselbständigt durch die Loslösung vom belgischen Bistum Namur und die Einrichtung eines Apostolischen Vikariats, das 1870 zu einem unmittelbaren Bistum erhoben wurde. Eine 1841 eingeführte Ständeverfassung wurde 1848 durch eine der belgischen Verfassung nachgebildete, durchaus moderne Konstitution ersetzt, die in der Hauptsache noch heute besteht.

Als förderlich für Luxemburgs Verhältnis zum übrigen Deutschland erwies sich der Eintritt in den Deutschen Zollverein (1842), der zwar anfangs mit Mißtrauen und unter Vorbehalten vollzogen wurde, von dem sich aber bald herausstellte, daß er der nach der Abtrennung Wallonisch-Luxemburgs ganz auf sich selbst zurückgeworfenen, in Handel und Gewerbe hoffnungslos darniederliegenden Luxemburger Wirtschaft endlich wieder den Anschluß an einen großen und entwicklungsfähigen Markt verschaffte. Es entstanden nun in den 40er Jahren mehrere deutschsprachige Zeitungen als Gegengewicht gegen die nach Frankreich oder Belgien tendierende intellektuelle und politische Oberschicht, darunter das später zur Hauptzeitung gewordene katholisch-konservative ›Luxemburger Wort‹. Daß die Fäden zum übrigen Deutschland noch nicht abgerissen waren, zeigte sich 1848. Nicht die Pariser Februar-Revolution, sondern die Vorgänge in Deutschland wurden zum Signal für eine Volksbewegung, der das luxemburgische Regierungs-Collegium am 2. April 1848 durch die folgende, auf deutsch und französisch abgefaßte ›Proclamation‹ Rechnung trug: »Luxemburger! Die Regierung hat soeben an der Seite der Nationalfarben die Fahne des Deutschen Bundes aufgestellt. Diese Fahne ist der Schirm für alle deutschen Nationalitäten. Sie ist das Symbol der Freiheiten und der föderativen Wiedergeburt Deutschlands. Diese Fahne ist eine Protestation gegen jeden Versuch der Anarchie und fremden Eingriffs. Die innige Vereinigung mit Deutschland ist unser Recht, unsere Pflicht, unser Heil.« Zur Frankfurter Nationalversammlung entsandte man drei Abgeordnete, denen allerdings von seiten der Regierung bestimmte Weisungen zur Wahrung der staatsrechtlichen Stellung des Großherzogtums mitgegeben wurden. Bei der Kaiserwahl am 28. März 1849 stimmten sie für den preußischen König. »Wäre in diesem Jahr«, so lautet das vorsichtige Resümee der 48er Bewegung in Luxemburg von N. Margue, »der Versuch einer deutschen Einigung durch eine allgemeine Verständigung auf großdeutscher Basis zustande gekommen, so hätte wahrscheinlich Luxemburg unter Beibehaltung der Personalunion mit Holland seinen Platz in einem Kaiserreiche eingenommen.« Erst die kleindeutsche Lösung der deutschen Frage durch Bismarck in den 60er Jahren und ihre Rückwirkungen auf Luxemburgs staatsrechtliche Stellung in Europa bewirkten den endgültigen inneren Rückzug der Bevölkerung auf eine Position der völligen Neutralität[1].

[1] N. Margue, Luxemburger Nationalgefühl. – Ablichtung der ›Proclamation‹ vom 3. April 1848 bei: P.H. Ruth, Luxemburg (1942), vor S. 33. – E. Haag, Bismarck und Luxemburg während der 50er Jahre. In: Hémecht 22 (1970), S. 415–424.

Quellen und Literatur zu Kapitel 3

Bibliographien:

Belgien:

P. Gérin, Bibliographie de l'histoire de Belgique, 1789–1831 (1960)

S. Vervaeck, Bibliographie van de geschiedenis van België 1831–1865 (1965)

J.A. van Houtte (Hg.), Un quart de siècle de recherche historique en Belgique 1944–1968 (1970). (zit. RechHist.)

Niederlande:

H. de Buck, Bibliografie der geschiedenis van Nederland (1968)

H. Lademacher, Literaturübersicht über die Geschichte der Niederlande (Allgemeines und Neuzeit). Veröffentlichungen von 1945 bis 1970. In: HZ, Sonderheft 5 (1973)

Luxemburg:

Bibliographie Luxembourgeoise (Jahresbibliogr., erscheint seit 1946), sowie Bibliographie zur Geschichte Luxemburgs (Jahresbibliogr., selbst. seit 1964); beide hg. von der Luxemburger Nationalbibliothek

Quellen:

H.T. Colenbrander, Gedenkstukken der algemeene geschiedenis van Nederland van 1795 tot 1840. 21 Bde (1905–1922; = Rijks Geschiedkundige Publicatiën, zit. RGP)

Weiteres vgl. H. Pirenne, Bibliographie de l'histoire de Belgique ([3]1931). S. 42ff., 360ff. u. bei: de Buck, Bibliografie, S. 83ff., 234ff.

Gesamtdarstellungen und allgemeine politische Geschichte:

J.A. van Houtte u.a. (Hgg.), Algemene Geschiedenis der Nederlanden in 10 Bdn. (zit. AGdN) Bd. 8–10 (1955/56). Von der in den 70er Jahren in Angriff genommenen und auf 15 Bde erweiterten völligen Neubearbeitung der AGdN erschienen für die hier behandelte Periode bisher die Bde 12–13: 1844 bis 1914 (1977/78)

E.H. Kossmann, The Low Countries 1780–1940. Oxford History of Modern Europe (1978), m. neuester Lit.

S. Schama, Patriots and Liberators. Revolution in the Netherlands 1780–1813 (1977)

P.J. Bouman (Hg.), 150 Jaar Koninkrijk der Nederlanden: Ontstaan en bestaan (1963)

C.H.E. de Wit, De strijd tussen aristocratie en democratie in Nederland 1740 tot 1848 (1965)

H. Lademacher, Die belgische Neutralität als Problem der europäischen Politik 1830–1914 (1971)

J. Schmithüsen, Das Luxemburger Land (1940)
A. Herchen, Manuel d'histoire nationale. 3e édition revue par N. Margue (1934)

Rechts-, Verfassungs-, Sozial- und Wirtschaftsgeschichte:
J. Gilissen, Le régime représentatif en Belgique depuis 1790 (1958)
E. van Dievoet, Le droit civil en Belgique et en Hollande de 1800 à 1940 (1943)
I.J. Brugmans, Paardenkracht en mensenmacht. Social-economische geschiedenis van Nederland 1795–1940 (1961)
J.A. van Houtte, Economische en sociale geschiedenis van de Lage Landen (1964)
P. Lebrun u.a. (Hgg.), La rivoluzione industriale in Belgio. Strutturazione e destrutturazione delle economie regionali. In: StudStor 2 (1961), S. 548–658
P. Harsin u.a., Histoire des finances publiques en Belgique. 3 Bde (1950–1955)

Kultur- und Geistesgeschichte:
F. Petri, Die Kultur der Niederlande. In: Handbuch der Kulturgeschichte. Hg. v. E. Thurner (1964, selbst. 1972)
F. van Kalken u.a., Histoire des universités belges (1954)
H.J. Elias, Geschiedenis van de Vlaamse gedachte, 1780–1914. 4 Bde (1963–1965)
Encyclopedie van de Vlaamse Beweging. 2 Bde (1973–1975)
N. Margue, Die Entwicklung des Luxemburger Nationalgefühls von 1780 etwa bis heute. In: DALdVolksforsch 1 (1937), S. 257–272

Kapitel 4
Belgien, Niederlande, Luxemburg von der Krise 1867 bis zum Ende des Ersten Weltkriegs (1867-1918)

Von Franz Petri

a. Geschichtliche Voraussetzungen

Das Königreich Belgien, das Königreich der Niederlande und das Großherzogtum Luxemburg waren schon längst, ehe ihre Exilregierungen während des Zweiten Weltkriegs das Wirtschaftsbündnis der Benelux einzugehen beschlossen, durch mancherlei geschichtliche Bande von allerdings recht wechselnder Art und Intensität miteinander verknüpft. Ihre politische Vereinigung in den »Siebzehn Provinzen« des burgundisch-habsburgischen Reiches hatte im niederländischen Aufstand wieder einer Zweiteilung der Länder Platz gemacht; sie zerfielen seitdem in die bis 1715 unter spanischer, danach unter österreichischer Herrschaft verbleibenden habsburgischen Niederlande (einschließlich Luxemburg) und die von Spanien und dem Kaiser offiziell im Westfälischen Frieden als unabhängig anerkannten sieben nördlichen Provinzen der Republik der Vereinigten Niederlande mit den Generalstaaten als außenpolitischer Repräsentanz und den oranischen Statthaltern als zeitweise halbmonarchischer militärischer Spitze. Neben beiden Niederlanden hatte auch das Fürstbistum Lüttich als Mitglied des Rheinisch-Westfälischen Reichskreises bis zum Ende des Ancien régime seine politische Selbständigkeit zu bewahren vermocht. Die französische Zeit hatte der Selbständigkeit aller drei Staatswesen ein Ende bereitet und der Wiener Kongreß 1814/15 ihren Zusammenschluß zum Königreich der Vereinigten Niederlande unter dem Oranier Wilhelm VI. als König verfügt. Doch war die Vereinigung 1830 durch die belgische Revolution erneut in die beiden Königreiche Belgien und Niederlande (im Deutschen nach seiner führenden Einzelprovinz auch Holland genannt) auseinandergesprengt worden. Holland war auch weiterhin unter der Dynastie der Oranier verblieben, während das Königtum in Belgien auf die Coburger übergegangen war. Der wallonische Teil Luxemburgs und der deutschsprachige Kreis Arlon waren bei der Trennung gemäß dem Entscheid der Londoner Konferenz als Provinz Luxemburg bei Belgien verblieben, der restliche, so gut wie ausschließlich deutschsprachige Teil Luxemburgs wurde mit der Bundesfestung gleichen Namens hingegen, unter Aufrechterhaltung der 1815 beschlossenen Zugehörigkeit Luxemburgs zum Deutschen Bund, als Großherzogtum unter den Oraniern in der Personalunion mit den Niederlanden belassen. Als Ersatz für die damals aus dem Deutschen Bund ausscheidende belgische Provinz Luxemburg war ferner der bei den Niederlanden verbliebene Teil der Provinz Limburg dem Deutschen Bund beigetreten[1].

Belgien und die Niederlande hatten – nicht anders als Luxemburg – unter den europäischen Mächten des 19. Jahrhunderts nur noch den Rang von Kleinstaaten inne. Doch war ihre Stellung im damaligen Konzert der Mächte gleichwohl unterschiedlich: Belgien entfaltete, ungeachtet der Tatsache, daß die ihm im Londoner Vertrag auferlegte Neutralitätsverpflichtung seine politische Bewegungsfreiheit einengte, eine im Verhältnis zur Kleinheit des Landes bemerkenswerte diplomatische Rührigkeit. Hingegen hielten sich die Niederlande, obwohl im Vollbesitz ihrer Entscheidungsfreiheit, außenpolitisch so viel wie möglich im Hintergrund. Durchweg verfolgten sie in Europa eine Politik der Nichtbeteiligung und der Neutralität. Dieser Gegensatz erklärt sich zu einem Teil aus der verschiedenen politischen Situation beider Staaten. Das junge belgische Staatswesen wurde durch seine noch ungefestigte Lage in einem der wichtigsten europäischen Spannungsfelder zu einer viel größeren Wachsamkeit und Aktivität gezwungen als das nach der Trennung von keiner Seite her mehr ernsthaft gefährdete Holland. Darüber hinaus erklärt sich der außenpolitische Stilunterschied beider Staaten aus verschieden gearteten geschichtlichen Traditionen: In Holland lebte bis zum Zweiten Weltkrieg noch immer etwas nach von der einseitig maritimen, antikontinentalen »Kontraktionsgesinnung« (Boogman) des rein auf koloniale Betätigung und Welthandel gerichteten holländischen Regentenpatriziats des 17./18. Jahrhunderts; in Belgien hingegen bildete die burgundische Überlieferung, vermischt mit der durch die Französische Revolution verbreiteten politischen Ideenwelt, ein Stimulans, das einflußreiche politische Kreise auch über das Nahziel der Unabhängigerhaltung des Staates hinaus für weiterreichende nationale Zielsetzungen empfänglich machte[2].

Ebenso gegensätzlich wie der Stil ihrer Außenpolitik war im 19. Jahrhundert die innenpolitische, gesellschaftliche, wirtschaftliche und geistig-kulturelle Struktur der beiden Staaten.

Belgien bot damals auf dem Kontinent das – nächst dem französischen Juli-Königtum – ausgeprägteste Beispiel der liberalen Zensusgesellschaft[3], deren Macht in der frühen Erfassung des Landes durch die technisch-industrielle Revolution und einen blühenden Außenhandel eine sichere wirtschaftliche Grundlage besaß. Politisch gesichert wurde sie durch das Bündnis zwischen dem zwar antiklerikalen, aber zunächst durchaus nicht prinzipiell kirchenfeindlichen Liberalismus und einem Katholizismus, der die freiheitliche belgische Verfassung bejahte und sie für seine Ziele zu nutzen verstand[4]. Auch kulturell war diese Gesellschaft infolge der damals noch alleinigen sozialen Geltung der französischen Sprache im öffentlichen Leben aller Landesteile zunächst weitgehend homogen[5]. Für Holland hingegen hatten der durch die Losreißung Belgiens verursachte Schock und das anfängliche Unvermögen, sich auf die Ideen des 19. Jahrhunderts in Staat, Gesellschaft, Wirtschaft und Kultur umzustellen, eine zum Teil bis in die zweite Jahrhunderthälfte hineinreichende geistig-politische Krise zur Folge. Eine allmähliche Änderung wurde erst möglich durch die auf den bedeutenden liberalen Staatsrechtler und Politiker J. R. Thorbecke (1798 bis 1872) zurückgehende Verfassungsreform vom Jahre 1848 sowie durch die Gewährung der bürgerlichen Gleichberechtigung an die damals etwa ein Drittel der Gesamtbevölkerung ausmachenden nordniederländischen Katholiken im Jahre 1853[6]. Die industrielle Revolution nahm in den nördlichen Niederlanden erst nach der Jahrhundertmitte, also gegenüber Belgien mit einer Phasenverschiebung von etwa einem halben Jahrhundert, ihren Anfang[7].

[1] Belgische Revolution, Stand der Forschung: R. Demoulin, Les Journées de Septembre 1830 à Bruxelles et en Province (1934). S. 15–68, u. ders., La Révolution de 1830 (1950). S. 156 bis 166; Fl. de Lannoy, Histoire diplomatique de l'indépendance belge (1930). S. 69–75 (sowie veränderte Neuaufl. 1948); J. Stengers, Sentiment national, sentiment orangiste et sentiment français à l'aube de notre indépendance. In: Revue belge de philol. et d'hist. 28 (1950), S. 993–1029, 29 (1951), S. 61–92; dazu: Elias, Vlaamse gedachte, Bd. 1, S. 442–444.

[2] Strukturgegensatz zwischen der belgischen u. niederländischen Außenpolitik des 19. Jh.: C. Boogman, Achtergronden en algemene tendenties van het buitenlandse beleid van Nederland en België in het midden van de 19e eeuw. In: Bijdragen en Mededelingen van het Historisch Genootschap 76 (1962), S. 43–71.

[3] Belgische Zensusgesellschaft: Pirenne, Histoire de Belgique, Bd. 7, S. 114ff., 245ff.; J. Gilissen, Le régime représentatif en Belgique depuis 1790 (1958); Luykx, Hedendaagse geschiedenis, Bd. 1, S. 29–219.

[4] H. Haag, Les origines du catholicisme libéral en Belgique 1789–1839

(1950); A. Simon, Le parti catholique belge 1830–1945 (1958); ders., Catholicisme et politique. Documents inédits 1832–1909 (1955), sowie K. Jürgensen, Lamennais und die Gestaltung des belgischen Staates. Der liberale Katholizismus in der Verfassungsbewegung des 19. Jh. (1963).

[5] Über die Anfänge der Flämischen Bewegung u. das soziale Vorurteil, mit dem sie lange zu kämpfen hatte, vgl. Elias, Vlaamse gedachte, Bd. 2, sowie Picard, Vlaamse beweging, Bd. 1.

[6] Thorbecke: I.J. Brugmans, Thorbecke (²1948). – Katholische Emanzipation: Rogier u. Rooy, In vrijheid herboren.

[7] Diese Phasenverschiedenheit wird gut herausgearbeitet durch Brugmans, Paardenkracht, Abschn. 3: De industriële revolutie 1850–1870, S. 201 bis 275.

b. Die luxemburgische Frage und die Bedrohung der belgischen Unabhängigkeit durch Napoleon III.

Die große Machtsteigerung, die Bismarcks deutsche Politik in den 60er Jahren Preußen verschaffte, und die dadurch hervorgerufenen Kompensationsforderungen Napoleons III. hatten für den gesamten belgisch-niederländisch-luxemburgischen Bereich eine Periode erhöhter außenpolitischer Spannung und Gefährdung zur Folge. In dem Bestreben, die französischen Ausdehnungswünsche von den in allerersten Linie gefährdeten deutsch-französischen Grenzgebieten abzulenken, ermutigte Bismarck seit 1865 eine Hinwendung des Napoleonischen Ausbreitungsdranges auf Belgien und Luxemburg[1]. Im August 1866 schrieb er dem preußischen Gesandten in Paris, v.d. Goltz, er sei bereit, »die Hand zu bieten«, wenn der Kaiser nach belgischer Seite hin eine Gebietserweiterung suche[2]. Der daraufhin von Benedetti noch im gleichen Monat präsentierte Entwurf eines französisch-preußischen Bündnisses, in dem Frankreich gegen Zustimmung zur Einigung Deutschlands durch Preußen freie Hand gegenüber Belgien erhielt und Preußen sich gleichzeitig verpflichtete, ihm die Erwerbung Luxemburgs zu erleichtern, war von Bismarck inspiriert.

Der schnelle Abschluß des Nikolsburger Friedens ließ Napoleon vor der Verwirklichung des Projekts zurückschrecken, soweit es Belgien betraf[3], nicht jedoch gegenüber Luxemburg. Dieses spielte in den französischen Kompensationswünschen schon seit 1864 eine Rolle[4]. Als mögliche Entschädigung Frankreichs für den Preußen zufallenden Machtzuwachs erschien es nach dem preußischen Sieg über Österreich insofern in allererster Linie geeignet, als die internationale Rechtsstellung des

Landes nach dem Erlöschen des Deutschen Bundes der Überprüfung bedurfte und die weitere Anwesenheit preußischer Truppen in der ehemaligen Bundesfestung Luxemburg mit dem Aufhören des Bundes ihren Rechtsgrund verloren hatte. Bismarck war zeitweise ernsthaft bereit, die Abtretung Luxemburgs an Frankreich geschehen zu lassen, wenn diese erfolgte, ohne daß Preußen in die Verhandlungen hineingezogen und zur förmlichen Zustimmung gezwungen wurde[5]. Während Moltke Luxemburg als Bundesfestung nicht aufgeben wollte, drängte Bismarck Frankreich, in Luxemburg Manifestationen zugunsten eines Anschlusses an Frankreich herbeizuführen[6].

Einen günstigen Anlaß für die Anknüpfung direkter französisch-niederländischer Verhandlungen bot Frankreich ein Hilferuf, den der niederländische Außenminister van Zuylen am 20. Februar 1867 über die niederländischen Gesandten an Frankreich und England richtete und in dem er Preußen die Absicht unterschob, nicht nur Niederländisch-Limburg dem Norddeutschen Bund einzugliedern, sondern auch die übrigen Niederlande wirtschaftlich und militärisch von sich abhängig zu machen. Die Berliner Regierung erstrebte – so behauptete er darin – eine enge Allianz, die es ihr erlauben solle, Rotterdam in den Deutschen Zollverein zu zwingen, und die zugleich »donnerait au système militaire prussien une plus grande valeur, surtout au point de vue maritime«[7]. England erteilte auf die niederländischen Eröffnungen eine dilatorische Antwort, Frankreich hingegen trat über seinen Haager Gesandten Baudin sogleich in Verhandlungen ein und erbot sich, gegen die Abtretung Luxemburgs das niederländische Gebiet zu garantieren[8]. Van Zuylen stieß jedoch auf Schwierigkeiten bei König Wilhelm III. und ebenso bei dessen Bruder, Prinz Hendrik, der Statthalter von Luxemburg war, und dem luxemburgischen Minister Tornaco. Als ferner die Norddeutsche Bundesversammlung, entgegen der niederländischen Befürchtung, keinerlei Anspruch auf Limburg erhob, verlor auch van Zuylen zunehmend das Interesse an dem Garantievertrag mit Frankreich, der zu der traditionellen Selbständigkeitspolitik der Niederlande im Widerspruch stand. König Wilhelm III. verweigerte jede Zustimmung zur Abtretung Luxemburgs, ehe nicht die luxemburgische Bevölkerung, die Großmächte und vor allem Preußen eingewilligt hätten. Der am 19. März 1867 durch Bismarck veröffentlichte Abschluß der Schutz- und Trutzbündnisse mit den süddeutschen Staaten, in dem er eine Demonstration gegen

Frankreich erblickte, bestärkte den niederländischen König in seinem Entschluß, erst nach ausdrücklicher Einwilligung Preußens und der übrigen Großmächte seine Zustimmung zu einer Abtretung Luxemburgs zu geben[9]. Damit war die Vorbedingung, an die Bismarck deren Zulassung geknüpft hatte, vereitelt. Vor die Wahl gestellt zwischen einem Bündnis mit der öffentlichen Meinung in Deutschland und einem Bündnis mit Frankreich, wählte Bismarck die erste Möglichkeit[10]. An Bismarcks Weigerung, über seine Haltung des bloßen Gewährenlassens hinauszugehen, scheiterte die Abtretung Luxemburgs an Frankreich. Nach der Luxemburg-Interpellation v. Bennigsens im Norddeutschen Bundestag vom 1. April 1867 gab Bismarck dem holländischen König den dringenden Rat, von dem Vertrag mit Napoleon zurückzutreten, worauf Wilhelm bereitwillig einging.

Der Vermittlung Österreichs ist es zu danken, daß es über die luxemburgische Frage zwischen Preußen und Frankreich nicht zum offenen Konflikt kam. Österreich unterbreitete einer vom 7. bis 11. Mai 1867 in London zusammentretenden Mächtekonferenz nach vorheriger Zustimmung Bismarcks den Alternativvorschlag, entweder Luxemburg weiter als unabhängige Macht zu erhalten und, ähnlich wie 1831 im Falle Belgiens, seine immerwährende Neutralität durch die Mächte garantieren zu lassen oder aber das Land an Belgien zu geben, das dafür eine Anzahl Kantone in den belgischen Provinzen Hennegau, Namur und Luxemburg mit den alten Habsburgerfestungen Marienbourg und Philippeville an Frankreich abtreten sollte; in beiden Fällen sollte Preußen seinerseits die Festung Luxemburg räumen. Die Londoner Konferenz einigte sich – im Unterschied zu der Regelung für Belgien! – auf eine Kollektivgarantie der Mächte für die Unabhängigkeit und Neutralität des Großherzogtums; Preußen gab daraufhin sein Besatzungsrecht in der Stadt Luxemburg auf[11]. Bemerkenswert ist, daß Belgien damals nicht die Gelegenheit ergriff, mit Luxemburg ein Gebiet zurückzuerhalten, um dessen Rückgabe es sich in den 30er Jahren auf den Londoner Konferenzen leidenschaftlich bemüht hatte und das es 1867 mit der nötigen Energie und entsprechenden Zahlungen wohl hätte zurückerwerben können. König Leopold II. setzte sich nachdrücklich dafür ein und hat auch noch nach 1870 nach Möglichkeiten gesucht, die Rückgliederung zu erreichen. Hingegen war die Meinung in der belgischen Regierung geteilt. Der Vertreter der Revolutionsgeneration in ihr,

Charles Rogier, bot seinen ganzen Einfluß zugunsten der Rückgliederung Luxemburgs auf. Er wirkte auf die Presse ein, suchte in Luxemburg eine irredentistische Bewegung zu entfesseln und trat selbst an die niederländische Regierung heran; überall jedoch ohne Erfolg. Für Luxemburg hatte die Rückkehr nach Belgien nichts Verlockendes mehr. Die belgische öffentliche Meinung blieb gleichgültig. Im belgischen Kabinett aber trat Frère-Orban jedem Gedanken an einen Ländertausch entgegen, weil er aus prinzipiellen Gründen nicht an die von den Mächten garantierten Grenzen von 1839 gerührt sehen wollte, und ließ sich auch durch den König nicht umstimmen[12]. Infolgedessen blieb Luxemburg oranisch und im Deutschen Zollverein und erhielt anstelle der preußischen Besatzung seiner Hauptstadt eine kollektive Neutralitätsgarantie, die lediglich auf dem Papier stand; denn sie sollte nur wirksam werden, wenn sich alle Unterzeichnermächte darauf einigten. Die Niederlande benutzten die Londoner Konferenz, um sich durch den Vertrag das Erlöschen der ehemaligen limburgischen Bindungen an den Deutschen Bund bestätigen zu lassen[13].

Nach seinem Mißerfolg in der Luxemburger Frage erneuerte Napoleon III. 1868 seinen Versuch, Belgien, dem er in einem zukünftigen französischen Konflikt mit Preußen ausschlaggebende Bedeutung beimaß, unter französischen Einfluß zu bringen. Sein auf Gedankengänge des Bürgerkönigs Louis Philippe aus dem Jahre 1840 zurückgreifender Vorschlag einer belgisch-französischen Zollunion hatte jedoch unter der inzwischen angebrochenen Herrschaft der Freihandelsprinzipien in Europa für die belgische Industrie seine Anziehungskraft verloren und erschien nur noch als ein unverhülltes Mittel zur politischen Einflußnahme; er wurde daher abgelehnt. Nicht erfolgreicher war der durch Napoleon veranlaßte Versuch der Compagnie française des Chemins de fer de l'Est, mit den belgischen Eisenbahngesellschaften Liégeois-Limbourgeois und Grand-Luxembourgeois in Verhandlungen wegen eines Aufkaufs beider Gesellschaften einzutreten und dadurch die wichtigsten ostbelgischen Bahnen unter die Kontrolle der mächtigen französischen Gesellschaft zu bringen, die ihrerseits bereits die Großherzoglich Luxemburgische Bahn kontrollierte. Aber die belgische Regierung, unter Frère-Orban als Ministerpräsidenten, erkannte sofort die darin für die belgische Neutralität liegende Gefahr: Der Besitz dieser Bahnlinien hätte Frankreich die Möglichkeit gegeben, im Falle eines Krieges mit Preußen durch seine Truppen sogleich die Maaslinie zu besetzen und sich dieser als Basis für einen Angriff auf Deutschland zu bedienen. Frère-Orban verweigerte daher der Lütticher Eisenbahngesellschaft die Genehmigung zum Verkauf ihres Netzes und ließ durch beide Kammern in aller Eile ein Gesetz verabschieden, das jede Abtretung einer Eisenbahnlinie ohne staatliche Genehmigung untersagte[14]. Napoleon und die französische Presse waren entrüstet und beschuldigten Belgien des geheimen Einverständnisses mit Preußen. »Wir müssen darauf reagieren«, schrieb der Kaiser am 19. Februar 1869 an seinen Kriegsminister Marschall Niel[15], »als ob der Krieg die Folge dieses Konflikts sein würde«, und betonte nochmals die entscheidende Bedeutung Belgiens für einen französischen Aufmarsch gegen Deutschland. Aber Frère-Orban ließ sich nicht einschüchtern und wies, bei gleichzeitigem Entgegenkommen in der Form und in rein wirtschaftlichen Fragen, auch weiterhin jedes Ansinnen einer politischen Einflußnahme Frankreichs auf Belgien zurück[16].

Eine weitere Feuerprobe hatte die belgische Neutralität zu bestehen im Deutsch-Französischen Krieg von 1870/71. König Leopold II. veranlaßte nach Ausbruch des Kampfes England, deren Respektierung von Preußen und Frankreich zu verlangen, und verband damit die Erklärung, es werde gegen jeden, der sie zu verletzen wage, alle seine Land- und Seestreitkräfte einsetzen. Auch England stellte in einem solchen Falle Belgien seine Hilfe in Aussicht. Trotzdem hat der französische Kriegsrat am Vorabend der Katastrophe von Sedan die Möglichkeit erwogen, die von der deutschen Einkreisung bedrohte französische Armee über belgisches Gebiet aus der Umzingelung zu retten[17]. Aber nur 3000 versprengte französische Soldaten traten am 1. September 1870 in die belgische Provinz Luxemburg über und ließen sich durch die an den Grenzen aufgestellten belgischen Truppen widerstandslos entwaffnen. Auch der im weiteren Verlauf des Krieges von französischer Seite (u.a. Thiers) wiederholt vertretene Gedanke einer französischen Gegenoffensive durch Belgien und eines Entlastungsstoßes längs Sambre und Maas wurde nicht verwirklicht. Moltke ermahnte damals Belgien, sein Heer zu stärken, da es vor allem auf sich selbst zählen müsse[18].

DW 13242, 14417, 14418 u. 14437

Oranjeboek, Diplomatische bescheiden betreffende de Limburg-Luxemburgsche aangelegenheden 1866–67 (1868; lückenhaft!)

Hamstra, De Luxemburgsche Kwestie (Diss. Groningen 1927)

A. Schierenberg, Die dt.-frz. Auseinandersetzung um die Luxemburger Frage, dargest. vor allem an der Luxemb. Angelegenheit des Jahres 1867 (Diss. Marburg 1933)
J. G. Garsou, Le Grand-Duché de Luxembourg entre la Belgique, la France et la Prusse 1867–71 (1937)
Ferner: P. Hymans, Frère-Orban II: La Belgique et le Second Empire (o.J.)
Baron Beyens, Le Second Empire vu par un diplomate belge. 2 Bde (1924)
M.R.D. Foot, Great Britain and Luxembourg 1867. In: EHR 67 (1952), S. 352 bis 379
A. Simon, België van 1865–1884. In: Algemene Geschiedenis der Nederlanden (AGdN) Bd. 10, S. 143–172, 430–435, 442f.

[1] Les origines diplomatiques de la guerre 1870–1871. Bd. 7 (1913), S. 64, 91, bestätigt durch Bd. 11, S. 225.

[2] H. Oncken, Die Rheinpolitik Kaiser Napoleons III. von 1863-1870 u. der Ursprung des Krieges von 1870–1871. Bd. 2 (1926), S. 35, u. E. Ann Pottinger, Napoleon III and the German Crisis 1865–1866. In: Harvard Historical Studies LXXV (1966).

[3] Zum franz. Vertragsentwurf vgl. Les origines, Bd. 12, S. 116, 164, 171, 173, 192, 215ff.; Oncken, Rheinpolitik, S. 109, 140. Über d. Reaktion auf belgischer Seite vgl. Hymans, Frère Orban II, S. 125; Beyens, Second Empire, Bd. 2, S. 206 u. L. de Lichtervelde, Léopold II (1929). S. 81.

[4] Oncken, Rheinpolitik, Bd. 1, S. 31, 47, 96.

[5] So Hamstra, Luxemburgsche Kwestie, S. 25f., aufgrund nochmaliger Überprüfung d. Quellen in Übereinstimmung mit H. v. Sybel, Die Begründung des Deutschen Reiches durch Wilhelm I. Bd. 6 (1896) gegen A. Matschoss, Die Kriegsgefahr von 1867. Die Luxemburger Frage (1908). S. 167ff.

[6] Les origines, Bd. 14, S. 184, 288.

[7] Mitgeteilt von Hamstra, Luxemburgsche Kwestie, S. 29f., aus den Akten im niederl. Rijksarchif, Legation Frankreich. Die Schreiben wurden, nachdem sich ihr Inhalt als unbegründet herausgestellt hatte, nicht in das ein Jahr später veröff. Oranjeboek über die Luxemburger Frage aufgenommen.

[8] Vertragsentwurf in: Les origines, Bd. 15, S. 14ff.

[9] Hamstra, Luxemburgsche Kwestie, S. 36ff.

[10] Vgl. Bismarcks Brief an Bernstorff vom 3.4. 1867 in: Oncken, Rheinpolitik, Bd. 2, S. 275, Anm.

[11] Für die strateg. Bedeutung v. Marienbourg u. Philippeville vgl. Pirenne, Histoire de Belgique, Bd. 1, S. 135, 144, 166.

[12] Garsou, Grand-Duché de Luxembourg, sowie Luykx, Hedendaagse geschiedenis, Bd. 1, S. 116ff.

[13] Den betr. Artikel des Vertrags bei Hamstra, Luxemburgsche Kwestie, S. 55.

[14] Gesetz v. 23. Feb. 1869.

[15] Zitat bei Pirenne, Histoire de Belgique, Bd. 7, S. 213f.

[16] Ebd., S. 121ff.

[17] Algemeene Geschiedenis der Nederlanden (AGdN) Bd. 10, S. 150, in Verbind. m. C. Terlinden, Impérialisme et équilibre (1952). S. 331.

[18] Mitteilung des belg. Gesandten in Berlin, Nothomb, vgl. AGdN Bd 10, S. 150.

c. Belgien, die Niederlande und Luxemburg in der europäischen Politik (1871–1914)

Der Krieg von 1870/71 hatte auf die Stellung aller drei Staaten in Europa nachhaltige Rückwirkungen. Doch waren diese in jedem von ihnen charakteristisch verschieden.

Belgien

Zu stark gegensätzlichen politischen Auffassungen führte der Kriegsverlauf in Belgien. Für einen großen Teil der öffentlichen Meinung und namentlich der katholischen Politiker war die Tatsache, daß das Land vom Krieg verschont geblieben war, ein Beweis für die Wirksamkeit der internationalen Neutralitätsgarantie und eine Stütze für ihre Annahme, daß sich das »Wunder von 1870« auch in einem künftigen europäischen Konflikt wiederholen werde. In diesen Kreisen verstärkte sich daher nach 1870 die Abneigung, dem Lande unpopuläre militärische Lasten aufzuerlegen. Am radikalsten vertrat diesen Standpunkt die Antwerpener *Meeting*-Partei. Von Grund auf anderer Meinung waren Leopold II. und die ihm nahestehenden Kreise (Brialmont, Banning, Lambermont). Ihnen war der Krieg und die 1875 erneut auftretende deutsch-französische Spannung, bei der man in deutschen militärischen Kreisen wieder mit der Möglichkeit eines französischen Angriffs unter Benutzung Belgiens rechnete[1], vielmehr eine Bestätigung dafür, wie dringend notwendig eine Verstärkung der militärischen Abwehrkraft des Landes war. Dem katholischen Ministerpräsidenten Anethan, der ihn unter Hinweis auf seine gefährdete Popularität von solchen Plänen abzubringen suchte, entgegnete Leopold II., daß eine Popularität, die er durch eine Täuschung des Landes über seine wahren Interessen erkaufen müsse, auf seinem Gewissen mit einem Gewicht lasten würde, das er nicht zu ertragen vermöge. Bei der nächsten Gelegenheit trennte er sich von Anethan[2]. Wiederholt unternahm es der König, das Land unter Hinwegsetzung über alle parlamentarischen Rücksichten an seine nationalen Pflichten zu mahnen. Auch auf dem Weg über Papst Leo XIII. suchte er auf die katholische Partei einen Druck auszuüben[3].

Aber es gelang ihm zunächst nur, den von der pazifistischen *Meeting*-Partei und, mit Rücksicht auf die belgischen Neutralitätsverpflichtungen, auch von dem liberalen Führer Frère-Orban abgelehnten Ausbau der Maas-Festungen 1887/88 durchzusetzen. Hingegen konnte er den katholischen Widerstand gegen die von ihm angestrebte allgemeine Wehrpflicht nicht überwinden. Noch 1894 befand sich die Armee zahlenmäßig auf dem gleichen Stand wie 1851 und krankte an dem Mangel, daß sich jeder vom Militärdienst durch Gestellung eines Ersatzmannes freikaufen konnte. Um die Jahrhundertwende suchte die Rechte das Problem der Militärreform sogar durch die konsequente Nachahmung des englischen Vorbilds einer Freiwilligenarmee mit einer Bürgergarde als Reserve zu lösen. Erst 1909 rang sich das belgische Parlament zur Einführung einer eingeschränkten allgemeinen Wehrpflicht durch (ein Sohn pro Familie), und erst auf dem Sterbebett konnte Leopold II. das Gesetz unterzeichnen, das die Militärreform vorsah, um die er sein ganzes Leben hindurch vergeblich gekämpft hatte[4].

Der Gewinnung eines abgewogenen Urteils über die belgische Haltung in den letzten Vorkriegsjahren standen auf deutscher Seite lange die Nachwirkungen des politisch-publizistischen Meinungskampfes während des Krieges und danach das geistig-politische Ringen um den Versailler Vertrag im Wege[5]. Die gerechte Abwägung der Tatbestände wurde zudem in diesem klassischen Überschichtungsgebiet der verschiedenartigsten europäischen Ideen und Kräfte erschwert durch die sich bis hinein in die leitenden politischen und militärischen Kreise erstreckende Diskrepanz der politischen Auffassungen. Eine leidenschaftslose Neuaufarbeitung des gesamten Fragenkomplexes durch die deutsche Forschung entspricht einem dringenden Bedürfnis und ist inzwischen in Angriff genommen worden[6]. Unbestreitbar ist, daß sich in Belgien in den letzten Vorkriegsjahren antideutsche Stimmungen lebhafter geltend machten als früher. Die Ursache für die damals ergriffenen, später von deutscher Seite als Begünstigung der Alliierten ausgelegten Maßnahmen lag jedoch weniger in einer ursprünglichen Hinneigung zu England und Frankreich – zeitweise stand man in den politisch führenden Kreisen sogar England bis zuletzt mit nicht geringem Mißtrauen gegenüber – als in dem zum Teil von Deutschland selbst verschuldeten Durchsickern der Tatsache, daß die deutschen Aufmarschpläne gegen Frankreich für den Fall eines deutsch-französischen Krieges den Durchmarsch durch Belgien vorsahen[7]. Mit dem Hinweis auf die deutsche Absicht, bei einem eventuellen Angriff auf Frankreich die deutschen Truppen durch belgisches Gebiet marschieren zu lassen, brachte der katholische Ministerpräsident und Kriegsminister Ch. de Broqueville am 14. Februar 1913 in geheimer Parlamentssitzung die Opposition in den eigenen Reihen gegen die von ihm geforderte uneingeschränkte allgemeine Dienstpflicht und die Erhöhung der Truppenstärke von 180000 auf 340000 Mann zum Schweigen. Schon bei der Gelegenheit des Staatsbesuchs Leopolds II. in Berlin im Januar 1904 und erneut bei einem Besuch König Alberts in Potsdam im November 1913 sprach der Kaiser von der Unausweichlichkeit eines deutsch-französischen Konflikts und suchte Belgien für diesen Fall zur Aufgabe seiner Neutralität und zum Übertritt auf die deutsche Seite zu veranlassen – beide Male bekanntlich ohne Erfolg. Hier, wie gegenüber entsprechenden Sondierungen von englisch-französischer Seite, erklärte man belgischerseits, die Neutralität mit allen Mitteln verteidigen zu wollen. Umstritten sind allerdings die in den Monaten Januar bis April 1906 zwischen dem belgischen Generalstabschef Ducarne und dem britischen Militärattaché Oberstleutnant Barnardiston in Brüssel geführten geheimen Besprechungen, über die während der deutschen Besetzung Belgiens im Ersten Weltkrieg in den Brüsseler Ministerien die Unterlagen aufgefunden wurden. Ducarne gab darin Auskunft über die belgischen Aufmarschpläne im Falle eines deutschen Angriffs, ohne jedoch feste Abmachungen über ein belgisch-englisches militärisches Zusammenwirken in Aussicht zu nehmen. Die belgische Regierung nahm diese Besprechungen offiziell nicht zur Kenntnis, maßregelte aber Ducarne auch nicht. Von der deutschen Forschung wurden diese Besprechungen als Verletzung der Neutralitätspflicht durch Belgien betrachtet, worin ihr jedoch die außerdeutschen Fachgenossen in der Regel nicht folgten[8]. Bis zur Übergabe des deutschen Ultimatums am Abend des 2. August 1914 hat Belgien auch in der Krise von 1914 die Neutralität bewahren zu können gehofft. Der nach Eingang des deutschen Ultimatums einberufene Kronrat faßte seinen Entschluß, sie mit allen Kräften zu verteidigen, trotz allgemeiner Niedergeschlagenheit mit Einstimmigkeit. Nur der alte, antimilitaristisch gesonnene Katholikenführer Ch. Woeste scheint dafür eingetreten zu sein, sich angesichts der deutschen Übermacht auf einen lediglich symbolischen Widerstand zu beschränken[9].

E. van der Smissen, Léopold II et Beernaert d'après leur correspondance inédite de 1884 à 1894. 2 Bde (1919)
H. Carton de Wiart, Léopold II. Souvenirs des dernières années (1944)
E. Banning, Considérations politiques sur la défense de la Meuse (Ausg. von

1918), sowie Les origines et les phases de la neutralité belge. Hg. v. A. de Ridder (1927)
Ch. Woeste, Échos des luttes contemporaines 1895–1905. 2 Bde (1906)
Documents diplomatiques 1905–1914. Lettres adressées par les ministres et chargés d'affaires de Belgique à Berlin, Londres et Paris, au ministre des Affaires Étrangères à Bruxelles (1915)
L. de Lichtervelde, Léopold II (²1949)
F. Lehouck, Het antimilitarisme in België 1830–1914 (1958)
L. Wils, Het ontstaan van de Meetingpartij te Antwerpen en haar invloed op de Belgische politiek (1963)
E. Wanty, Le milieu militaire belge de 1831 à 1914 (1957)
A. Duchesne, Les archives de la guerre et de la marine à Paris et l'histoire de la Belgique (1962), sowie ders., L'armée et la politique militaire belge de 1871 à 1920, jugées par les attachés militaires de France à Bruxelles. In: Revue belge de philol. et d'hist. 39 (1961), S. 391–430, 40 (1962), S. 371–384

[1] AGdN Bd. 10, S. 150, in Verb. mit Terlinden, Impérialisme, S. 356.

[2] Pirenne, Histoire de Belgique, Bd. 7, S. 221.

[3] Ebd., S. 309f.

[4] F. Lehouck, Léopold II en de landsverdediging. Gids op maatschappelijk gebied (1957), sowie H. Carton de Wiart, Beernaert et son temps (1945); dazu Pirenne, Histoire de Belgique, Bd. 7, S. 332, u. Luykx, Hedendaagse geschiedenis, Bd. 1, S. 156.

[5] Beispiele: P. Dirr, Belgien als frz. Ostmark (1917), u. die Mehrzahl der Veröffentlichungen von R.P. Oszwald zur belgischen Frage.

[6] Durch meinen Mitarbeiter H. Lademacher. – Von belgischer Seite vgl. R. Devleeschouwer, Les Belges et le danger de guerre 1910–14 (1948), sowie J. Willequet, La violation de la neutralité belge en 1914. Réflexions nouvelles. In: Revue belge de philol. et d'hist. 41 (1963), S. 487–499.

[7] Über den Schlieffen-Plan von 1905 u. seine Abwandlungen bis 1914 vgl. G. Ritter, Der Schlieffenplan (1956).

[8] Den Fragenkomplex behandeln in deutscher Sicht P. Herre, Die kleinen Staaten Europas u. die Entstehung des Weltkrieges (1937). Abschn. Belgien, S. 179–267, sowie B. Schwertfeger, Der geistige Kampf um die Verletzung d. belg. Neutralität (²1925). – Von belgischer Seite: A. de Ridder, La violation de la neutralité belge et ses avocats (1926); D.H. Thomas, The Use of the Scheldt in British Plans for the Defense of Belgian Neutrality 1831–1914. In: Revue belge de philol. et d'hist. 41 (1963), S. 449–470.

[9] P. Hymans, Mémoires. I (1958), S. 86, u. II (1958), S. 872ff.

Die Niederlande

In den Niederlanden gab der Deutsch-Französische Krieg der geheimen Sorge vor dem ständig wachsenden Gewicht Preußen-Deutschlands, die schon im Februar 1867 zu dem übereilten Hilferuf an Frankreich und England geführt hatte[1], neuen Auftrieb. Es verbreitete sich ein Gefühl nationalen Notstandes, das im Januar 1871 zur Bildung eines Ministeriums Thorbecke mit dem Auftrag führte, die lange stark vernachlässigte nationale Verteidigung zu reorganisieren. Da man sich jedoch nicht zu der dafür erforderlichen Finanzreform entschließen konnte, scheiterte Thorbecke und die Heeresreform geriet alsbald wieder ins Stocken[2]. Nach der Wiederkehr des Friedens zogen sich die Niederlande erneut auf die Grundhaltung einer vorsichtigen Neutralität zurück: »Es ist, als ob die Niederländer nach 1870 noch entschlossener waren als vor 1870, sich mit der großen Politik nicht mehr einzulassen: Im Einvernehmen mit den Nachbarn leben, ohne sich mit einem von ihnen näher zu verbinden als mit dem anderen – das war die Losung, und die Praxis entsprach ihr.« (N. Japikse)[3] Nur wo es um den Freihandel und die eigenen Handelsinteressen ging, zeigte man sich aktiv[4].

Weder die Abkühlung der Beziehungen zu England als Folge der Burenkriege von 1881 und 1899-1902 noch auch die wachsende Dichte der wirtschaftlichen und finanziellen Beziehungen zu Deutschland vermochten dabei freilich die vorwiegend auf Westeuropa gerichtete Grundeinstellung des Landes zu verändern. Die ganze eigene niederländische Geschichte seit dem 16. Jahrhundert, die Rücksicht auf die niederländischen Kolonialinteressen, die ein gutes Verhältnis zu England dringend erheischten, und das Bewußtsein, daß von dorther wenigstens kein Angriff auf die eigene staatliche Unabhängigkeit zu besorgen sei, sprachen bei dieser vorwiegend westeuropäischen Orientierung mit. In klassischer Form zum Ausdruck gebracht wurde sie 1934 durch den niederländischen Kulturhistoriker J. Huizinga in Sätzen, die, auch wenn sie durch die Wendung gegen den Nationalsozialismus veranlaßt waren, in ihrer Grundtendenz bereits für das 19. Jahrhundert Gültigkeit besitzen: »Ein eigenartiges Geschick hat unser Volk von seinem ursprünglichen Stamm geschieden und zu einem edlen Teil Westeuropas gemacht. Über Delfzijl und Vaals (d.h. von Groningen nach Aachen) läuft die Grenze zwischen West- und Mitteleuropa. In unserer Westlichkeit liegt unsere Kraft und die Grundlage unserer eigenen Existenz. Wir gehören auf die atlantische Seite. Unser Schwerpunkt liegt auf und über See. Unsere Gesellschaft ist die der westlichen Völker, jenes großen Volkes vor allem, das die moderne Staatsordnung schuf und noch die Freiheit hochhält.«[5] Gegenüber dem europäischen Kontinent hingegen blieb die niederländische Außenpolitik so lange wie irgend angängig vom Geiste friedlicher Enthaltsamkeit beseelt. Nicht zufällig fand auch die erste allgemeine Friedenskonferenz 1899 auf niederländischem Boden, im Haag, statt. Mit dem Verlauf und dem Ergebnis sowie mit der Rolle, die die Kleinstaaten auf der Haager Versammlung spielten, war man in den Niederlanden freilich keineswegs zufrieden. Bei der Aussprache in der Zweiten Kammer vor der Ratifikation der Beschlüsse der Konferenz über die friedliche Beilegung internationaler Streitigkeiten kam starkes Mißtrauen zum Ausdruck, und es gab eine Richtung, die das Land am liebsten von den Beschlüssen der Konferenz ferngehalten hätte – allen Idealen zum Trotz, um die es ging.

Die maßgebenden niederländischen Politiker hingegen gaben sich damals davon Rechenschaft, daß die wachsenden Spannungen zwischen den großen europäischen Nationen die Fortsetzung der bequemen niederländischen Enthaltsamkeitspolitik nicht mehr erlaubten. Das liberale Kabinett Pierson nahm die unpopuläre Aufgabe der 1872 steckengebliebenen Landesverteidigung in Angriff. In der Außenpolitik suchte 1904 der christlich-konservative Politiker Abraham Kuyper[6] durch Verhandlungen in Berlin, Wien und Rom zwar nicht, wie viele Niederländer fürchteten, eine vertragsmäßige Bindung an die Zentralmächte herbeizuführen, wohl aber größere Klarheit über die Bedingungen zu gewinnen, unter denen die Niederlande im europäischen Konfliktsfall mit Sicherheit vom Kriege verschont bleiben könnten. Zu irgendwelchen vertraglichen Abmachungen ist es nicht gekommen; 1905 wurde Kuyper gestürzt. Eine Auswirkung dieser Verhandlungen war es aber wohl, wenn die holländischen Küstenbefestigungen einer eiligen Ausbesserung unterzogen wurden. Die Arbeiten fanden 1909/10 ihren Abschluß in der Neubefestigung Vlissingens gegen starken inneren Widerstand und unter heftigen Protesten Frankreichs, das damit die Möglichkeit für die Westmächte bedroht sah, im Falle eines deutschen Angriffs auf Belgien Truppen auf dem Wasserwege nach Antwerpen zu bringen. Gegenüber gleichzeitigen belgischen Bemühungen um engere militärische Zusammenarbeit zum gemeinsamen Schutz der Neutralität – diesem Ziel diente 1907 eine Besprechung zwischen belgischen und holländischen Offizieren in Breda – beobachtete man niederländischerseits Zurückhaltung[7].

Bescheiden betr. de buitenlandse politiek van Nederland 1848–1919. Tweede periode 1871 tot 1898. Hg. v. J. Woltering. Bd. 1: 1871–74. In: Rijks Geschiedkundige Publicatien, Gr.Ser. 107 (1962). Derde periode 1899–1919. Hg. v. C. Smit. Bd. 1: 1899–1903; Bd. 2: 1903–1907; Bd. 3: 1907–1914; Bd. 4: 1914–1917. In: Rijks Geschiedk. Publ., Gr.Ser. 100, 102, 106, 109 (1957–1962)

N. Japikse, Verf. d. Schlußbandes (Bd. 6) von: J. A. de Bruyne, De geschiedenis van Nederland in onzen tijd (1918)
J. A. A. H. de Beaufort, Vijftig jaren uit onze geschiedenis 1868–1918 (1928)
C. Smit, Hoogtij der neutraliteitspolitiek. De buitenlandse politiek van Nederland 1899–1919 (1959)
A. S. de Leeuw, Nederland in de wereldpolitiek van 1900 tot heden (1936)

[1] Mitgeteilt von Hamstra, Luxemburgsche Kwestie, S. 25f.
[2] Gosses-Japikse, Handboek, S. 855.
[3] Ebd., S. 859.
[4] Vgl. insbes. das in der Quellenveröffentlichung der ›Bescheiden‹ enthaltene umfangreiche Belegmaterial.
[5] Nederland's geestesmerk (1. Ausg. 1934), wiederabgedr. in: Verzamelde Werken. Bd. 7 (1950), S. 311f.
[6] Über Kuyper vgl. die in Abschn. d. angegebene Lit.
[7] Hierzu Japikse, Geschiedenis van Nederland, sowie Herre, Die kleinen Staaten, S. 157–179.

Luxemburg

Von unmittelbarster Bedeutung war der deutsche Sieg über Frankreich für die zukünftige politische Orientierung Luxemburgs. Zwar blieb der Londoner Vertrag von 1867 in Geltung, der es Luxemburg untersagte, eine Armee zu halten und irgendwelche militärischen Anlagen zu besitzen; die luxemburgische Neutralität war im Unterschied zur belgischen eine unbewaffnete[1]. Demgemäß mußte der luxemburgische Vertreter auf der Haager Konferenz sein Land für außerstande erklären, den Artikel 50 des Haager Landkriegsrechts zu erfüllen, der den neutralen Staat verpflichtete, auf sein Gebiet übertretende Truppen einer kriegführenden Macht zu internieren[2].

Im übrigen aber kam es zu einer wachsenden Verstärkung der politischen und wirtschaftlichen Bindungen zwischen Luxemburg und dem Deutschen Reich. Auch als seit 1871 das deutsche Zollgebiet und das neue Reich weithin zusammenfielen, blieb Luxemburg in der deutschen Zollunion. Deutsche Zollbeamte waren in Luxemburg tätig, die oberste Kontrolle der luxemburgischen Zollverwaltung lag beim Finanzminister in Berlin. Auch die deutschen Handelsverträge mit fremden Staaten wurden zugleich im Namen Luxemburgs abgeschlossen[3]. Ergänzt wurde die Zollunion mit Deutschland 1872 durch die Übernahme der luxemburgischen Bahnverwaltung, die bis dahin bei der Compagnie française de l'Est gelegen hatte. Mit Zustimmung der Garantiemächte wurde sie eingegliedert in die elsaß-lothringische Bahnverwaltung. Ergänzungsverträge von 1902 und 1913 verstärkten die verkehrsmäßige und wirtschaftliche Bindung des Landes an Deutschland weiter, wiederum ohne Einspruch der Garantiemächte. Dem deutschen Partner wurde lediglich die Verpflichtung auferlegt, keine Handlung zu unternehmen oder zu dulden, die nicht in Übereinstimmung mit den Pflichten des Großherzogtums als eines neutralen Staatswesens stehe. Insbesondere wurde die deutsche Regierung verpflichtet, sich der luxemburgischen Bahn nicht zum Transport von Truppen, Waffen, Kriegsmaterial und Munition während eines Krieges zu bedienen, an dem Deutschland beteiligt wäre. Das war die Formel, mit der man im luxemburgischen Inland und im Ausland, d.h. vor allem in Frankreich, alle Kritik wegen der einseitigen wirtschaftlichen Bindungen Luxemburgs zum Schweigen brachte. England nahm, wie schon an der Garantierung der luxemburgischen Neutralität, auch an der Aufrechterhaltung der luxemburgischen Unabhängigkeit nur geringes Interesse[4].

Während Luxemburg so politisch und wirtschaftlich unter vorwiegend deutschen Einfluß geriet, fand 1890 die Personalunion mit den Niederlanden ein Ende, als nach dem Tode des niederländischen Königs Wilhelm III. in den Niederlanden dessen Tochter Wilhelmina nachfolgte. Gemäß den Bestimmungen des Nassauer Familienpaktes, der die Thronfolge in Luxemburg in Übereinstimmung mit Artikel 71 der Wiener Schlußakte regelt[5], gelangte damals in Luxemburg nicht Wilhelmina, sondern der 1866 entthronte letzte Herzog von Nassau, Adolf, aus der Walramschen Linie der Nassauer, auf den Thron[6].

[1] Der Großherzog hatte lediglich das Recht, zur Aufrechterhaltung der inneren Ordnung 300 Mann unter Waffen zu halten.

[2] Die luxemburgische Neutralität war auch insofern viel fragwürdiger als die belgische, als die Kollektivgarantie der Mächte nach englischer, von luxemburgischer Seite vergeblich bestrittener Interpretation nur bei vorliegender Einstimmigkeit der Signatarmächte zu bewaffnetem Beistand verpflichtete; vgl. Pirenne, Histoire de Belgique, Bd. 7, S. 211. Die luxemburgische Auffassung vertritt P. Majerus, Le Luxembourg indépendant (1946).

[3] Zum Ganzen: A. Calmes, Der Zollanschluß des Großherzogtums Luxemburg an Deutschland 1842 bis 1918. 2 Bde (1919).

[4] Hierzu: Herre, Die kleinen Staaten, Abschn. IV, 4: Das neutralisierte Luxemburg, sowie E. Servais, La prussification du Grand-Duché de Luxembourg depuis la séparation de la Belgique en 1839 jusqu'à la guerre mondiale (1919).

[5] J. Schoos, Die nassauische Thronfolge in Luxemburg. In: Rhein Vjbll 19 (1954), S. 556–594.

[6] Über die gegenwärtige luxemburgische Dynastie vgl. J. Schoos, Ligne-Luxembourg-Nassau (1950), u. ders., Wilhelm, Grhzg. von Luxemburg, Herzog von Nassau 1852–1912 (1952).

Belgien

Staat. Der belgische Staat galt vielen Liberalen im 19. Jahrhundert als der europäische Musterstaat, seine Verfassung als das Vorbild aller freiheitlichen Verfassungen in Europa[1]. Seine liberale Blütezeit fiel in die ersten Jahrzehnte nach 1830. Die auf dem Prinzip der Zensuswahl beruhende Vorherrschaft des liberalen Besitzbürgertums dauerte noch bis zum Jahr 1894, doch wurden bereits seit den 60er Jahren die Grenzen deutlich, die der Wirksamkeit dieses Staatswesens gesetzt waren. Sie lagen ebensosehr in der weltanschaulichen Uneinheitlichkeit der tragenden politischen Kräfte wie in dem allmählichen Aufsteigen der unteren Schichten. Bald nach der Jahrhundertmitte begann die durch den gemeinsamen Widerstand gegen das holländische Regiment zustande gekommene Einheitsfront zwischen Liberalen und Katholiken zu zerfallen. Sie wich mit dem Abtreten der Revolutionsgeneration und dem Heraufkommen jüngerer Kräfte einem immer mehr sich verschärfenden Gegensatz zwischen einem radikalen, prinzipiell antikirchlich eingestellten Liberalismus und einem sich entsprechend verhärtenden ultramontanen Katholizismus. Infolgedessen kam es in den 70er und 80er Jahren in Belgien zu ähnlich scharfen innenpolitischen Konflikten wie in anderen Ländern Europas. An die Stelle des Prinzips einer »indépendance réelle du pouvoir civil«[2], wie es die gemäßigten Liberalen verfolgt hatten, trat bei den radikalen Liberalen das Streben, der Kirche jeden Einfluß in der Öffentlichkeit zu nehmen. Der frühere Antiklerikalismus wurde abgelöst durch die Auffassung, daß Liberalismus und katholischer Glaube prinzipiell miteinander unvereinbar seien: »Un cadavre est sur la terre, il barre la route au progrès ... le cadavre du passé ... c'est le catholicisme«, erklärte der liberale Kultusminister van Humbeeck[3].

Zum Signal für die Verwirklichung ihres Ideals vom Laienstaat wurde für diese Kreise der liberale Wahlsieg vom Jahre 1878. Unter dem radikalliberalen Ministerium Frère-Orban-van Humbeeck (1878–1884) erlebte auch Belgien seinen Kulturkampf. Vornehmlichster Gegenstand des Streites war auch hier die Schule, um deren innere Ausrichtung es bereits seit langem zu Konflikten gekommen war. Erstrebt wurde von den Liberalen ihre völlige Unterstellung unter die staatliche Kontrolle. Diesem Ziel dienten das Volksschulgesetz vom 10. Juli 1879, das zwischen Staat und Kirche einen offenen Kampf entfesselte und für Belgien »die unruhigste Zeit seiner gesamten innenpolitischen Existenz« (Luykx) heraufführte, sowie das Gesetz über den höheren Schulunterricht vom Jahre 1881, aufgrund dessen der Staat zur Neugründung von 12 Gymnasien und 102 Mittelschulen schritt. Aufrufe der Bischöfe gegen die »Gottlosenschulen«, Adressenstürme, Verweigerung der Sakramente für die Lehrer an den öffentlichen Schulen und die Eltern, die ihre Kinder dorthin schickten, und eine großangelegte, mit hohen finanziellen Opfern unternommene Aktion zum Aufbau eines »freien« katholischen Volksschulwesens waren die Antwort der Kirche – die Absetzung widerstrebender hoher Beamter, Errichtung von staatlichen Schulen bis in die kleinste Gemeinde hinein und schließlich der Abbruch der diplomatischen Beziehungen mit dem Heiligen Stuhl die Reaktion der Regierung. Den Ausschlag in dem Ringen gab die Anhänglichkeit der großen Mehrheit der Bevölkerung, insbesondere in Flandern, an die Kirche. Schon im Dezember 1880 besuchten nur noch 333401 Kinder die Staatsschulen, dagegen 580680 die freien katholischen Schulen; bis 1882 wuchs deren Zahl auf 622000; 1883 zählte man vor allem wiederum in Flandern 255 »verlorene« öffentliche Schulen. In den am schlechtesten besuchten öffentlichen Schulen gab es schließlich 724 Lehrer für 432 Kinder. In der Provinz Limburg ging die Schülerzahl in den Staatsschulen von 25000 auf 5000 zurück, während gleichzeitig die Zahl der öffentlichen Schulen um mehr als 100 vermehrt wurde. Von den an den öffentlichen Schulen tätigen Lehrern nahm bis 1884 fast ein Drittel seinen Abschied[4].

Die religiöse Erbitterung, verbunden mit einer allgemeinen Mißstimmung über die erhöhten öffentlichen Lasten, durch deren Auferlegung die Regierung ihr Schulprogramm zu finanzieren suchte, führte am 10. Juni 1884 zu einer schweren Wahlniederlage der Liberalen, von der sie sich niemals völlig erholt haben. Die neue katholische Regierung machte durch das Schulgesetz vom 20. September 1884 den Volksschulunterricht wieder zur Sache der Gemeinden und gestattete ihnen, mit Zustimmung der ständigen Deputation, auch »freie« (= katholische) Schulen anzuerkennen oder anzunehmen (sogenannte »angenommene« Schulen). Zugleich wurde ihnen die Entscheidung über den Religionsunterricht übertragen, doch erhielt der Familienvater das Recht, sein Kind davon fernzuhalten. Auch für die Ernennung der Lehrer wurde die Ausbildung an staatlichen Seminaren nicht mehr zur Vorbedingung gemacht. Der Schulstreit war damit noch nicht definitiv beendet, jedoch eine neue Grundlage gelegt, auf der dann durch ein weiteres katholisches Ministerium, das »Große Ministerium Beernaert« (1884 bis 1894), eine Modus vivendi herbeigeführt werden konnte[5].

Das zweite große Problem nächst der Schulfrage, vor dessen Lösung sich die belgische Innenpolitik in der zweiten Hälfte des 19. Jahrhunderts gestellt sah, war die soziale Frage und die politische Emanzipation der im früh industrialisierten Belgien stark angewachsenen arbeitenden Schichten. Die allgemeine Lage der belgischen Arbeiterschaft war im Vergleich zu den anderen Ländern des Kontinents zwar besser bezüglich gewisser Grundrechte wie der Presse- und Versammlungsfreiheit, dagegen schlechter in den tatsächlichen materiellen Bedingungen: Bevölkerungsüberdruck und internationale Konkurrenz hielten die Löhne auf einem sehr niedrigen Stand; Frauen- und Kinderarbeit waren weit verbreitet; 12- bis 15stündige Arbeitszeit, oftmals auch an Sonntagen, die Regel; private Wohltätigkeit trat an die Stelle durchgreifender sozialer Reformen. Zu Auflehnung und Streiks vermochten sich die Arbeiter kaum aufzuraffen. Erst 1869 wurde ihnen durch Frère-Orban das Koalitionsrecht gewährt. Doch blieben Eigentumsvernichtung und Zwang gegen Arbeitswillige unter harte Strafen gestellt[6].

In den gleichen 60er Jahren bildeten sich in den belgischen Industriezentren die frühesten Gruppen der Arbeiterinternationale, doch warfen die Ausschreitungen der Pariser Kommune im Jahre 1871 und ihre gewaltsame Unterdrückung auch in Belgien die Arbeiterbewegung noch einmal zurück. Die Gründung einer belgischen sozialistischen Partei erfolgte 1879 unter der Leitung verhältnismäßig gemäßigter Persönlichkeiten wie E. Anseele und L. Bertrand. Sie wurde 1885 zur belgischen Arbeiterpartei umgebildet und erfaßte allmählich das ganze Land. Ihr Ziel war, auf legalem Wege die öffentliche Macht zu gewinnen. Volkshäuser, Syndikate, Genossenschaften und Kooperativen sollten der materiellen Unterstützung der Arbeiter dienen[7]. Am 18. März 1886, dem 15. Jahrestag des Pariser Kommuneaufstandes, kam es in Lüttich und anschließend in einem großen Teil des Reviers zu einem allgemeinen Streik, der zu blutigen Zwischenfällen und Brandstiftungen führte und bei dem die Ruhe erst durch den Einsatz von Truppen wiederhergestellt werden konnte. Er eröffnete eine Periode lebhafter sozialer Kämpfe, in der sich die Arbeiterschaft zunehmend radikalisierte. Heftige Streiks, Dynamit-Attentate und anarchistische Gewalttaten lösten einander ab. Die Regierung Beernaert begriff, daß hier nur noch wirkliche Reformen helfen konnten, und berief eine Untersuchungskommission, die umfangreiche Erhebungen über die Lage der arbeitenden Schichten anstellte und schreiende Mißstände bloßlegte. Regelung der Kinderarbeit, Unfall- und Krankenversicherung sowie die Erweiterung des Koalitionsrechts wurden daraufhin zugestanden. Auch innerhalb der katholischen Partei entwickelte sich nunmehr, durch die päpstliche Sozialenzyklika ›Rerum novarum‹ gefördert, eine Sozialbewegung, deren Träger die christlichen Demokraten wurden. Sie bildeten hinfort ein Gegengewicht zu der alten, konservativ eingestellten katholischen Parteispitze. An die Stelle des früheren Parteigegensatzes zwischen ultramontanen und liberalen Katholiken trat seitdem derjenige zwischen konservativen und christlichen Demokraten[8].

Neben dem Ringen um soziale Reformen ging der Kampf um eine Reform des Wahlrechts. Schon seit der Mitte des Jahrhunderts war die Forderung nach einer Ausdehnung des Stimmrechts von einem Teil der Jungliberalen erhoben worden. Sie konnten sich damit jedoch gegenüber den Anhängern des Zensusprinzips, zu denen auch Frère-Orban gehörte, lange Zeit nicht durchsetzen. Erst die Unruhen der Jahre 1885 und 1886 führten auch in dieser Beziehung zu einem Wandel. Insbesondere erhoben die Sozialisten und fortschrittlichen Liberalen nunmehr die Einführung des allgemeinen Stimmrechts zu einer ihrer Hauptforderungen. 1890 verpflichteten sich die Sozialisten durch den sogenannten »Eid von St. Gilles« zum Kampf für dieses Ziel »ohne Ruhe und Waffenstillstand«. Der überlieferten Auffassung der Rechtsparteien, daß das Stimmrecht eine soziale Funktion sei, setzten sie die der modernen Massengesellschaft gemäße These entgegen, daß es sich hier um ein allen Bürgern zustehendes Naturrecht handele. Seitdem waren auch in Belgien die Tage des Zensussystems gezählt. Unter dem ständigen Druck von Massendemonstrationen und Streiks beschloß die Zweite Kammer im Mai 1892 eine Reform der Wahlrechtsbestimmungen der Verfassung und, im April 1893, die Erste und Zweite Kammer gemeinsam die Einführung eines durch das Mehrstimmrecht eingeschränkten allgemeinen Wahlrechts. Dadurch wurde die Zahl der Wähler verzehnfacht: Sie stieg von (1892) 137000 auf (1893) 1370000 Stimmberechtigte. Unter diesen waren 853000 Wähler mit einer Stimme, 293000 mit zwei und 223 000 Wähler mit drei Stimmen; zwei Stimmen besaßen die über 35 Jahre alten Bürger mit einem gewissen Besitz, drei Stimmen die Absolventen der Höheren und Hochschulen. Zu der vom König gewünschten Einführung des Volksreferendums konnten sich die Kammern nicht entschließen. Die Sozialisten fuhren fort, durch Demonstrationen und Streiks das allgemeine Wahlrecht zu fordern. Ein 1913 ausgerufener Generalstreik bewirkte die Einsetzung einer neuen Kommission, doch kam die Frage erst nach dem Weltkrieg zur Entscheidung. Eine der großen Überraschungen der Einführung des allgemeinen Wahlrechts in Belgien war, daß dieses längst nicht in dem Maße, in dem man es allgemein erwartet hatte, den Linksparteien zugute kam. Wie in den 80er Jahren beim Schulstreik zeigte sich aufs neue, wie sehr Belgien, vor allem in seiner flämischen Hälfte, ein katholisches Land war. Bis zum Ersten Weltkrieg behauptete die Katholische Partei die absolute Mehrheit. Sie stellte daher auch sämtliche Vorkriegsministerien[9].

Wirtschaft. Ungeachtet mancher Schwierigkeiten, wie sie der Übergang vom Freihandel zum Protektionismus in Europa um 1880 und die Rückschläge in der Auslandsbetätigung um 1900 für die immer stärker auf den Export gerichtete belgische Wirtschaft mit sich brachten, waren die zweite Hälfte des 19. Jahrhunderts und der Beginn des 20. Jahrhunderts für Belgien, insgesamt gesehen, eine Periode, in der sich die in der ersten Hälfte des 19. Jahrhunderts dank dem frühen Einsetzen der industriellen Revolution begonnene lebhafte wirtschaftliche Entfaltung des Landes sehr erfolgreich fortsetzte. Eine Zeit schneller Expansion bildete das dritte Viertel des Jahrhunderts. Der Sieg der Freihandelsprinzipien in Europa zu Beginn der 60er Jahre und die wenige Jahre darauf erfolgende Thronbesteigung Leopolds II., der sich auch in wirtschaftlicher Hinsicht als eine kraftvoll anregende Persönlichkeit erwies, verliehen der Wirtschaft des Landes einen starken Auftrieb, vermehrten ihre Kapitalkraft und erschlossen ihr neue weltweite Absatzmöglichkeiten. Binnen zwei Jahrzehnten versechsfachte sich der Güterumschlag des Antwerpener Hafens, nachdem Frère-Orban 1863 dem Überseeverkehr durch Abkauf des Scheldezolls von Holland die volle Freiheit wiedererrungen hatte. Während der gleichen Zeit wuchs die Kohleförderung um etwa 90 Prozent[10]. Das Vordringen des Protektionismus zwang Belgien zur Verdoppelung seiner Anstrengungen im Kampf um die Absatzmärkte, war aber wiederum von bedeutenden Erfolgen begleitet. Von 1895 bis 1900 vollzog sich die belgische Wirtschaftsexpansion in Rußland und China. Ihre Hauptträger waren die Société métallurgique russo-belge und die Société des chemins de fer en Chine, beides Gründungen der Société générale de Belgique. Zu etwa der gleichen Zeit erschloß Leopold II. mit der Gründung des Unabhängigen Kongostaates[11] der belgischen Wirtschaft neue große Möglichkeiten in Afrika; die Gründung mehrerer bedeutender Kolonialgesellschaften, u. a. der Union Minière und der Forminière, schloß sich an. Die bedeutendste Unternehmergestalt dieser Periode war Edward Empain (1852 bis 1939): Er belieferte seit 1901 Belgien, Frankreich, Ägypten, Spanien, Rußland und China mit elektrischen Straßenbahnen, baute die Pariser U-Bahn, gründete eine Vielzahl belgischer Unternehmungen und erbaute die Luxusstadt Heliopolis in Ägypten.

In Belgien selber nahm um die Jahrhundertwende die Industrialisierung des Kempenlandes ihren Anfang. 1901 wurden die dortigen Kohlenlager durch den Löwener Professor A. Dumont entdeckt, 1914 begann ihr industrieller Abbau. Parallel damit bahnte sich eine Wiederverlagerung des wirtschaftlichen Schwergewichts aus den bis dahin führenden belgischen Industrieprovinzen Lüttich und Hennegau ins flämische Gebiet an, die auch in der Bevölkerungsentwicklung ihren Niederschlag fand: Von 1880 bis 1913 wuchs die Einwohnerzahl in der Provinz Antwerpen um 191 Prozent, in dem zu zwei Dritteln im flämischen Sprachgebiet gelegenen Brabant um 175 Prozent, hingegen in der Provinz Lüttich nur noch um 140 Prozent und im Hennegau um 105 Prozent. Die einstigen wirtschaftlichen Kernprovinzen Belgiens, Ost- und Westflandern, gehörten allerdings – ebenso wie die Ardennenprovinz Luxemburg – mit nur 50 Prozent Bevölkerungszuwachs auch damals noch zu den belgischen Gebieten mit dem geringsten Wirtschafts- und Bevölkerungswachstum[12].

Grundfragen der Kulturentwicklung. Der belgische Historiker H. Pirenne sah das eigentlich Bezeichnende des belgischen Lebens in seinem Kosmopolitismus: »Die Ideen kommen«, so schilderte er es 1932 im Schlußband seiner ›Histoire de Belgique‹, »von überallher nach dort wie die Waren ... es ist ebenso freihändlerisch im geistigen wie im materiellen Bereich ... kurz, das belgische Milieu ist ein solcher Synkretismus der verschiedensten Zivilisationen, daß man es mit dem alten Syrien hat vergleichen können, das gleich ihm an der Nahtstelle zwischen verschiedenen großen Reichen gelegen war und gleich ihm mit ihnen durch seinen Handel und seine Industrie in ständigen Beziehungen stand.«[13] Indes läßt insbesondere die nachstehend skizzierte Geschichte der Flämischen Bewegung erkennen, daß diese Charakteristik nicht die ganze belgische Wirklichkeit erfaßt[14]. Die Vorstellung von Belgien als einem »Mikrokosmos Europas«, wie sie Pirenne in Übertragung Lamprechtscher Gedankengänge auf Belgien mit viel Geist und Schärfe vertreten hat, beleuchtet gewiß eine hervorstechende Seite des belgischen Lebens, insbesondere vor 1914. Doch blieben auch schon damals die über den Tag hinaus bedeutsamen literarischen und künstlerischen Hervorbringungen des Landes stärker an die Kultur- und Sprachgemeinschaft gebunden, der die betreffenden Künstler entstammten. So war zum Beispiel der künstlerisch gewichtigste Beitrag, den Wallonien um die Jahrhundertwende zur bildenden Kunst beisteuerte, das Werk des Malers und Bildhauers Constant Meunier (1831–1905), belgisch gewiß in der Vorliebe für die Themen der industriellen Arbeitswelt, wallonisch hingegen im Ausdruck der künstlerischen Gestaltung selbst. Entsprechendes gilt auch von den literarischen Hervorbringungen des flämischen Volksteils, selbst dann, wenn sich die Künstler wie Charles de Coster (1827–1879) und Emile Verhaeren (1855–1916) der französischen Sprache bedienten. Vor allem war das der Fall bei Dichtern, bei denen seelischer Ausdruck und Sprache, innerlich so sehr im Einklang stehen wie bei dem großen flämischen Lyriker Guido Gezelle (1830 bis 1899)[15]. Ziemlich uneingeschränkt entsprach lange Zeit die Wissenschaft dem von Pirenne gezeichneten Bild.

Die Flämische Bewegung. Ein Problem, dessen konstitutive Bedeutung für Staat und Kultur sich erst in den letzten Jahrzehnten voll enthüllt hat, mit seinen Wurzeln aber bis in die Anfänge des modernen Belgien zurückreicht, ist das flämische. In dem gleichen Jahrzehnt, in dem das belgische Staatswesen von der tragenden französischsprachigen Bürgerschicht nach den Ideen der Französischen Revolution und ohne daß man besondere Garantien für die ungehinderte Weiterentfaltung der sozial stark unterlegenen flämischen Sprache für nötig gehalten hätte[16], als Einheitsstaat nach französischem Vorbild begründet worden war, hatte als Einwirkung der Romantik bei Männern wie J.F. Willems, H. Conscience und Kanonikus David auch die Rückbesinnung auf die flämische Sprache, Geschichte und Kultur begonnen, aus der die Flämische Bewegung erwachsen ist. Ihre Losung: »De taal is gansch het volk«, d.h. »Die Sprache macht das eigentliche Wesen des Volkes aus«, erwies sich als eine politisch-kulturelle Leitidee, die im Laufe eines Jahrhunderts zu einer weitgehenden Erneuerung des flämischen Bewußtseins führte, der Rechnung zu tragen sich auch der heutige Staat in immer stärkerem Maße gezwungen sieht[17]. In der zweiten Hälfte des 19. Jahrhunderts allerdings verlor die Bewegung zeitweise den geistigen und literarischen Schwung ihrer Anfangsjahrzehnte und erschöpfte ihre Kräfte in dem Ringen um die Erkämpfung einzelner flämischer Sprachenrechte. Sie vermochte damit zwar eine Reihe von Einzelerfolgen zu erzielen[18], konnte es aber an innerer Stoßkraft nicht entfernt mit den die Zeit bewegenden weltanschaulichen und sozialpolitischen Fragen aufnehmen. Im Vergleich zu der beherrschenden Stellung, die das Französische im öffentlichen Leben Belgiens einnahm, stellten die errungenen Sprachenrechte durchweg nur sehr begrenzte Einbrüche von untergeordneter Bedeutung dar. Erst mit der Überwindung der Zensusgesellschaft wurden auch auf diesem Gebiet die Voraussetzungen für weitergehende Erfolge geschaffen. Zum Anwalt der flämischen Forderungen machten sich dabei weniger die Sozialisten, die ihren Anhang vorwiegend im intensiv industrialisierten Wallonien besaßen, als die christlichen Demokraten, für die flämische und soziale Forderungen weitgehend miteinander parallel gingen. Einer der ersten, von der verbreiterten parlamentarischen Grundlage aus erzielten Erfolge war das sogenannte ›Gleichheitsgesetz‹ vom Jahre 1898, wonach die flämischen und französischen Gesetzestexte gleicherweise Gesetzeskraft besitzen sollten. In ganz Flandern wurde es mit Jubel und Glockengeläute begrüßt[19]. Um die gleiche Zeit gelang der Flämischen Bewegung auch in geistiger Hinsicht der Durchbruch zu umfassenderen Zielsetzungen. Zu einem Markstein auf dem Weg zu einem ins Europäische geweiteten Bewußtsein wurde 1896 das Erscheinen von August Vermeylens ›Kritiek op de Vlaamsche Beweging‹. Unter dem Einfluß der Van-Nu-en-Straks-Beweging, zu deren Begründern Vermeylen gehörte, erhob sich die flämische Literatur wieder zu europäischem Niveau. Mit neuer Zielstrebigkeit aufgenommen wurde ferner der Kampf um die Heranbildung einer flämischen geistigen Oberschicht. 1886 erfolgte die Gründung der Koninkl. Vlaamse Academie voor Taal- en Letterkunde, wenig später die Einrichtung periodischer flämischer Wissenschaftskongresse; 1910 ertönte erneut die Forderung nach Verflamung der Universität Gent[20]. Unter den mehr als 100000 Flamen, die eine dahingehende Bittadresse unterzeichneten, befanden sich auch die flämischen Führer in den drei großen Staatsparteien. Maßgeblichen Anteil an der Aufdeckung der soziologischen Voraussetzungen für ein erfolgreiches Fortschreiten der flämischen Gedanken hatte der Wirtschafts- und Sozialwissenschaftler Lod. De Raet[21]. Auch in politischer Hinsicht eröffneten sich neue Perspektiven, als am Vorabend des Ersten Weltkriegs manche Jüngeren mit dem alten Kulturflamingantismus grundsätzlich brachen und die Forderung nach der Verwaltungstrennung zwischen Flandern und Wallonien zu erheben begannen. Damit wurde die Struktur des belgischen Einheitsstaates von der Seite des Volkstums her in ähnlicher Weise in Frage gestellt, wie es mehrere Jahrzehnte vorher der Sozialismus mit seiner Forderung, das Klassenwahlrecht durch das allgemeine gleiche Wahlrecht zu ersetzen, im gesellschaftlichen Bereich getan hatte.

L. Bus de Warnaffe, Les lois électorales belges depuis 1830 (1913)

L. Hymans, P. Hymans u. A. Delcroix, Histoire parlementaire de la Belgique 1831–1913. 10 Bde u. 3. Lieferungen (1878–1913)

A. Melot, Cinquante années de gouvernement parlementaire 1884–1934 (1935)

J. Willequet, Documents pour servir à l'histoire de la presse belge 1887–1914 (1961)

[1] Pirenne, Histoire de Belgique, Bd. 6, S. 442ff. Dazu: W. van den Steene, De Belgische grondwetscommissie oktober-november 1830. Tekst van haar notulen en ontstaan van de Belgische grondwet (1963).

[2] Zit. nach Luykx, Hedendaagse geschiedenis, Bd. 1, S. 104.

[3] Nach Luykx, ebd., S. 137.

[4] Ebd., S. 184. Belgischer Schulkampf: P. Verhaegen, La lutte scolaire en Belgique (1906), sowie A. Simon, La liberté de l'enseignement. Essai historique (1952).

[5] Begleiterscheinungen des Schulstreits: F. van Kalken, Commotions populaires en Belgique 1834–1902 (1936).

[6] Hierzu: B.S. Chlepner, Cent ans d'histoire sociale en Belgique ([2]1958).

[7] Arbeiterbewegung: L. Delsinne, Le parti ouvrier belge. Des origines à 1894 (1953). J. Dhondt in: AGdN Bd. 10, S. 314–349, sowie: Geschiedenis van de socialistische arbeidersbeweging in België. Hg. v. J. Dhondt (1960–61).

[8] Christl. Demokraten: R. Rezsohazy, Origines et formation du catholicisme social en Belgique 1842–1909 (1958).

[9] Wahlrechtsreform: J. Gillissen, Le régime représentatif en Belgique, sowie Luykx, Hedendaagse geschiedenis, Bd. 2, S. 9ff., 29ff.

[10] Die absoluten Zahlen bei Pirenne, Histoire de Belgique, Bd. 7, S. 248. Über die Aufhebung des Scheldezolls vgl. zuletzt E. Schoonhoven, Le rachat du péage de l'Escaut et son influence sur l'épanouissement du port d'Anvers (1963).

[11] Kongo: R. Cornet, Sommaire de l'histoire de Congo belge (1948); dazu A. Roeykens, Les débuts de l'œuvre africaine de Léopold II 1875–79

(1956). Ders., Léopold II et l'Afrique 1855–80 (1958), sowie: L'initiative africaine de Léopold II et l'opinion publique belge I (1963). J. Stengers, La place de Léopold II dans l'histoire de la colonisation. In: NouvClio (1949/50). Ders., La première tentative de reprise du Congo par la Belgique 1894–95. In: Bull. de la soc. belge d'études géogr. 73 (1949). Ders., Combien le Congo a-t-il couté à la Belgique? (1957)

[12] Wirtschaftliche Entwicklung Belgiens bis 1900: Pirenne, Histoire de Belgique, Bd. 7, sowie van Houtte, Econom. en sociale geschiedenis. Buch 5, S. 215–332; ab 1900: F. Baudhuin, Belgique 1900–1960.

[13] Pirenne, Histoire de Belgique, Bd. 7, S. 392f.

[14] Zur Kritik: F. Petri, Staat u. Nation in Belgien. Eine grundsätzliche Kritik des Schlußbandes von H. Pirennes Histoire de Belgique u. der Pirenneschen Auffassung der belgisch-niederländischen Geschichte. In: RheinVjbll 3 (1933), S. 91–123, 205 bis 272; sowie P. Geyl, Belgicistische geschiedschrijving. In: Eenheid en tweeheid in de Nederlanden (1946), S. 58 bis 90. Ferner ders., Der Nationalstaat u. die niederländischen Historiker. In: Die Diskussion ohne Ende (1958), S. 161–179.

[15] Vgl. hierzu: F. Petri, Die Kultur der Niederlande. S. 174ff.

[16] Art. 23 der belgischen Verfassung, in dem festgelegt wurde, daß der Gebrauch der Sprachen in Belgien frei sei, begründete in der Praxis die Vorherrschaft des Französischen als der Sprache der belgischen Oberschicht. Vgl. u.a. S.B. Clough, A. History of the Flemish Movement in Belgium (1930). S. 50ff.

[17] Zur Geschichte der Flämischen Bewegung vgl. die zu Eingang dieses Beitrags aufgeführte zusammenfassende Lit.

[18] Gesetz über den Sprachengebrauch im Rechtswesen 1873, in Verwaltungssachen 1878, im höheren Schulwesen 1883 usw.

[19] Hierzu zuletzt: De Gelijkheidswet van 18. April 1898 en de vernederlandsing van onze wetgeving. In: Vlaamse Acad. d. Wetenschap, Litteratuur en Schone Kunsten, Herdenkingszitting (1959).

[20] Sie wurde zum erstenmal bereits erhoben 1840 in einer von mehr als 100000 Flamen unterzeichneten allg. Petition für das Flämische. Vgl. P. Fredericq, Schets eener geschiedenis der Vlaamsche Beweging. Bd. 1 (1906), S. 22f.

[21] Über ihn vgl. zuletzt die anläßlich des De-Raet-Jubiläums vom Rektorat der Genter Universität herausgegebene Würdigung u. Auswahlausgabe: Lodewijk De Raet, in het perspektief van de tijd (1960).

Die Niederlande

Staatliches Leben. Die Weiterbildung von der konstitutionellen Monarchie zur parlamentarischen Demokratie mit monarchischer Spitze, die sich in Belgien schon in der belgischen Revolution vollzogen hatte, kam in den nördlichen Niederlanden erst in den 60er Jahren zum Abschluß. Wohl enthielt schon die auf Thorbecke zurückgehende Verfassungsreform vom Jahre 1848 die entscheidenden Elemente dafür, u.a. die Verantwortlichkeit der Minister gegenüber dem Parlament, das Recht der Haushaltsbewilligung und das Recht der Zweiten Kammer, Gesetzesvorlagen der Krone abzulehnen. Doch versuchte Wilhelm III. noch in den Jahren 1866–1868 ein ihm genehmes

Kabinett gegen den erklärten Willen der Volksvertretung durch mehrmalige Kammerauflösung im Amt zu halten. Als aber auch das dritte Parlament die ablehnende Haltung nicht aufgab und den Etat des in den internationalen Streitigkeiten der Jahre 1866–1868 heftig kritisierten Außenministers van Zuylen erneut verwarf, gab die Krone – anders als in Preußen – nach und machte hinfort keinen Versuch mehr, die politische Ministerverantwortlichkeit gegenüber dem Parlament in Frage zu stellen[1].

Zu den wichtigsten weiteren Problemen der Innenpolitik gehörten, ganz wie in Belgien, die Schulfrage und die Umgestaltung des Zensuswahlrechts zu einem allgemeinen Repräsentativsystem. Auch in den Niederlanden war die Frage nach dem kirchlichen Einfluß auf die Erziehung zwischen Liberalen und Konservativen schon seit der Mitte des Jahrhunderts lebhaft umkämpft. Eine ähnliche Zuspitzung wie in Belgien erhielt dieser Streit, als 1878 das radikalliberale Ministerium Kappeyne ein Unterrichtsgesetz erließ[2], in dem die laizistischen Ziele mit besonderer Schärfe zur Geltung gebracht wurden, und die Konservativen nach dem Tode des alten Groen van Prinsterer in dem reformierten Prediger Abraham Kuyper einen neuen dynamischen Führer erhielten, der den Fehdehandschuh aufnahm[3]. Eine konservative Protestadresse vermochte alsbald 470000 Unterschriften auf sich zu vereinigen; eine weitere Adresse an den König erhielt 300000 Unterschriften. Während Kappeyne das gesamte private Schulwesen als »Sektenschule« verwarf, brach Kuyper seinerseits mit der Staatskirche sowie der offiziellen Wissenschaft und tat den Griff nach der politischen Macht. Unter seiner Leitung wurde die Antirevolutionäre Partei zu einer straffgegliederten Partei mit einem scharf umrissenen Programm.

Etwas langsamer vollzog sich die entsprechende Entwicklung auf katholischer Seite, wo man in der Frage des freien Schulwesens zwar grundsätzlich die gleichen Interessen wie die Antirevolutionären hatte, aber doch noch längere Zeit an die Liberalen gebunden blieb, denen man nach 1848 den Aufstieg zur Gleichberechtigung im Staat verdankte. Doch kam es auf die Dauer auch bei den Katholiken zu einer fortschreitenden Abkehr vom liberalen Freiheitsbegriff. 1896 entstand die Römisch-Katholische Staatspartei, die heute zur größten und geschlossensten Partei der gesamten Niederlande geworden ist.

Schon einige Zeit früher hatten die katholische und protestantische Orthodoxie in der Schulfrage den Weg zum gemeinsamen politischen Vorgehen gefunden. Kuyper schloß 1888 mit dem katholischen Führer Schaepman einen Bund, als dessen Folge es, trotz des Widerstandes in einzelnen kalvinistischen Kreisen, die von einem »Monster-Verbond« sprachen, 1888 bis 1891 zu einem orthodox-katholischen Ministerium kam. Damit neigte sich der Sieg im Schulstreit auf die kirchliche Seite. Während die Kirchen für ihre Schulen bis dahin, wie in Belgien während der Jahre 1878–1884, ganz auf ihre eigenen Mittel angewiesen waren und nur unter großen Opfern das konfessionelle Schulwesen hatten aufrechterhalten können, wurde 1889 auch dem privaten Schulwesen die staatliche Unterstützung wieder zuerkannt. Zu einer völligen Gleichstellung zwischen den freien und den staatlichen Schulen kam es freilich erst im Jahre 1920. Seitdem ist der Staat für die gesamte Schulerziehung verantwortlich und verpflichtet, auch jede neugegründete Privatschule zu unterstützen, falls sie gewissen, allgemein festgelegten Anforderungen entspricht. Das gemeinsame Interesse an der Schulfrage wirkte in den Niederlanden über den unmittelbaren Anlaß hinaus als ein Mittel der Verbindung zwischen Katholiken und Protestanten. Noch bis nach dem Ersten Weltkrieg wurden die niederländischen Regierungen vielfach von einer protestantisch-katholischen Koalition gebildet[4].

Das Ringen um die Ablösung der Zensusgesellschaft durch die industrielle Massengesellschaft und den Aufstieg der arbeitenden Schichten zur politischen Mitbestimmung beherrschte auch in den Niederlanden während rund eines halben Jahrhunderts die politische Diskussion. Ein erster Anstoß zur Erweiterung des Stimmrechts kam 1868 von konservativer Seite. Er wurde durch die an der Macht befindlichen Liberalen zurückgewiesen. In den folgenden Jahrzehnten ist auf seiten der Konservativen insbesondere Kuyper nachdrücklich als Verfechter einer Wahlrechtsreform aufgetreten. An der Einbürgerung des Terminus »Christliche Demokraten« im niederländischen Sprachgebrauch besitzt er maßgeblichen Anteil. Allerdings waren seine Vorstellungen von den gesellschaftlichen Notwendigkeiten der sozialen Reformen noch wenig konkret, und seine Vorschläge trugen den Charakter der Halbheit. So wollte er, um den Einfluß der ausgesprochen proletarischen Schichten auszuschalten, das Wahlrecht an den Hausbesitz binden. Im liberalen Lager forderte vor allem der progressistische Flügel, ähnlich wie in Belgien, eine gründliche Wahlrechtsreform.

Doch blieb auch hier das Problem noch bis in die 80er Jahre hinein im Dickicht rein theoretischer Erwägungen hängen. Stärkere Bewegung kam in die Behandlung der Wahlrechtsreform, als 1882 ein »Bund für das allgemeine Wahlrecht« entstand und sich mit Losungen wie »Stimmrecht oder Revolution«, »Stimmrecht oder Faustrecht« an die Massen zu wenden begann. Wie in Belgien wurde dabei durch öffentliche Demonstrationen ein Druck auf die zaudernden Volksvertreter ausgeübt. Die Verfassungsreform von 1887 eröffnete gewisse Möglichkeiten für eine Wahlrechtsreform im demokratischen Sinne, überließ aber die praktische Durchführung der Regierung. Diese begnügte sich zunächst damit, das Wahlrecht von 13 Prozent auf 29 Prozent der Bevölkerung zu erweitern. Nur die Linksliberalen traten schon damals entschieden für das allgemeine Wahlrecht ein. Die 1894 gegründete Sozialdemokratische Arbeiterpartei (SDAP) stellte die Erringung des allgemeinen Wahlrechts an die Spitze ihres Parteiprogramms. Anders als in Belgien gelangen ihr jedoch aufgrund der schwächeren Industrialisierung der Niederlande und eines entsprechend geringeren Einflusses im öffentlichen Leben zunächst nur Teilerfolge. Eine abermalige Wahlrechtsreform vom Jahre 1896 erhöhte die Zahl der Stimmberechtigten auf 49 Prozent der Bevölkerung. Erst 1917 kam es zur Einführung des allgemeinen Stimmrechts für die Männer und 1919 zu seiner Ausdehnung auch auf die Frauen; 1922 wurde es durch die Einführung des Verhältniswahlrechts ergänzt[5].

Wirtschaft. Die Niederlande gehören zu den westeuropäischen Ländern, in denen die technisch-industrielle Revolution erst verhältnismäßig spät zum Durchbruch kam. Die Wirtschaft wurde von ihr nicht vor dem dritten Viertel des 19. Jahrhunderts im breiteren Ausmaß erfaßt. Die Gründe dafür waren teils wirtschaftlicher, teils psychologischer Art. Erz und Steinkohle, die beiden großen Triebkräfte der industriellen Umwälzung im 19. und beginnenden 20. Jahrhundert, fehlten in den Niederlanden ganz oder weitgehend; auch die Maschinenindustrie kam infolgedessen erst spät zu stärkerer Entfaltung. Der Reichtum an natürlichen Wasserstraßen im Verein mit den Bodenschwierigkeiten des Landes führte zu einer Vernachlässigung des Landverkehrs und einer sehr späten Entwicklung der Eisenbahnen. Hinzu kam eine für das ganze niederländische Leben bis in die zweite Jahrhunderthälfte charakteristische Neigung, am Althergebrachten festzuhalten.

Wie in der Politik, so schuf auch in der Wirtschaft der Durchbruch des Liberalismus die Voraussetzungen für eine grundsätzliche Erneuerung. Die Wendung vollzog sich ziemlich gleichzeitig in der Twenter und Nordbrabanter Textilindustrie, der Eisenindustrie, der Tabakindustrie und einigen kleineren Gewerben; bis 1914 folgten die meisten übrigen. Der Anteil des Staates an dem Erneuerungsprozeß bestand vornehmlich in der Liberalisierung der Wirtschaftspolitik und der Modernisierung des Verkehrs sowie in einer durchgreifenden Finanzreform. Alles übrige wurde dem freien Spiel der Kräfte überlassen, auf staatliche Lenkung wurde verzichtet. Der Erfolg war gleichwohl durchschlagend: »Wenn man die Niederlande nach 1870 mit denen aus der ersten Hälfte des Jahrhunderts vergleicht – die Periode von 1850 bis 1870 ist eine Übergangsperiode –, so ist es, als ob man zwei verschiedene Welten vor sich hätte. Die Rückständigkeit und das Sichausruhen, die früher herrschten, sind nun verschwunden. Überall ist Leben, Betriebsamkeit und Fortschritt ... Die während der industriellen Revolution von 1850 bis 1870 in den Grund gebrachte Saat ging schnell auf und gab der Wirtschaft ein neues Gesicht.« (Brugmans)

Auch die Verteilung der Industrie auf Stadt und Land nahm weitgehend neue Züge an. An die Stelle der bäuerlichen Hausindustrie des 18. und beginnenden 19. Jahrhunderts trat die industrielle Konzentration auf einzelne zentrale Orte, wobei eine verkehrsgünstige Lage und die Nähe der benötigten Rohstoffe wesentlich mitsprachen. Ausgesprochen verkehrsabgelegene Gebiete wie Groningen, Friesland, Drente, Seeland und – bis zur systematischen Erschließung der dortigen Kohlevorkommen um die Jahrhundertwende – auch Limburg verloren ihre alten Industrien, während Gebiete wie Twente, Gelderland und Nordbrabant ihren Industriecharakter stärker ausprägten. Doch hielt sich der industrielle Konzentrationsprozeß überall in gewissen Grenzen. Vor allem blieben die führenden Städte stets in erster Linie Handels-, Verwaltungs- und Kulturmittelpunkte.

Eine Umwälzung, die derjenigen in der gewerblichen Wirtschaft an Größe nicht nachstand, vollzog sich seit dem Ende der 90er Jahre auch in der niederländischen Landwirtschaft. Der damals infolge des wachsenden Konkurrenzdrucks der amerikanischen Landwirtschaft und des allgemeinen Übergangs zum Schutzzoll einsetzende Verfall der Getreidepreise zwang die niederländische Landwirtschaft, die bis dahin ein ziemlich sorgloses Leben hatte führen können, zu einer einschneidenden Rationalisierung und Umorganisierung. Fast im ganzen Land wurde der Getreideanbau zugunsten der Viehzucht eingeschränkt und statt dessen die Molkereiindustrie entwickelt. Auch die Heidebauern paßten sich dieser Entwicklung an. In die gleiche Periode fällt die planmäßige Entwicklung des niederländischen Gemüse-, Obst- und Gartenbaus. Gleichzeitig mit der Änderung der Bewirtschaftungsmethoden erfolgte in der niederländischen Landwirtschaft eine Umstellung auch in organisatorischer Hinsicht. Bäuerliche Einkaufs- und Verkaufsgenossenschaften, genossenschaftliches Versicherungswesen und landwirtschaftliche Selbsthilfe verdrängten den traditionellen bäuerlichen Individualismus. Parallel damit trat das marktwirtschaftliche Denken seinen Siegeszug in den Niederlanden an. In kaum einem anderen Land dürfte es weiter vorangeschritten sein als hier. Aus dem niederländischen Bauern wurde der landwirtschaftliche Unternehmer. Damit ging eine Verstädterung der Lebensgewohnheiten einher, so daß heute der Abstand zwischen Stadt und Land in den meisten niederländischen Gebieten weitgehend geschwunden ist[6].

Kultur. Parallel mit den Strukturwandlungen, die die Niederlande seit der zweiten Hälfte des 19. Jahrhunderts in politischer, wirtschaftlicher und sozialer Hinsicht erfuhren, vollzog sich ein tiefgreifender Umbruch auch in der Kultur, im Geistesleben und in der Kunst. Die teils humanistischen, teils kalvinistischen Bahnen, in denen sich die niederländische Kultur seit der holländischen Blütezeit im 17. Jahrhundert bewegt hatte, wurden nunmehr gleicherweise gesprengt durch den Aufstieg des Katholizismus zu politischer und gesellschaftlicher Gleichberechtigung und durch das Anwachsen der sozialistischen Arbeiterbewegung zu einem maßgeblichen Faktor des öffentlichen Lebens. Auch der niederländische Protestantismus paßte sich den gewandelten Notwendigkeiten an, verlor aber seinen früheren Vorrang. Die Folge war das weithin für die westliche Gesellschaft charakteristische Nebeneinander mehrerer Weltanschauungen und Lebensformen; mit einem treffenden niederländischen Ausdruck bezeichnet man es als »verzuiling«, d.h. die Konzentrierung allen Lebens auf mehrere verschiedene Weltanschauungsgruppen als die tragenden Säulen der Gesellschaft. Vor allem traten nunmehr das protestantische und das katholische Bekenntnis und der in manchen Städten wie Amsterdam und Deventer bemerkenswert stark verbreitete achristliche

Neuhumanismus einander vollkommen gleichberechtigt gegenüber[7].

Auch auf dieser neuen geistig-gesellschaftlichen Grundlage haben die Niederlande bedeutende kulturelle Leistungen vollbracht. In der Literatur vollzog sich der Durchbruch zu neuen, europäisch gültigen Zielen und Ausdrucksformen in der vom französischen Impressionismus her angeregten Bewegung der »Tachtiger« (Achtziger). Sowohl die Lyrik wie der Roman verdankten ihr neue dichterische Möglichkeiten[8]. Die Erneuerung der Architektur, die in der ersten Jahrhunderthälfte weitgehend dem Historismus verfallen war, vollzog sich in mehreren Etappen. Der Aufstieg zu neuer Weltgültigkeit gelang ihr um die Jahrhundertwende mit H.B. Berlage (1856–1936). Indem er, vor allem in seinem Hauptwerk, der Amsterdamer Börse, auf alle den früheren Stilen entlehnten Elemente verzichtete und statt dessen die architektonischen Urwerte des Raumes, der Fläche und des Rhythmus der Bauglieder zur Grundlage seines Schaffens machte, bahnte er einer neuen Architekturgesinnung den Weg, die in den Niederlanden und weit über die Niederlande hinaus zu einer grundlegenden architektonischen Erneuerung geführt hat[9]. Auch auf ihrem ureigensten Gebiet, der Malerei, fanden die Niederländer mit den Künstlern der Haager Schule (J. Israels, Mesdag, J. u. W. Maris, J.H. Weißenbruch, H. Breitner) wieder den inneren Anschluß an die große Tradition der niederländischen Malerei des 16. und 17. Jahrhunderts – allerdings nicht direkt, sondern auch hier durch Vermittlung des französischen Impressionismus[10]. So kraftvolle Gestalten unter diesen Künstlern auch waren, sie wurden menschlich und künstlerisch alle überragt von Vincent van Gogh (1853–1891), der zum großen Wegbereiter des Expressionismus wurde und damit einen der bedeutendsten Beiträge lieferte, den die Niederlande in den letzten Jahrhunderten zur modernen Kunst geleistet haben[11]. Auch die niederländische Wissenschaft erreichte in der zweiten Hälfte des 19. Jahrhunderts in geistiger Berührung und Auseinandersetzung mit den großen Nachbarnationen, darunter nicht zuletzt auch mit der deutschen Wissenschaft, ein hohes Leistungsniveau[12].

Een halve eeuw 1848–1898. Hg. v. P.H. Ritter u.a. 2 Bde (1898)
W.J. van Welderen Rengers, Schets eener parlamentaire geschiedenis van Nederland van 1849–1891. 3 Bde ([4]1948)
Schrift en Historie, Gedenkboek bij het 50-jarig bestaan der georganiseerde Anti-revolutionaire partij 1878–1928 (1928)

L.J. Rogier, Katholieke herleving. Geschiedenis van katholiek Nederland sinds 1853 (1956)
K.E. van der Mandele, Het liberalisme in Nederland (1933)
L.G.J. Verberne, De Nederlandse Arbeidersbeweging in de negentiende eeuw (^{2}1950)

[1] Zum Problem vgl. G.J. Lammers, De Kroon en de kabinetsformatie (Diss. Amsterdam 1952), sowie G. Geismann, Politische Struktur u. Regierungssystem in den Niederlanden (1964). S. 11ff.

[2] D. Langedijk, Bibliographie van de schoolstrijd, 1795–1920 (1931). Ders., De schoolstrijd in de eerste jaren na de wet van 1857 (Diss. Amsterdam 1937), und De geschiedenis van de Protestants-Christelijk onderwijs (1953), sowie von liberaler Seite: R.W. Feikma, De totstandkoming van de schoolwet van Kappeyne (Diss. Amsterdam 1929).

[3] A. Kuyper: J.C. Rullmann, Kuyperbibliographie. 3 Bde (1923–40). Eine kritischen Ansprüchen genügende Biographie fehlt; vgl. bisher J.C. Rullmann, A.K. Een levenschets (^{2}1937), und J. u. A. Romein, Erflaters van onze beschaving (^{7}1956). S. 748 bis 771.

[4] Verhältnis von Kirche u. Staat: J.Th. de Visser, Kerk en Staat. Bd. 3 (1927), insbes. S. 387–479. Der Schulstreit führte unter A. Kuyper zu einer weiteren Absplitterung der kalvinistisch-orthodoxen Kreise, der sog. Dolerenden, von der niederländischen Staatskirche. Sie schlossen sich 1892 mit dem Hauptteil der Nachfahren der ersten strenggläubigen Separation von 1834, der sog. Afscheiding, zur Gereformeerde Kerk zusammen. Diese bildet noch heute den strenggläubigen Flügel im niederl. Protestantismus u. das Gegenstück zur staatlichen Hervormde Kerk.

[5] Für den Kampf um die Wahlrechtsreform vgl. im einzelnen van Welderen Rengers, Parlamentaire geschiedenis van Nederland.

[6] Zum Vorstehenden bes. Brugmans, Paardenkracht, S. 201–431, sowie van Houtte, Econom. en sociale geschiedenis, Bd. 5, S. 215–332.

[7] Eine gute u. zusammenfassende Gesamtdarstellung des seit 1850 eingetretenen kulturellen u. weltanschaulichen Wandels gibt Verberne, Geschiedenis van Nederland, Kap. 1. Vgl. ferner AGdN Bd. 10 (Noordenbos) und 11 (Brandt Corstius u. Burger) m. Lit.verweisen.

[8] W.J.M.A. Asselbergs, Het tijdperk der vernieuwing van de Noord-Nederlandse letterkunde. Geschiedenis van de Letterkunde der Nederlanden. Bd. 9 (1951). G. Knuvelder, Handboek tot de geschiedenis der Nederlandse letterkunde. Bd. 4 (1953), sowie G. Colmjon, De Nederlandse letteren in de 19^{e} eeuw (1953).

[9] Baukunst: J. Gratama, Dr. H.P. Berlage (1925). Allg.: R. Blijstra, Nederlandse bouwkunst na 1900 (1957).

[10] Hierzu: G.H. Marius, De Hollandsche schilderkunst in de negentiende eeuw (^{2}1920). S. 83ff. G. Brom, Hollandsche schilders en schrijvers in de vorige eeuw (1927). S. 36ff. G. Knuttel, Kunstgeschiedenis der Nederlanden (o.J.). S. 441ff.

[11] V.v.G. Verzamelde brieven. Hg. v. J. van Gogh-Bonger. 4 Bde (1952 bis 54). Ch.M. Brooks, V. v. G.A. Bibliography (1942). W. Weisbach, V.v.G. 2 Bde (1951). H.W. Grohn, V.v.G. (1958).

[12] Einfluß der deutschen auf die niederländische Kultur vor 1914: J. Huizinga, Duitslands invloed op de Nederlandse beschaving. Zuletzt in: Verz. Werken Bd. 2 (1948).

Luxemburg
Bis auf gewisse Übereinstimmungen, die sich aus der germanisch-romanischen Grenzlage des Großherzogtums ergeben, besaßen die inneren Verhältnisse in Luxemburg im Vergleich sowohl zu Belgien wie den Niederlanden einen durchaus eigenen Charakter. Wesentlich für die politische Gesamtentwicklung war die Tatsache, daß die luxemburgische Bevölkerung bei aller engen wirtschaftlichen Verflechtung mit Deutschland, auf der der luxemburgische Wohlstand weithin beruhte und die damals niemand ernsthaft in Frage zu stellen wünschte, doch mit nicht geringerer Entschiedenheit auf die Wahrung der luxemburgischen Sonderstellung gegenüber dem Reich bedacht war. Der vielzitierte Vers: »Mer welle bliewe wat mer sin – mer welle gor keng Preisen [= Preußen] gin«, entsprach durchaus den herrschenden Empfindungen. Im übrigen bildeten die große Zahl der luxemburgischen Familien in Frankreich und die Vielfalt der verwandtschaftlichen Beziehungen nach dort ein wirksames Gegengewicht gegen jede einseitig nach Deutschland gerichtete Orientierung.

Am Vorabend des Weltkriegs kam es in Luxemburg zu lebhaften Auseinandersetzungen um die Stellung der Krone im öffentlichen Leben. Ähnlich wie in Frankreich schlossen sich Liberale und Sozialisten zum Block der Linken zusammen, um das Land gegen den Widerstand vornehmlich der kirchlichen Kreise und des Bauerntums auf laizistische Bahnen zu führen; 1912 entbrannte auch in Luxemburg der Schulstreit. Großherzogin Marie Adelheid zögerte, die Politik des liberal-sozialistischen Blocks mitzumachen, obwohl dieser die parlamentarische Mehrheit besaß und den Regierungskurs maßgeblich bestimmte. Insbesondere unter den Sozialisten mehrten sich daraufhin die Anhänger der republikanischen Staatsform[1].

[1] Im einzelnen vgl. bes. J. Meyers, S. 125–152, ferner die zu Abschn. c. aufgeführte Literatur.

e. Der Erste Weltkrieg

Belgien
Kampfhandlungen. Der deutsche Feldzugsplan sah eine schnelle Überrennung Belgiens vor. Demgemäß überschritt eine deutsche Vorausarmee bereits in der Nacht vom 3. zum 4. August

1914 die belgische Grenze und nahm den Vormarsch in der Richtung auf die Maas bei Lüttich auf, um den Weg durch Belgien möglichst rasch zu öffnen. Ihr folgte seit der Mitte des Monats in nord-südlicher Staffelung die deutsche Hauptmacht in fünf weiteren Armeen. Marschziel war in allen Fällen das Pariser Becken[1]. Die belgischen Abwehrkräfte (insgesamt etwa 200000 Mann) waren den deutschen Armeen nicht nur numerisch weit unterlegen, sondern auch nach Ausbildung und Ausrüstung noch keineswegs kriegsbereit. Die erst 1913 eingeführte allgemeine Wehrpflicht wirkte sich noch nicht voll aus, die Infanterie befand sich noch in der Reorganisation, der Artillerie fehlte es an schwerem Geschütz. Die Verteidigungsanlagen vermochten der schweren deutschen Artillerie nicht zu widerstehen. Auch bestand kein einheitlicher Verteidigungsplan. Trotzdem hat die belgische Armee tapferen Widerstand geleistet, den deutschen Aufmarsch zeitweise fühlbar behindert und den Westmächten dadurch wertvollen Zeitgewinn verschafft. Die Stadt Lüttich fiel am 7. August in deutsche Hand, doch hielten sich einzelne Forts noch bis zum 16. (insbesondere Fort Loncin). An der Gettelinie (östl. Löwen) wurde der deutsche Vormarsch nach dem erfolgreichen Gefecht von Haelen (12. August) bis zur Ankunft der deutschen Hauptkräfte am 18. August aufgehalten. Am 20. August erfolgte der Rückzug auf den Festungsbereich von Antwerpen; noch am gleichen Tag wurde Brüssel von den deutschen Truppen eingenommen. Das längs Schelde, Rupel und den beiden Nethen Stellung beziehende belgische Hauptheer wurde von der deutschen Armee in Verfolg ihres eigentlichen Operationsziels zunächst nicht angegriffen, hingegen vom 21. bis 25. August die Festung Namur niedergekämpft und am 23./24. August der Übergang über die Maas bei Dinant erzwungen. Belgische Störversuche aus dem Raum Antwerpen (am 25./26. August und vom 6. bis 13. September) stifteten erhebliche Verwirrung und wurden am 27. September mit dem deutschen Angriff auf die Festung beantwortet. Diese fiel am 9. Oktober, doch gelang es König Albert, das Gros der belgischen Truppen bis zum 15. Oktober hinter die Yser-Linie zurückzuführen, wo sie hinfort mit den Alliierten eine zusammenhängende Front bildeten. Die um den Besitz dieser Linie seit dem 18. Oktober entbrannte Schlacht konnte Ende des Monats von den Alliierten mit Hilfe der Öffnung der Schleusen von Nieuwpoort und Überschwemmung der gesamten Yser-Ebene erfolgreich beendet werden. In dem im November 1914 beginnenden dreieinhalbjährigen Stellungskrieg behaupteten die belgischen Truppen einen Rest belgischen Bodens[2].

Noch bis über das Kriegsende hinaus wurde das deutsch-belgische Verhältnis vergiftet durch die Kontroverse um den angeblichen Franktireurkrieg, durch den die Belgier im August 1914 den deutschen Einmarsch aufzuhalten versucht haben sollten. Die deutschen Truppen glaubten beim Einmarsch in Belgien völkerrechtswidrigen organisierten Angriffen der belgischen Zivilbevölkerung ausgesetzt zu sein und ergriffen zu ihrer Unterdrückung Vergeltungsmaßnahmen, in deren Verfolg über 6000 belgische Einwohner getötet und eine größere Zahl belgischer Orte, darunter Löwen, Dinant, Andenne und Aerschot, teilweise zerstört oder niedergebrannt wurden. Auf belgischer Seite stellte man das Vorliegen jeder organisierten Volkserhebung auf das entschiedenste in Abrede und sah in den deutschen Maßnahmen ein vom deutschen Generalstab zur Einschüchterung der Bevölkerung von vornherein geplantes Terrorregiment im Stile Albas[3]. Eine in ihrem Ergebnis von einem gemischten deutsch-belgischen Historikerausschuß einstimmig gutgeheißene deutsche Sonderuntersuchung des Falles Löwen kam für diesen zu dem Schluß, daß ein organisierter Überfall der Zivilbevölkerung keineswegs vorlag, die deutschen Truppen jedoch glaubten, Opfer eines solchen zu sein. Das deutsche Weißbuch über die Vorgänge kommt als glaubwürdige Quelle nicht mehr in Betracht[4].

Mitte Oktober 1918 begann der Rückzug der deutschen Truppen aus Belgien. Am 17. Oktober wurden Ostende, Brügge und Kortrijk von den Alliierten besetzt, am 2. November die Schelde bei Oudenaarde erreicht. Der Rest des Landes wurde von den deutschen Truppen im Gefolge des Waffenstillstandes geräumt.

König und Regierung während des Krieges. Seit Mitte Oktober 1914 war Belgien bis auf ein Stück Westflandern und die Enklave Baerle-Hertog in deutscher Hand; von den insgesamt 2630 belgischen Gemeinden lagen nur 50 im nichtbesetzten Gebiet. König Albert nahm seinen Aufenthalt auf belgischem Boden in De Panne, die Regierung (bis zum 1. Juni 1918 unter de Broqueville, danach unter Cooreman) zog sich nach Sainte-Adresse bei Le Hâvre zurück. Bei Kriegsausbruch rein katholisch, wurde sie aus Gründen der nationalen Solidarität durch zwei Liberale (darunter P. Hymans) und den Sozialisten E.

Vandervelde als Staatsminister erweitert. Die von ihr entwickelte Aktivität war vorwiegend außenpolitischer Natur. Sowohl der König wie de Broqueville waren Ende 1916 und 1917 in die mehrfach mit Deutschland geführten Ausgleichsgespräche einbezogen. Diese scheiterten wohl weniger an den deutschen Garantieforderungen gegenüber Belgien (u. a. Lüttich), als an der Haltung Clemenceaus. Die Mehrheit der belgischen Regierung und insbesondere der König wünschten die Rückkehr Belgiens zum früheren neutralen Status und eine Wiederherstellung der nachbarlichen Beziehungen auch zu Deutschland, eine Minderheit erstrebte unter dem Einfluß einer belgischen nationalistischen Gruppe um Männer wie F. Neuray und P. Nothomb die volle Einfügung Belgiens ins alliierte Lager mit dem Ziel belgischer Gebietserweiterungen, vor allem um Luxemburg, Maastricht und Seeflandern[5].

Das besetzte Belgien war geteilt in das rein militärisch organisierte Etappengebiet in Frontnähe, das die Provinzen Ost- und Westflandern sowie Teile von Hennegau und Belgisch-Luxemburg umfaßte, und in das Generalgouvernement unter v. d. Goltz (bis Dezember 1914), v. Bissing (Dezember 1914 bis April 1917) und v. Falkenhausen (ab April 1917) als Generalgouverneuren. Der bedeutendste von ihnen war v. Bissing. Persönlich allein dem Kaiser verantwortlich, hielt er doch mit dem Reichskanzler und den Reichsbehörden enge Fühlung. Vom Kanzler wurden die Beamten des zivilen Stabes ernannt und kamen die Richtlinien für die zu befolgende Politik[6]. Das Regime v. Bissing stieß bei dem weit überwiegenden Teil der Bevölkerung aus nationalen Gründen und wegen der mit ihm verbundenen Leiden und Entbehrungen auf scharfe Ablehnung. Der Widerstandswille wurde von Persönlichkeiten wie Kardinal Mercier[7] nachdrücklich gestärkt. Die Ernährung der belgischen Bevölkerung wurde notdürftig gesichert durch ein belgisches, im Oktober 1914 gegründetes Hilfskomitee in Zusammenarbeit mit der in den USA errichteten Commission for Relief in Belgium[8]. Der als unmenschlich empfundenen Wegführung zahlreicher Belgier zum Arbeitseinsatz in Deutschland hat v. Bissing erst nach langem Widerstreben zugestimmt[9].

Die umstrittenste der unter v. Bissing eingeleiteten Maßnahmen war die Flamenpolitik. Sie galt und gilt weithin noch heute als das Mittel einer reinen Annexionspolitik und v. Bissing als ihr alleiniger Initiator[10]. Persönlich erstrebte v. Bissing eine dauernde Angliederung Belgiens ans Reich[11], doch trug er in der

Behandlung des flämischen Problems in erster Linie den Wünschen des Auswärtigen Amtes Rechnung. Der eigentliche Urheber der Flamenpolitik war auf deutscher Seite nicht v. Bissing, sondern Reichskanzler v. Bethmann Hollweg. Auf diesen gehen sowohl die ersten grundsätzlichen Maßnahmen als auch die 1916 eingeleitete Verwaltungstrennung zwischen Flandern und Wallonien zurück. In der Ablehnung jeder Verdeutschung Flanderns waren sich v. Bissing und v. Bethmann Hollweg einig. Hingegen hat sich v. Bissing erst nach halbjährigem Sträuben dafür gewinnen lassen, zu der von Bethmann aus außenpolitischen Gründen seit Ende 1915 geforderten Verwaltungstrennung die Hand zu bieten. Vordringlichstes Ziel des Kanzlers war dabei entgegen verbreiteter Auffassung[12] nicht die endgültige Vorbereitung der Annexion, sondern die Schaffung von Vorbedingungen, die auch bei einem für Deutschland unbefriedigenden Ausgang des Krieges verhindern könnten, daß sich Belgien auf die Dauer in die Front der Gegner Deutschlands einreihte[13]. Den auf weitreichende Annexionen gerichteten Wünschen der Militärs und der Vaterländischen Partei stand er ablehnend gegenüber, ließ jedoch in der öffentlichen Vertretung seiner gemäßigteren Einstellung Konsequenz und Entschiedenheit vermissen. Noch 1917 entzog er sich der ihm von ihm befreundeter Seite nahegelegten Abgabe einer unzweideutigen Erklärung der deutschen Bereitschaft zur uneingeschränkten Wiederherstellung Belgiens[14].

Diejenigen Flamen, die zur Kollaboration mit Deutschland während des Krieges bereit waren, um die flämischen Forderungen durchzusetzen, die sogenannten Aktivisten, bildeten gegenüber den loyalen belgischen Staatsbürgern, den sogenannten Passivisten, stets nur eine kleine Minderheit, haben aber wohl trotzdem auf die Fortentwicklung des flämischen Problems durch das von ihnen aufgerichtete Beispiel nachhaltigen Einfluß ausgeübt. In sich zerfielen die Aktivisten in die sogenannten Unionisten, die Belgien zwar erhalten, aber im föderalistischen Sinne umgebildet sehen wollten, und die kleine, aber lautstarke Gruppe der Jungflamen, die die völlige Zerschlagung Belgiens und die Errichtung eines mit Deutschland eng verbundenen Königreichs Flandern anstrebte. Die wichtigsten in Zusammenarbeit mit der Besatzungsmacht verwirklichten Maßnahmen waren: die Umwandlung der Universität Gent in eine flämische Hochschule (Verordnung vom 15. März 1916) und – nach der Bildung eines »Rates von Flandern« – die Verwaltungstrennung zwischen Flandern und Wallonien (21. März 1917); dabei wurde die Landeshauptstadt Brüssel trotz ihrer weitgehenden Französisierung dem flämischen Landesteil zugeschlagen. Unter dem Einfluß radikaler Jungflamen und ohne vorherige Unterrichtung der deutschen Stellen rief der Rat am 18. Januar 1918 die völlige Selbständigkeit Flanderns aus, was das Verhältnis zu den Besatzungsbehörden zunehmend komplizierte und im August 1918 zum Rücktritt des Rates führte.

Zu einer Art Gegenstück zum Aktivismus im besetzten Belgien entwickelte sich im belgischen Heer an der Yser-Front seit 1917 die flämische Frontbewegung, deren Ziel bis dahin nur die Pflege der eigenen Sprache und Kultur im Geiste der katholisch-flämischen Studentenbewegung gewesen war. 1918 kam es zu direkten Kontakten zwischen der Frontbewegung und den Aktivisten.

Auf die flämisch gesinnten Minister in der belgischen Regierung blieben diese Vorgänge nicht ohne Wirkung. Ein Kronrat vom 20. März 1918 beschloß die Errichtung einer Kommission zum Studium der Flämischen Bewegung. Es wurde sogar eine Reise einiger Minister und flämischer Politiker in die Schweiz angekündigt, um dort »das föderalistische Prinzip im Hinblick auf den Sprachgebrauch« zu studieren, doch scheiterte der Plan am Einspruch des liberalen Ministers P. Hymans[15].

Nicht zu einem internationalen Problem wurde die Wallonische Bewegung. In ihren Reihen regten sich Sympathien für einen Anschluß Belgiens an Frankreich, die aber von der belgischen Exilregierung bald gedämpft wurden.

H. Pirenne, La Belgique et la guerre mondiale (1929)
L. v. Köhler, Die Staatsverwaltung der besetzten Gebiete, Belgien. Veröffentlichungen d. Carnegie-Stiftung für den intern. Frieden 1 (1927)
La Belgique et la guerre. 4 Bde (1920–23; Sammelwerk)
J. Pirenne u. M. Vauthier, La législation et l'administration allemande en Belgique (1925)
Carnets de guerre d'Albert Ier, Roi des Belges. Hg. v. R. van Overstraeten (1953)
F. Fischer, Griff nach der Weltmacht (³1964), und – mit teilweise abweichender Auffassung – G. Ritter, Staatskunst u. Kriegshandwerk. Bd. 3 (1964), insbes. Kap. 8, 1 u. 9, 2. Dazu AGdN Bd. 12 (J. Bartier)
S. Tassier, La Belgique et l'entrée en guerre des États-Unis 1914–1917 (1951)
Th. Heyse, La résistance en Belgique occupée 1914–1918 d'après les clandestins. In: Bibl. et Musées de Belgique 24–27 (1953–56)

[1] Der Weltkrieg 1914–1918. Die militärischen Operationen zu Lande. Bd. 1–9, hg. vom Reichsarchiv (1925 bis 33). Bd. 5: Der Herbstfeldzug im Westen (1929).

[2] Bartier in: AGdN Bd. 12, S. 15ff.,

sowie R. Dinjaert, Les opérations militaires de l'armée belge au cours de la guerre 1914–1918. In: H. Pirenne, Histoire de Belgique. Illustr. Ausg. Bd. 4, Anhang.

[3] So z.B. van Kalken in: ebd., S. 79f.

[4] Vgl. P. Schöller, Der Fall Löwen und das Weißbuch (1958, auch in frz. u. ndl. Sprache; mit einer Erklärung deutscher u. belgischer Historiker zum Problem). Ferner: F. Petri u. P. Schöller, Zur Bereinigung des Franktireurproblems vom Aug. 1914. In: VfZ 9 (1961), S. 234–248.

[5] Über die im Auftrag König Alberts geführten Sondierungen über Friedensmöglichkeiten mit Deutschland vgl. insbes. Fischer, Griff nach der Weltmacht, S. 268–280, sowie Ritter, Staatskunst, S. 289–296, 336f., 360f. Im Gegensatz zu Fischer ist Ritter der Meinung, daß die belgischen Friedensbemühungen letztlich nicht an den deutschen Garantieforderungen gescheitert sind. Belg. Nationalismus: F. Neuray, La Belgique nouvelle. 2 Bde (1918), u. P. Nothomb, Étapes du nationalisme belge (1918), sowie allgemein: Luykx, Hedendaagse geschiedenis. Bd. 2, S. 69ff.

[6] v. Bissing: R.P. Oszwald, Art. v. Bissing in: DtBiogrJb 1917–20, S. 34–54, sowie Ritter, Staatskunst, S. 434ff.

[7] Mercier: A. Simon, Le Cardinal Mercier (1960).

[8] Näheres bei H. Henry, Le ravitaillement de la Belgique pendant l'occupation allemande (1924).

[9] Hierzu, außer H. Pirenne, La Belgique et la guerre mondiale, Ritter, Staatskunst, Kap. 8, 2, S. 434ff.

[10] Wichtigste Quellen über den Aktivismus: Archives du Conseil de Flandre. Hg. v. der Ligue pour l'unité belge (1928), sowie von aktivistischer Seite: A. Faignaert, Verraad of zelfverdediging? (1933). Dazu: J. Wullus-Rudiger, Flamenpolitik (1921); W. Willemsen, Het Vlaamse nationalisme 1914–1940 (1958), sowie die kritische Besprechung von H. van Werveke in: De Vlaamse Gids 44 (1960), S. 65–76; ferner F. Petri, Zur Flamenpolitik des ersten Weltkrieges. Ungelöste Fragen und Aufgaben. In: Dauer und Wandel der Geschichte. Kurt v. Raumer zum 15. Dez. 1965 (1966), S. 513–536.

[11] Einen Beleg dafür bietet u.a. die nach seinem Tode als sein angebliches ›Testament‹ veröffentlichte Denkschrift. Nach Oszwald, v. Bissing, S. 53, stammt diese aus einer früheren Zeit; nach Meinung des politischen Beraters v. Bissings, Frhr. v. d. Lankken, hätte v. Bissing selber der Veröffentlichung dieser Denkschrift niemals zugestimmt; vgl. Pol. Arch. d. AA, Belg. 63 A 420/82/7. Beides ändert jedoch nichts an der annexionistischen Grundhaltung v. Bissings, die auch anderweitig zur Genüge bezeugt ist.

[12] So bezeichnet Fischer, Griff nach der Weltmacht, S. 126, die Flamenpolitik als »das wichtigste Instrument zur indirekten Annexion Belgiens ... neben der wirtschaftlichen und militärischen Bindung«.

[13] Die grundsätzlichen Anregungen zu dieser Politik, die bei den Parteigängern einer engen Angliederung Belgiens an das Reich, insbes. in der 3. OHL und beim AOK der 4. Armee in Gent, wiederholt heftigen Widerspruch hervorriefen, kamen von flämischer Seite; vgl. Petri, Flamenpolitik, S. 529ff.

[14] Ein sehr abgewogenes Urteil über v. Bethmanns damalige Haltung fällt aufgrund persönlicher Gespräche Fr. Meinecke, Straßburg, Freiburg, Berlin 1901–1919. Erinnerungen (1949); vgl. insbes. S. 216f.

[15] Luykx, Hedendaagse geschiedenis, Bd. 2, S. 72f.

Die Niederlande

Im Gegensatz zu Belgien vermochten die Niederlande im Ersten Weltkrieg ihre Neutralität zu wahren. Auf der Höhe der Krise unmittelbar vor Kriegsausbruch hatte die niederländische Regierung dem belgischen Gesandten Verhandlungen über eine engere militärische Zusammenarbeit beider Länder vorgeschlagen, zog jedoch ihr – in Belgien mit Zustimmung aufgenommenes – Angebot zurück, als sich Deutschland am 3. August bereit fand, die niederländische Neutralität zu garantieren. Die deutsche Regierung war dazu in der Lage, weil der jüngere Moltke 1909 bei der Abänderung des Schlieffen-Plans auf den darin vorgesehenen Durchmarsch durch Niederländisch-Limburg verzichtet hatte[1]. Nach Beginn des Krieges war die niederländische Neutralität noch eine Zeitlang durch England gefährdet. Aus den Erinnerungen Churchills[2] geht hervor, daß die englische Regierung damals einen Angriff auf Vlissingen ernsthaft erwogen hat. Doch fand sie sich schließlich im September 1914 mit der weiteren Schließung der Schelde ab[3].

Gefühlsmäßig stand die niederländische Bevölkerung, insbesondere nach dem Bekanntwerden der von deutscher Seite zur Unterdrückung des vermeintlichen Franktireurkriegs gegenüber der belgischen Zivilbevölkerung ergriffenen Maßnahmen und unter dem Eindruck des zeitweise fast eine Million Menschen betragenden belgischen Flüchtlingsstroms, ganz vorwiegend auf seiten der Westmächte. Deshalb fand auch der flämische Aktivismus in der holländischen Öffentlichkeit kaum Sympathie. Entschieden abgelehnt wurden, schon aus außenpolitischen Rücksichten, alle Bestrebungen zur Errichtung eines föderalistischen gesamtniederländischen Staatswesens[4].

Die schwierigsten Probleme, vor die sich die Niederlande als Kolonialmacht und intensiv in die Weltwirtschaft und den Welthandel verflochtenes Land je länger, desto mehr gestellt sahen, lagen auf wirtschaftlichem Gebiet. Schon im August 1914 ging England zu einer Verschärfung der in der Londoner Seerechtsdeklaration vom Jahr 1909 geschlossenen Konterbandebestimmung über, um Deutschland jede Warenzufuhr abzuschneiden. »Das bedeutete für die Niederlande die Stillegung allen Durchfuhrhandels und darüber hinaus, daß die Ausfuhr zahlreicher Artikel nach dem Willen der alliierten Mächte verboten werden mußte. Um selbst am Leben zu bleiben, mußten die Niederlande mithelfen, Deutschland die Kehle zuzudrükken. Andererseits konnte die niederländische Regierung nicht zu weit gehen, wollte sie ihren östlichen Nachbarn, der u.a. als Lieferant von Kohle wichtig war, nicht allzu sehr gegen sich aufbringen. So haben sich die Niederlande während des gesamten Krieges in einer wenig beneidenswerten Stellung zwischen Hammer und Amboß befunden.« (Brugmans)[5] Zur Verwirklichung der von den Alliierten für die Zulassung der überseeischen Einfuhr in die Niederlande geforderten Garantien wurde im November 1914 im Zusammenwirken mit den wichtigsten niederländischen Banken und Schiffahrtsgesellschaften die Nederlandsche Overzee Trustmaatschappij (N.O.T.) gegründet. Sie entwickelte sich alsbald zur »Macht im Staate« (Japikse)[6]. Für die Ausfuhr erwies sich eine entsprechende Organisation erst erforderlich im September 1917, als die kriegführenden Mächte nach der Ankündigung des uneingeschränkten Unterseebootkriegs durch Deutschland und dem Eintritt der USA in den Krieg ihren Druck auf die Niederlande verstärkten; sie erfolgte mit der Schaffung der Nederlandsche Uitvoermaatschappij (N.U.M.)[7]. Beide Organisationen konnten nicht verhindern, daß die niederländische Ein- und Ausfuhr während des Krieges zunehmend zurückging. So sank der Wert der Einfuhr von Verbrauchsgütern von 3903 Millionen hfl. im Jahre 1913 auf 608 Millionen hfl. im Jahre 1918, der Wert der Ausfuhr aus dem freien Verkehr von 3066 Millionen hfl. im Jahre 1913 auf 318 Millionen hfl. im Jahre 1918. Manche Schiffahrtslinien, wie die Verbindung mit Indien und Niederländisch-Indien, wurden ganz unterbrochen, was eine dauernde wirtschaftliche Umorientierung Niederländisch-Indiens auf die USA und Japan zur Folge hatte. Ein Spiegelbild der Schrumpfung des Seeverkehrs liefert der Rückgang der in die niederländischen Häfen eingelaufenen Seeschiffe. Ihre Zahl sank in Rotterdam von 10203 im Jahre 1913 auf 1048 im Jahre 1918, in Amsterdam von 2597 im Jahre 1913 auf 378 im Jahre 1918[8].

Wenn die niederländischen Schiffahrtsgesellschaften trotzdem im Ersten Weltkrieg große Gewinne machten und ihren Schiffsbestand vergrößerten, so war das nur möglich durch ihre Umstellung auf außereuropäische Verbindungen und ihre Fahrt im Dienste der Alliierten. Schon im Sommer 1916 hatte England die gesamte in englischen Häfen liegende Fischereiflotte der Niederlande aufgebracht. Im März 1918 verlangten die Amerikaner die Auslieferung der niederländischen Handelsflotte an die Alliierten zum Zweck der amerikanischen Truppenverschiffungen nach Europa. Sie verbanden damit die Drohung, im Weigerungsfall die amerikanischen Getreidelieferungen einzustellen, auf die Holland für die Ernährung seiner Bevölkerung angewiesen war. England erhob in ultimativer Form die gleiche Forderung, worauf sich die Niederlande fügten. Darauf verlangte Ludendorff die Freigabe der Eisenbahn Gladbach-Roermond-Hamont für deutsche Militärtransporte und die Zulassung der Aufstellung deutscher Geschützbatterien auf niederländischem Boden; mit ihrer Hilfe sollten alliierte Luftangriffe auf deutsche Truppen in Flandern abgewehrt werden. Die deutsche Regierung weigerte sich jedoch, diese Note abzusenden. Auch gegen eine zweite, wirklich nach Den Haag abgegangene legte der dortige deutsche Gesandte Rosen Protest ein, da sie nach seiner Meinung den Krieg mit den Niederlanden bedeuten müßte. Es gelang ihm, auch den Kaiser zum Einspruch zu bewegen. Andererseits wurden Deutschland von niederländischer Seite Teilkonzessionen zugestanden. Das damalige diplomatische Ringen verdient Beachtung, weil hier deutsche Zivilbehörden, obwohl damals ihre Autorität gegenüber der Obersten Heeresleitung bereits auf ein Minimum reduziert war, unter Aufbietung aller Kräfte eine Ausweitung des Krieges auf Holland verhindert haben, die Ludendorff in Kauf zu nehmen bereit war. Die damaligen Vorgänge bildeten die letzte und ernsteste Krise der niederländischen Neutralität im Ersten Weltkrieg[9].

Nederland in den oorlogstijd. Hg. v. H. Brugmans (1920)
N. Japikse, Die Stellung Hollands im Weltkriege (1921)
C. T. de Jong, De Nederlandse neutraliteit tijdens de wereldoorlog. In: TGGroningen 65 (1952), S. 257–271
H. T. Colenbrander, Studiën en aantekeningen over Nederlandsche politiek 1909–1919 (1920)
Ferner die Übersichten in: Gosses-Japikse, Handboek, S. 879–892; AGdN Bd. 12, Kap. II (C. T. de Jong, Nachweise S. 490f.), sowie Brugmans, Paardenkracht, S. 432–458

[1] AGdN Bd. 12, S. 54f.

[2] W. S. Churchill, The World Crisis 1911–1914 (1927), S. 333.

[3] De Jong in: AGdN Bd. 12, S. 55.

[4] In den an der Flämischen Bewegung interessierten niederländischen Kreisen war das, wie u. a. aus den Berichten des damaligen dt. Gesandten in den Niederlanden u. späteren Staatssekretärs v. Kühlmann an das AA hervorgeht, anders. Ihnen schwebte, berichtete v. Kühlmann am 14. Juli 1915, vor, »daß in einem mehr oder minder wiederhergestellten Belgien die flandrischen Landesteile so gut wie vollständige Selbstregierung haben sollen und daß Holland sozusagen als Lehrer und Freund mit diesen selbständig eingerichteten flämischen Landesteilen ein besonders enges Verhältnis unterhalten solle. Der Ministerpräsident, Herr Cort van der Lin-

den, hat, um nicht mehr zu sagen, sehr starke Sympathien mit dem Leitgedanken dieses Kreises.« Dieser Kreis sei »an Zahl nicht allzu groß, an Willenskraft und politischer Begabung jedenfalls nicht gering einzuschätzen« (Pol. Arch. d. AA, Belg. 63, B. 7, 1. August 12 – 10. November 15).

[5] Brugmans, Paardenkracht, Kap. V, S. 437.

[6] Über ihre Wirksamkeit unterrichtet erschöpfend Ch. A. van Manen, De Nederlandsche Overzee-Trustmaatschappij. Middelpunt van het verkeer in onzijdig Nederland met het buitenland 1914–1919 (8 Teile in 6 Bden 1935). Vgl. auch C. Smit, Hoogtij der Neutraliteitspolitiek.

[7] Über sie vgl. E. C. van Dorp, in: Nederland in den oorlogstijd, S. 226ff., sowie Brugmans, Paardenkracht, S. 439f.

[8] Zahlenangaben nach Brugmans, Paardenkracht, S. 440f.

[9] Zum Vorstehenden besonders: de Jong, insbes. in: AGdN Bd. 12, Kap. 2, sowie Japikse, Stellung Hollands, § 5, S. 122–176.

Luxemburg

Bereits am 2. August 1914, d.h. noch vor der deutschen Kriegserklärung an Frankreich, wurde Luxemburg von den deutschen Truppen besetzt[1]. Seine Regierung hat gegen die Neutralitätsverletzung zwar in aller Form protestiert und den Protest den übrigen Signatarmächten des Vertrags von 1867 zur Kenntnis gebracht, angesichts der eigenen Waffenlosigkeit Deutschland aber nicht den Krieg erklärt. Sie betrachtete vielmehr die Neutralität des Großherzogtums trotz der Anwesenheit der deutschen Truppen als rechtlich weiter in Geltung.

Dieses Verhältnis erlaubte den luxemburgischen Behörden, ihre verwaltungsmäßige Selbständigkeit zu behaupten und, im Rahmen des Möglichen, den Schutz und die Interessen der luxemburgischen Bevölkerung weiter wahrzunehmen. Dabei ergaben sich im Einzelfall zahlreiche schwierige Auseinandersetzungen mit den militärischen deutschen Stellen, die sich nicht davon abhalten ließen, auch selbsttätig im Lande vorzugehen, wo es ihnen das deutsche Interesse zu gebieten schien. Angebliche oder wirkliche Fälle von Spionage und Verrat militärischer Geheimnisse durch Luxemburger wurden, trotz aller luxemburgischen Proteste, vor deutsche Kriegsgerichte gezogen und von ihnen abgeurteilt. Doch gelang es der luxemburgischen Regierung bis zum Schluß des Krieges, den von ihr vertretenen Grundsatz durchzuhalten, daß die Verletzung der luxemburgischen Neutralität durch Deutschland keineswegs zur Hinfälligkeit der Neutralität an sich geführt habe – eine Einstellung, die in bemerkenswerter Weise von den Ansichten abwich, die man damals in manchen belgischen Kreisen bezüglich der belgischen Neutralität einnahm.

Livre gris luxembourgeois (1919)
Neutralité du Grand-Duché de Luxembourg pendant la guerre 1914–1918 (1919)
P. Majerus, Le Luxembourg indépendant, Teil 2, Kap. 1
Herre, Die kleinen Staaten, Abschn. 4, 4, S. 275 ff.

[1] Hierzu: E. Th. Melchers, Kriegsschauplatz Luxemburg, Aug. 1914 bis Mai 1940 (1963), und Ch. B. Macdonald, The Neglected Ardennes. In: Military Review (1963), S. 74–89.

Quellen und Literatur zu Kapitel 4

Bibliographien:

H. Pirenne, Bibliographie de l'histoire de Belgique. Catalogue ... des sources et des ouvrages principaux, relatives à l'histoire de tous les Pays-Bas jusqu'en 1598 et à l'histoire de Belgique jusqu'en 1914 (³1931)

Dazu für die nördlichen Niederlande ab 1940: Repertorium van boeken en tijdschriftartikelen op het gebied van de geschiedenis van Nederland. Hg. v. A. Gast (1943), letzter bearbeiteter Jahrgang, hg. v. J. Brok-Ten Broek: 1956 (1963); für Belgien: jährliche Literaturberichte in Revue belge de philol. et d'hist., Bibliographie de l'histoire de Belgique, hg. v. J. Dhondt u. a., sowie die Bibliographie in RHE (ab Bd. 29, 1933)

Zusammenfassend: W. J. Alberts, Literaturbericht zur Geschichte der Niederlande, Veröffentlichungen 1945–1960, sowie J. Craeybeckx, A. E. Verhulst u. H. van Werveke, Literaturbericht über belgische Geschichte, Veröffentlichungen 1945 bis 1962/63. In: HZ, Sonderheft 2 (1965), S. 1–107

J. de Belder u. J. Hannes, Bibliographie van de geschiedenis van België 1865 tot 1914. Interuniversitair Centrum voor hedendaagse geschiedenis (1965)

F. Petri, Belgien, Niederlande, Luxemburg. In: Bücherkunde zur Weltgeschichte, hg. v. G. Franz (1956), S. 79–160

C. Hury, Luxemburgensia. Eine Bibliographie der Bibliographien (1964)

Gesamtdarstellungen:

Algemene Geschiedenis der Nederlanden (AGdN). Hg. v. J. A. van Houtte, J. F. Niermeyer u. a., Bd. 9–12 (1950–58), gesamtniederländisches Gemeinschaftswerk; am Schluß der Bde Quellen- u. Lit.übersichten

H. Pirenne, Histoire de Belgique. Bd. 7: 1830–1914 (1932). Illustr. Ausgabe Bd. 4 (1952); darin Nachträge verschiedener Verfasser für die Zeit von 1918 bis 1940

Histoire de la Belgique contemporaine 1830–1914. Hg. v. P. J. Harveng, 3 Bde (1930)

F. van Kalken, La Belgique contemporaine 1780–1949 (²1950)

Geschiedenis van Vlaanderen. Bd. 6: De hedendaagsche tijden (o. J.), Sammelwerk

L. G. J. Verberne, Nieuwste geschiedenis. In: Geschiedenis van Nederland. Hg. v. H. Brugmans, Bd. 7 u. 8 (1937–38; auch selbständig, 1957)

J. Meyers, Geschichte Luxemburgs (1939)

P. Weber, Histoire de Grand-Duché de Luxembourg (1949)

Politische Geschichte:

Th. Luykx, Hedendaagse politieke geschiedenis van België. Bd. 1 (²1964) u. Bd. 2 (1963)

A. M. Stuyt, Repertorium van door Nederland tussen 1813 en 1950 gesloten verdragen (1953)

I. H. Gosses u. N. Japikse, Handboek tot de staatskundige geschiedenis van Nederland (³1947)

C. Smit, Diplomatieke geschiedenis van Nederland, inzonderheid sedert de vestiging van het Koninkrijk (1950)

M. Junod, Die Neutralität des Ghgt. Luxemburg von 1867 bis 1948. In: Publications de la section histor. de l'Institut Royal de Luxembourg 72 (1951), S. 7 bis 103

Wirtschafts- und Sozialgeschichte:

F. Baudhuin, Belgique 1900–1960. Explication économique de notre temps (1961)

I. J. Brugmans, Paardenkracht en mensenmacht. Sociaal-economische geschiedenis van Nederland 1795–1940 (1961)

J. A. van Houtte, Economische en sociale geschiedenis van de Lage Landen (1964)

Geschiedenis van de Nederlandse landbouw, 1795–1940. Hg. v. Z. W. Sneller (1951)

P. Weber, Histoire de l'économie luxembourgeoise (1950)

Kulturgeschichte:

F. Petri, Die Kultur der Niederlande. In: Handbuch der Kulturgeschichte. Hg. v. E. Thurner (1964)

Nederland tussen de Natiën. Een bijdrage tot onze cultuur-geschiedenis. Hg. v. J. S. Bartstra u. W. Banning. 2 Bde (1947–48; Sammelwerk mit umfassender Zielsetzung)

L. J. Rogier u. N. de Rooy, In vrijheid herboren. Katholiek Nederland 1853 tot 1953 (1953)

Documenta Reformatoria. Teksten uit de Geschiedenis van Kerk en Theologie in de Nederlanden sedert de Hervorming. Bd. 2: Van de 18de eeuw tot 1940 (1962)

H. J. Elias, Geschiedenis van de Vlaamse gedachte. 1780–1914. 4 Bde (1963 bis 65)

L. Picard, Geschiedenis van de Vlaamse en Groot-Nederlandse beweging. 2 Bde (1937–1959)

J. Schmithuesen, Das Luxemburger Land. Landesnatur, Volkstum und bäuerliche Wirtschaft (1940)

Kapitel 5
Belgien, Niederlande, Luxemburg vom Ende des Ersten Weltkriegs bis zur Politik der europäischen Integration (1918–1970)

Von Franz Petri

a. Außenpolitische Probleme (1918–1940)

Das Ringen um die Friedensordnung in Nordwesteuropa
Nach dem alliierten Sieg wurden in der belgischen Politik für einige Jahre die sich zum Comité de politique nationale zusammenschließenden Kräfte vorherrschend, die Belgiens Interesse nicht in der Rückkehr zur früheren Neutralität, sondern in der aktiven Einreihung in die Front der Siegermächte gegen den Preis erheblicher belgischer Gebietserweiterungen erblickten. Ihre auch von König Albert gebilligten Wünsche gingen ebensosehr wie auf eine Ausbreitung Belgiens in der Richtung von Rhein und Mosel auf eine solche gegenüber dem niederländischen Nachbarn, der bereits in den letzten Kriegsjahren zum Objekt einer regen belgischen Kriegszielpropaganda geworden war[1]. In einem vom Comité nach Kriegsende veröffentlichten Manifest wurden gefordert: Belgiens Herrschaft über die Scheldemündungen und die limburgische Maas, eine direkte Verbindung Antwerpens mit dem Rhein, die Einbeziehung des Großherzogtums Luxemburg in die belgische Machtsphäre und die Zurückdrängung Deutschlands im Eifel- und Ardennengebiet. Der inzwischen zum Außenminister aufgestiegene P. Hymans, der seit 1916 engere Verbindungen zu den nationalistischen Kreisen angeknüpft hatte, machte sich auf der Versammlung des Obersten Rates der Versailler Friedenskonferenz zum Wortführer der vom Comité auch gegenüber Holland erhobenen Forderungen[2]. Auf Hymans' Antrag bildete der Oberste Rat am 26. Februar 1919 eine Commission des Affaires belges unter dem Vorsitz des französischen Politikers Tardieu; dieser schlug eine Revision der Belgien 1839 auferlegten Verträge »dans l'ensemble de leurs clauses« vor. Jedoch setzten die Niederlande auf der am 19. Mai 1919 in Paris beginnenden Konferenz, an der die Außenminister der fünf alliierten Großmächte sowie Hollands und Belgiens teilnahmen, durch, daß die geplante Revision »keinen Wechsel territorialer Souveränitäten oder die Begründung internationaler Beschränkungen« mit sich

bringen dürfe[3]. Die Arbeit der daraufhin eingesetzten Konferenz geriet im August 1919 in eine Krise durch die Enthüllung eines geheimen Dokuments, in dem das belgische Außenministerium dem belgischen Hauptquartier die Grundzüge einer annexionistischen Propaganda in Niederländisch-Limburg entwickelte[4]. Die Konferenz einigte sich über gewisse Wirtschaftsfragen, scheiterte aber an der Frage der Souveränität über die Wasserstraße der Wielingen. Ein nach Abschluß des Locarnopaktes zustande gekommener neuer Vertragsentwurf, in dem sich die Niederlande mit der Aufhebung der belgischen Neutralität und des Verbots, Antwerpen zum Kriegshafen zu machen, einverstanden erklärten, passierte 1925 mit knapper Mehrheit die Zweite Niederländische Kammer, wurde aber von der Ersten Kammer 1927 mit 33 gegen 17 Stimmen verworfen. Das Verhältnis zwischen Belgien und den Niederlanden blieb weiterhin gespannt[5].

Von den angestrebten belgischen Gebietserweiterungen im Osten blieb, da hier Belgien zum Teil mit französischen Wünschen kollidierte, außer der Angliederung von Neutral-Moresnet nur die Erwerbung der beiden bis dahin zur Rheinprovinz gehörenden Kreise Eupen und Malmedy übrig. Die Eingliederung wurde durch eine von Belgien durchzuführende und zu nichts verpflichtende Volksbefragung in Form der Auslegung von Einschreibungslisten notdürftig mit den Wilsonschen Prinzipien vom Selbstbestimmungsrecht der Völker in Einklang gebracht[6]. Nach dem Abschluß des Locarnovertrages war der Sozialist E. Vandervelde als belgischer Außenminister bereit, Eupen-Malmedy gegen entsprechende finanzielle Gegenleistung des Reiches zurückzugeben, traf damit aber auf den Einspruch Frankreichs, das aufgrund des französisch-belgischen Militärabkommens (darüber vgl. nachstehend S. 195 f.) befragt werden mußte[7].

Die belgischen Hoffnungen auf Luxemburg wurden genährt durch das Verhalten der im Block der Linken zusammengeschlossenen luxemburgischen Liberalen und Sozialisten, die ihren Kampf gegen die Großherzogin Maria Adelheid auch während des Krieges fortgesetzt hatten und schon 1916 so weit gegangen waren, dem belgischen König Albert die großherzogliche Krone anzubieten. Die dadurch in Belgien geweckten Erwartungen erfüllten sich nach Kriegsende jedoch ebensowenig wie diejenigen Frankreichs infolge der ablehnenden Haltung der Mehrheit der luxemburgischen Bevölkerung (vgl. nachstehend S. 199f.). Belgien mußte sich mit dem Zollanschluß des Landes begnügen, nachdem dieses sofort nach Kriegsende seine Mitgliedschaft im Deutschen Zollverein aufgekündigt hatte[8].

Belgiens anfängliche Hoffnungen auf einen Anfall Luxemburgs veranlaßten es zur Einbeziehung der ehemals zu Luxemburg gehörenden Gebiete von Schleiden, Kronenburg, Bitburg und Arzfeld in die erste, am 17. Januar 1919 in Paris vorgelegte Liste belgischer Gebietswünsche gegenüber Deutschland. Hingegen wies Hymans die von belgischer militärischer Seite erhobene Forderung nach der gesamten Eifel ebenso zurück wie den Plan des belgisch-luxemburgischen Montanindustriellen G. Barbanson, der eine Grenze vorsah, die zwischen Trier und Roermond bis vor die Tore von Euskirchen ausgriff und Aachen, Jülich und Düren zu Belgien schlug. Vollends wandte er sich gegen alle Forderungen, die auf eine Annexion des linken Rheinufers abzielten. Ebenso widersprach er einer dauernden militärischen Festsetzung Frankreichs am Rhein, von der er ein Wiederaufleben der auf eine Einkreisung Belgiens hinauslaufenden Pläne Napoleons III. befürchtete; der Abwendung vornehmlich dieser Gefahr galt die belgische Beteiligung an der Rheinlandbesetzung. Eine Folge des belgischen Sicherheitsbedürfnisses gegenüber Deutschland war Hymans' Vorschlag der Errichtung einer neutralisierten und entmilitarisierten, aber beim Reich verbleibenden Pufferzone am Rhein[9].

Quellen:

Documents diplomatiques relatifs à la révision des traités de 1839 (1929). Documents diplomatiques relatifs aux Réparations. 2 Bde (1923/24)

H. Baron Baltia, Mémoires, Teil III. Unveröffentlichtes Manuskript, Photokopie im HStA, Düsseldorf

Nederland, Buitenlandsche Zaken. Diplomatieke documenten betr. de herziening der verdragen van 1839 (1929) u. Bescheiden in zake de tussen Nederland en België hangende vraagstukken sedert de verwerping van het verdrag van 3. April 1925 (1929)

Auswärtiges Amt, Documents concernants la consultation populaire dans les cercles d'Eupen-Malmédy (o. J.)

Darstellungen:

H. T. Colenbrander, Nederland en België. Adviezen en opstellen uit de jaren 1919 en 1925–1927 (1927)

C. Gerretson, Nederland, Vlaandern, België (1927)

C. A. van der Klaauw, Politieke betrekkingen tussen Nederland en België 1919 tot 1939 (Diss. 1953)

K. Pabst, Eupen-Malmedy in der belgischen Regierungs- und Parteienpolitik 1914–1940. In: ZAachenGV 76 (1964), S. 206–515, mit umfassenden Quellen- u. Lit.verweisen

H. Lademacher, Die Niederlande und Belgien in der Außenpolitik des Dritten

Reiches. In: M. Funke (Hg.), Hitler, Deutschland und die Mächte. Materialien zur Außenpolitik des Dritten Reiches (1976). S. 654–674

[1] Hierzu vgl. Kap. 4, e.: Der Erste Weltkrieg.

[2] N. Japikse, Stellung Hollands im Weltkriege (1921). S. 333.

[3] Ebd., S. 355.

[4] Ebd., S. 356ff.

[5] Zahlreiche neue Details über die Einstellung auf holländischer Seite enthalten die unten unter b. Niederlande genannten Herinneringen von E. Heldring.

[6] Über die Modalitäten dieser »Volksbefragung« vgl. H. Doepgen, Die Abtretung des Gebiets von Eupen-Malmedy an Belgien im Jahre 1920. In: RheinArch 60 (1966).

[7] Hierzu: Pabst, Eupen-Malmedy, Exkurs S. 453–488.

[8] Von belgischer Seite vgl. J. Crokaert, L'accord belgo-luxembourgeois. In: RevEconInt (1921).

[9] Näheres vgl. in dem Beitrag von H. Lademacher, Die nördlichen Rheinlande seit der Gründung der Rheinprovinz 1815–1953. In: Rheinische Geschichte, hg. v. F. Petri und G. Droege, Bd. 2 (1976), S. 649–652, 658–661.

Belgien

Der Preis, den Belgien 1919/20 für die Zulassung der Belgisch-Luxemburgischen Zollunion durch Frankreich zu zahlen hatte, war eine französisch-belgische Militärallianz. Sie wurde abgeschlossen am 7. September 1920, obwohl Belgiens Versuche, auch England zum Beitritt zu bewegen, scheiterten und einflußreiche belgische Politiker von Anfang an gegen sie Stellung nahmen. Der Vertrag war geheim, doch ist sein Inhalt seit 1936 im wesentlichen bekannt. Es handelte sich um ein Defensivabkommen, das nur bei einem nichtprovozierten Angriff Deutschlands auf einen der beiden Partner wirksam werden sollte; allerdings wurde das unscharf formulierte Abkommen von französischer Seite in weitergehendem Sinne zu interpretieren versucht[1]. Der Militärvertrag eröffnete eine u. a. während der Rheinlandbesetzung und des Ruhrkonflikts[2] zutage tretende enge militärische Zusammenarbeit zwischen Frankreich und Belgien. Nach dem Abschluß des Locarno-Vertrages zwischen Belgien, Deutschland, Frankreich, Großbritannien und Italien (16. Oktober 1925), der eine kollektive Bürgschaft der deutschen Westgrenze und eine friedliche Regelung aller Streitigkeiten vorsah, bereitete Belgien eine allmähliche, besonders von flämischer Seite geforderte Neuorientierung seiner Außenpolitik vor. Schon 1926 kam es zu inoffiziellen, durch Frankreichs Einspruch zum Scheitern gebrachten Verhandlungen zwischen deutschen und belgischen Finanzkreisen, durch ein deutsch-belgisches Zusammengehen auf wirtschaftlichem und finanziellem Gebiet einer Verständigung über Eupen-Malmedy den Weg zu ebnen. Brünings 1932 wegen einer Rückgliederung von Eupen und Malmedy unternommene Schritte wurden nicht von vornherein zurückgewiesen[3]. Aber erst die Wiederbesetzung des Rheinlandes durch Hitler im Frühjahr 1936 im Verein mit der Rücksichtnahme auf die Stimmung im eigenen Lande wurde für Belgien zum entscheidenden Anlaß, seine Politik wieder im Sinne einer reinen Unabhängigkeitspolitik zu revidieren. Die schwächliche Reaktion Englands und Frankreichs sowie des Völkerbundes auf die Wiederbesetzung des Rheinlandes durch Hitler öffnete der belgischen Regierung die Augen für die Gefahr jeder einseitigen politischen Bindung und machte sie bereit, der immer mehr wachsenden Kritik gegen den französisch-belgischen Militärvertrag in der eigenen Bevölkerung Rechnung zu tragen. Ein weiteres Motiv war die Abneigung gegen die französische Volksfrontregierung und ihr Bündnis mit der Sowjetunion. Überdies war durch das deutsche Vorgehen am Rhein ein Teil der Vertragsbestimmungen hinfällig geworden. Die neue Unabhängigkeitspolitik wurde im Juli 1936 zuerst der Öffentlichkeit verkündet durch den belgischen Außenminister P. H. Spaak und am 14. Oktober d. J. durch Leopold III. in einer damals als historisch empfundenen Rede bekräftigt: »Unsere militärische Rüstung soll allein dazu dienen«, erklärte darin der König, »uns vor dem Krieg zu bewahren, von wo er auch komme.« Jede einseitige Bindung schwäche Belgiens internationale Stellung. 14 Tage später wurde die Rückkehr zur Unabhängigkeitspolitik auch durch die Kammer mit $^{3}/_{4}$-Mehrheit gebilligt. Hitler erklärte darauf am 30. Januar 1937, die belgische Unabhängigkeit garantieren zu wollen. Die Westmächte brachten am 24. April d. J. ihr Einverständnis mit der neuen belgischen Politik in einer gemeinsamen Erklärung zum Ausdruck und versprachen Belgien erneut militärische Unterstützung für den Fall eines Angriffs. Auch von Deutschland ließ sich Belgien am 13. Oktober 1937 seinen Besitzstand und die Unverletzlichkeit seiner Gebiete garantieren. Die Garantien wurden von Deutschland am 26. August, von England und Frankreich am 27. und 28. August 1939 bekräftigt. Am 3. September erklärte sich Belgien daraufhin gegenüber dem inzwischen ausgebrochenen europäischen Konflikt in aller Form für neutral. Zwei Monate später reiste Leopold III. in Begleitung Spaaks nach Den Haag; am 7. November boten Königin Wilhelmina und Leopold in gemeinsamen Telegrammen England, Frankreich und Deutschland, allerdings vergeblich, ihre Vermittlung an[4]. Wenige Monate später erwies sich, daß auch die neue Neutralitätspolitik, da ohne genügenden Machtrückhalt, außerstande war, das Land davor zu bewahren, wieder in den Krieg der Großmächte hineingezogen zu werden.

Documents diplomatiques belges 1920–1940. Hg. v. Ch. de Visscher und F. van Langenhove. 5 Bde (1964–1966). Dazu J. E. Helmreich. In: RevBelgPhilolHist (1969), S. 775 f.

P. Hymans, Mémoires. 2 Bde (1958). Dazu P. van den Ven und F. van Langenhove. In: BullAcadBelgClLettres, 5. série, 45 (1959), S. 322–369, 370–386

F. van Kalken, Entre deux guerres. Esquisse de la vie politique en Belgique de 1918 à 1940 (²1945)

Baron P. van Zuylen, Les mains libres. Politique extérieure de la Belgique 1914 à 1940 (1950)

J. Wullus-Rudiger, La Belgique et la crise européenne 1914–1945. 2 Bde (1945)

Ders., Les origines internationales du drame belge de 1940 (1950)

J. K. Miller, Belgian Foreign Policy between Two Wars 1919–1940 (1951); dazu die Korrekturen von J. Willequet. In: RevBelgPhilolHist 31 (1953), S. 340–342

F. van Langenhove, La Belgique en quête de securité (1969)

D. O. Kieft, Belgium's Return to Neutrality (1972); dazu: BijdrMededGNederl 89 (1974), S. 417–421

R. van Overstraeten, Albert Ier – Léopold III. Vingt ans de politique militaire belge 1920–1940 (1949). Vgl. ferner unter a. Das Ringen um die Friedensordnung

[1] Zur Geschichte des Vertrages vgl. zuletzt F. van Langenhove, L'accord militaire franco-belge de 1920 à la lumière des documents diplomatiques. In: BullAcadBelgClLettres 53 (1967), S. 520–535, den Text bei van Overstraeten, Albert Ier – Léopold III., S. 36f., sowie bei Wullus-Rudiger, Les origines, S. 399ff. Verhandlungen über einen britischen Garantiepakt aus d. J. 1934: ebd., S. 71ff.

[2] Hierzu: H. Nijs, De Deelneming van België aan de bezetting van de Ruhr von 1923 tot 1925. In: BelgTijdsMilitG 19 (1972), S. 526–547, sowie H. E. Helmreich, Belgium and the Decision to Occupy the Ruhr. Diplomacy from a Middle Position. In: RevBelgPhilolHist 51 (1973), S. 822 bis 839.

[3] Näheres in: Stresemann. Vermächtnis. Hg. v. H. Bernhard. 3 Bde (1932/33) und H. Brüning, Memoiren (1970). S. 500.

[4] Hierzu: J. Willequet, Regards sur la politique belge d'indépendence (1936–1940). In: RevHistII^me Guerre-Mond 31 (1958), S. 3–11. Dazu: J. Davignon, Berlin 1936–1940. Souvenirs d'une mission (1951), und ausgesprochen kritisch: Dhondt in: BullCritiqueHistBelg (1970), S. 95–114.

Niederlande

Von der allerdings heftigen und langdauernden Kontroverse mit Belgien über Niederländisch-Limburg und die Scheldemündung[1] abgesehen, verlief die niederländische Außenpolitik in den Jahrzehnten von 1918 bis 1939 erheblich weniger bewegt als die belgische. Innen- wie außenpolitisch war in den Niederlanden – nach dem Abklingen der in den Tagen des deutschen

Zusammenbruchs sich zunächst auch in den Niederlanden verbreitenden revolutionären Gärung – das Gefühl der Kontinuität zu den Verhältnissen von vor 1914 erheblich größer als in Belgien. Sowenig man nach 1918 einen Anlaß sah, sich vom Prinzip der erfolgreich behaupteten Neutralität grundsätzlich loszusagen, hatte man auch 1936 Neigung, sich ihm durch besondere Erklärungen wieder zuzukehren, da man es ja nie aufgegeben hatte. Anders als Belgien lehnten die Niederlande auch die damals sowohl von deutscher wie von englischer Seite gemachten Garantieangebote ab, da sich die Unantastbarkeit der niederländischen Grenzen von selbst verstehe. Das Äußerste, wozu sie sich damals verstanden, war die Bereitschaft, sich an gewissen Kollektivmaßnahmen im Rahmen des Völkerbundes zu beteiligen[2].

Gegenüber Deutschland hat sich die das beiderseitige Verhältnis seit dem 19. Jahrhundert belastende geheime niederländische Besorgnis nach 1918 zunächst stark verringert. Der ehemalige Kaiser erhielt in Amerongen, der ehemalige Kronprinz auf Wieringen trotz der damit verbundenen außenpolitischen Belastung Asyl. Hof und Regierung bedauerten den Sturz der Hohenzollern-Monarchie aus grundsätzlichen verfassungspolitischen Erwägungen. Die Haltung, die die alliierten Siegermächte in Versailles gegenüber den Niederlanden an den Tag legten, war geeignet, bei diesen das Verständnis auch für die Härten der Deutschland zuteil werdenden Behandlung zu stärken. Hingegen stand man dem Völkerbund, ohne sich seine Unvollkommenheiten zu verbergen, grundsätzlich positiv gegenüber, und die mit dem Locarno-Vertrag einsetzenden europäischen Verständigungsbestrebungen fanden ein sehr zustimmendes Echo[3]. Um so tiefer war nach 1930 der Schock über das Anschwellen des deutschen Nationalismus. Vollends die Rassenideologie und der Antisemitismus des Dritten Reiches ließen das Land, wovon die hellsichtigen Warnrufe Johan Huizingas beredtes Zeugnis ablegen[4], seiner Schicksalsgemeinschaft insbesondere mit dem englischen Volk in neuer Weise bewußt werden.

Diese zeigte sich, seit die »happy twenties« auch in der Kolonialwelt überall der Weltwirtschaftskrise und einer zunehmenden Radikalisierung der eingeborenen Bevölkerung gewichen waren, nicht zuletzt auch auf kolonialem Gebiet. Nur noch mit Mühe und ohne zureichende Einsicht in die gebieterische Notwendigkeit einer schnellen und durchgreifenden Gewährung der Mitregierung an die eingeborene Bevölkerung vermochte sich das niederländische Regiment in Indonesien in den 30er Jahren des doppelten Druckes zu erwehren[5].

In Europa selbst gewann zu der gleichen Zeit der Gedanke der Sprach- und Kulturverbundenheit mit Flandern, nicht so sehr in den breiten Schichten, wohl aber in den kulturbewußten und politisch aktiven Kreisen der Bevölkerung, allmählich weiter an Boden. Ihm sowohl in der Geschichtswissenschaft wie in der Kulturpolitik zur Anerkennung zu verhelfen, machte sich Pieter Geyl zur besonderen Lebensaufgabe[6].

Algemene Geschiedenis der Nederlanden (AGdN). Hg. v. J. A. van Houtte, J. F. Niermeyer u.a., Bd. 9–12 (1950–1958)

Bescheiden betreffende de buitenlandse politiek van Nederland 1848–1919. Derde Periode 1899–1919. Hg. v. C. Smit, Bd. 5: 1918/19, in: Rijks Geschiedkundige Publicatiën, Gr.Ser. 116 (1964)

H. A. van Karnebeek, De internationale positie van Nederland in de laatste veertig jaren 1898–1938 (1937)

C. Smit, Diplomatieke geschiedenis van Nederland (1950). Kap. 12, S. 352–398

P. J. Oud, Het jongste verleden. Parlementaire geschiedenis van Nederland 1918–1940. 6 Bde (1948–1951)

H. T. Colenbrander, Koloniale geschiedenis. Bd. 3 (1926) in Verbindung mit AGdN, Bd. 12, Kap. 9 (W. F. Wertheim u. J. Meijer); ferner: AGdN, Bd. 12, Kap. 4 (A. Blonk), Kap. 8 (L. W. G. Scholten) sowie oben a. Das Ringen um die Friedensordnung und Belgien sowie b. Niederlande

[1] Vgl. oben S. 193.

[2] Die niederländische Außenpolitik vor dem Zweiten Weltkrieg hat bisher noch keine abschließende Behandlung gefunden. Das Verhältnis zum nationalsozialistischen Deutschland behandelt eingehend L. de Jong, Het Koninkrijk der Nederlanden in de Tweede Wereldoorlog. Bd. 1 (1969).

[3] Vielfältige Beleuchtung finden alle diese Fragen in den Tagebüchern E. Heldrings: Herinneringen en dagboek van Ernst Heldring, 1871–1945. Hg. v. J. de Vries. 3 Bde (1970).

[4] Vgl. dazu unten die Nachweise zu b.: Niederlande.

[5] Hierzu Wertheim, in: AGdN, Bd. 12, S. 274ff. u. die bibliographischen Nachweise von W. Ph. Coolhaas, A Critical Survey of Studies on Dutch Colonial History (1960).

[6] Von P. Geyls Werken vgl. dafür bes.: Geschiedenis van de Nederlandse stam. 6 Teile, bis 1798 (Wereldbibliotheek 1961–62, bis 1751 auch in engl. Sprache) und die Aufsatzsammlungen: De Groot-Nederlandsche gedachte. 2 Bde (1925–1930). Noord en Zuid. Eenheid en tweeheid in de Lage Landen (1960); Studies en strijdschriften (1958); Pennestrijd over staat en historie (m. Autobiographie, 1971). Korrespondenz: Geyl en Vlaanderen. Uit het archief van Prof. dr. P. Geyl, Brieven en notities. Hg. v. P. van Hees u. A. W. Willemsen. Bd. 1: 1911–1927 (1973); Bd 2: 1928–1932 (1974); Bd 3: 1933–1966 (1975).

Luxemburg

Abweichend von Belgien und den Niederlanden wurde Luxemburg durch den deutschen Zusammenbruch vom November

1918 in eine schwere Krise gestürzt. Für die revolutionären Linkskreise war der Einmarsch der Alliierten das Signal zum Versuch der Machtergreifung. Nach russischem und deutschem Beispiel bildeten sie am 10. November einen »Arbeiter- und Bauernrat«. Zugleich verlangten sie die Abdankung der Großherzogin und der Dynastie. Von den Sozialisten gebildete Arbeiterräte forderten die Verstaatlichung der Schwerindustrie und die Einführung des 8-Stunden-Tages. Die zahlenmäßig nicht sehr starke, aber sehr rührige Ligue Française warb für den Anschluß des Landes an Frankreich. Am 13. November beschloß die Kammermehrheit einen Volksentscheid über die künftige Staatsform, am 19. Dezember die Einsetzung einer Parlamentarischen Kommission zur Untersuchung der Handhabung der luxemburgischen Neutralität während des Krieges durch Regierung und Krone, verband damit aber das Bekenntnis zum Großherzogtum als »selbständigem, freiem und unabhängigem Staat«. Frankreich weigerte sich jedoch, die durch die Kammermehrheit mit der Weiterführung der Geschäfte beauftragte luxemburgische Regierung anzuerkennen und unterstützte die profranzösische Action républicaine. Ein von der Rechtspartei veranstaltetes Petitionnement für die Aufrechterhaltung der politischen Selbständigkeit erhielt 80000 Unterschriften. Ein am 9./10. Januar 1919 aus Anlaß des Wiederzusammentritts der Kammer mit Unterstützung Frankreichs unternommener Versuch, auf revolutionärem Wege eine provisorische republikanische Regierung zu bilden, kam über die Konstituierung von drei vorbereitenden »Wohlfahrtsausschüssen« nicht hinaus und vermochte die alte Regierung nicht zu verdrängen. Großherzogin Maria Adelheid verzichtete zugunsten ihrer Schwester Charlotte auf die Krone und ging ins Kloster.

Unter Berufung auf das von Wilson verkündete Selbstbestimmungsrecht errangen die Luxemburger von den Alliierten schließlich die Zustimmung zur Anberaumung einer allgemeinen Volksbefragung. In dieser sprachen sich am 28. November 1919 annähernd 80 Prozent für ein Festhalten an Dynastie und Selbständigkeit aus[1]. Wirtschaftlich wünschte Luxemburg den Zollanschluß an Frankreich, doch verzichtete dieses im Interesse der belgisch-französischen Militärallianz (s. oben) zugunsten Belgiens. Der Vertrag über die belgisch-luxemburgische Zollunion kam am 25. Juli 1921 zustande und bildete einen ersten Schritt auf dem Wege zur Benelux[2]. Nur die luxemburgischen

Bahnen blieben, wie in deutscher Zeit, mit der Elsaß-Lothringischen Eisenbahnverwaltung verbunden.

[1] Zum Ganzen bes. J. Meyers, Geschichte Luxemburgs (1939). S. 143 bis 149, sowie A. Calmes, in: AGdN, Bd. 12, S. 432ff., Bibliogr. S. 508f. Für das seither erschienene Schrifttum vgl. die von der Luxemburger Nationalbibliothek alljährlich hg. ›Bibliographie zur Geschichte Luxemburgs‹, z.B. für das Jahr 1972 (1973).

[2] Zollanschluß an Belgien: Majerus, Le Luxembourg indépendant, S. 80ff., sowie oben unter a.

b. Innere Geschichte (1918–1940)

Belgien

Das belgische parlamentarische Leben wurde auf eine neue Grundlage gestellt durch die Einführung des allgemeinen gleichen Wahlrechts im Jahre 1919[1]. Die seit der Wahlrechtsreform von 1894 bestehende katholische Vorherrschaft wurde nunmehr abgelöst durch eine Periode der Koalitionsregierungen. Von den insgesamt 18 Regierungen zwischen beiden Weltkriegen beruhten sechs auf einer katholisch-liberalen, zwei auf einer katholisch-sozialistischen Koalition; nicht weniger als neun waren Regierungen der nationalen Union aller drei Staatsparteien (Katholiken, Liberale, Sozialisten) – eine Folge der verschiedenen Krisen, die das Land zu durchstehen hatte (1919, 1930, 1939, 1940). Das Fehlen einer liberal-sozialistischen Koalition während dieser Jahrzehnte ist ein Zeichen für die starke Stellung, die die katholische Partei, insbesondere unter Kardinal Mercier (gestorben 1926), nach wie vor im öffentlichen Leben einnahm. Allgemein wuchs die Macht der Parteien; sie übten strenge Parteidisziplin und hatten die Tendenz, die von ihnen an die Macht gebrachten Regierungen zu bevormunden. Neu traten als Abspaltung von den Sozialisten 1925 die Kommunisten in das parlamentarische Leben ein, freilich ohne es zunächst zu größerer Bedeutung zu bringen. Eine parlamentarische Fortsetzung der sogenannten Frontbewegung im belgischen Heer während des Krieges bildete seit 1919 die antimilitaristische flämische Frontpartei. Aufgrund ihrer Verbindung mit den ehemaligen Aktivisten wurde sie seit den 20er Jahren eine Zeitlang zum Sammelbecken des flämischen Nationalismus. Dessen Aufschwung vollzog sich vorwiegend auf Kosten der katholischen Partei – eine Entwicklung, der diese in Flandern durch einen ausgeprägteren flämischen Kurs zu steuern suchte.

Gleichzeitig sah sie sich durch den Ausbau der christlichen Arbeiterbewegung, die in den sozialpolitischen Fragen vielfach mit den Sozialisten zusammenging, auch zu einer Verstärkung ihrer sozialen Zielsetzungen veranlaßt. Die sozialistische Partei wurde durch die Wahlrechtsreform von 1919 zur zweitstärksten Partei, hatte aber in den 30er Jahren in den eigenen Reihen sowohl mit der sozialistischen Linken wie mit dem nationalen Sozialismus um H. de Man zu rechnen, dem sich auch P. H. Spaak anschloß. Die Liberalen wurden 1919 endgültig auf den dritten Platz zurückgeworfen, blieben aber als Partner einer der beiden führenden Parteien über ihre numerische Stärke hinaus von Einfluß. Sozialpolitisch vertraten sie das konservative Prinzip. Neben den Parteien gewannen auch die mit den Parteien mehr oder weniger eng liierten Verbände ständig an Einfluß. Vor allem galt das für die sozialistischen Gewerkschaften (1939: 546224 Mitglieder) und die der katholischen Partei nahestehenden christlichen Gewerkschaften (1939: 339769 Mitglieder)[2].

Zu den für die künftige sprachlich-kulturelle Entwicklung des belgischen Staates wichtigsten Maßnahmen gehören die erneute Verflamung der Universität Gent im Jahre 1930 und die in den Jahren 1932–1938 erlassenen Gesetze über den öffentlichen Sprachgebrauch in den verschiedenen Landesteilen. Ihnen lag das Prinzip der Einsprachigkeit in Flandern und Wallonien und einer Sonderregelung für Groß-Brüssel zugrunde. 1932 wurden die Unterrichtssprache an den Volks- und Höheren Schulen sowie der Sprachengebrauch in der Verwaltung, 1935 die Gerichtssprache und 1938 die Kommandosprache im Heer gesetzlich festgelegt[3]. Den jahrzehntelangen sprachlichen Forderungen der Flamen wurde damit in weitem Ausmaß Rechnung getragen. Dennoch kam das Land innenpolitisch nicht zur Ruhe. Vielmehr wurde es seit der Mitte des Jahrzehnts in verstärktem Maße in Bewegung versetzt durch die Diskussion über die Fragen der Staatsstruktur und das Übergreifen autoritärer Tendenzen auf Belgien. Zu deren Verfechter machte sich vor allem Léon Degrelle, seit 1930 Leiter des Rexverlags der Katholischen Aktion. Sein Ziel war die Neugestaltung des belgischen politischen Lebens auf korporativer Grundlage unter Ausschaltung der von ihm als korrupt bekämpften politischen Parteien. Mit 21 von 200 Kammersitzen vermochte die Rex-Bewegung 1935 vorübergehend die Liberalen zu überflügeln und etwa $^1/_4$ der Wähler der katholischen Partei an sich zu ziehen[4]. Zu der gleichen Zeit gelang in Flandern den nunmehr im Vlaamsch Nationaal Verbond (VNV) zusammengeschlossenen flämischen Nationalisten eine Verdoppelung ihrer Sitze (von 8 auf 16) und damit ein weiterer Einbruch in die katholischen Reihen. Beide Bewegungen einigten sich anschließend auf ein föderalistisches Programm. Auch die katholische Partei trug den föderalistischen Bestrebungen in ihren Reihen Rechnung durch die Aufspaltung in die Katholiek Vlaamsche Volkspartij (KVV) und die französischsprachige Parti catholique social (PSC); beide besaßen im »Katholischen Block« eine gemeinsame Dachorganisation. Im Unterschied dazu setzte sich der Verbond van Dietsche Nationaal Solidaristen (Verdinaso) des Flamen J. van Severen, der eine Mischung von großbelgischen, burgundischen, flämisch-nationalen, korporativ-autoritären und katholischen Gedanken vertrat, mit Nachdruck für die Aufrechterhaltung des belgischen Einheitsstaates ein, was ihm Widerhall auch in belgisch-nationalen Kreisen verschaffte[5].

Wirtschaftlich war Belgien bei Kriegsende weitgehend ausgeblutet: Es war der Verkehrsmittel beraubt; an Grundstoffen und Lebensmitteln bestand akuter Mangel; hingegen betrug die Zahl der Arbeitslosen annähernd 1 Million. Bis 1925 vollzog sich der Wiederaufbau, vorwiegend aus eigenen Kräften und um den Preis einer Abwertung des belgischen Franken auf etwa $^1/_8$. Gleich wie in der übrigen Weltwirtschaft kam es in den darauffolgenden Jahren zu einer ersten wirtschaftlichen Nachkriegsblüte; Produktion und Export stiegen beträchtlich an. In den Strudel der Weltwirtschaftskrise geriet Belgien im Jahre 1930. Der Versuch einer Herabsetzung der Bergarbeiterlöhne löste große Streiks aus; die Arbeitslosigkeit wuchs erneut sprunghaft an. Sowohl die große landwirtschaftliche katholische Vereinigung des Boerenbond wie die den sozialistischen Kooperativen nahestehende Banque Belge de Travail gerieten 1934 in wirtschaftliche Schwierigkeiten. Um dem ständigen Kapitalabfluß Einhalt zu gebieten, mußte 1935 der Franken erneut um 28 Prozent abgewertet werden. Einem »Kabinett der Persönlichkeiten« unter P. van Zeeland gelang eine gewisse Eindämmung der Wirtschaftskrise; doch wurde ihre völlige Überwindung durch die wachsenden politischen Schwierigkeiten im Inneren und Äußeren verhindert[6].

In Wissenschaft, Kunst und Kultur blieb die Kontinuität zu den vielfältigen und differenzierten Erscheinungsformen der Vorkriegszeit in vieler Hinsicht gewahrt, doch zeigte sich, entsprechend den allgemeinen Wandlungen im innerpolitischen

Leben Belgiens, im ganzen eine Tendenz zu immer umfassenderer Ausprägung des sprachlich-volklichen Doppelcharakters des Landes. Diese Wirkung hatte insbesondere Maßnahmen wie die Errichtung eines Flämischen Kulturrates, einer eigenen Flämischen Akademie für Wissenschaft, Literatur und Kunst und die Aufspaltung des belgischen Rundfunks. In die gleiche Richtung wies das Wachstum der flämischen Presse und die Entstehung eines leistungsfähigen flämischen Verlagswesens. Mit der Verleihung des Nobel-Preises an den Genter Physiologen K. J. F. Heymans errang die flämische Wissenschaft eine erste, weithin sichtbare Anerkennung auf internationaler Ebene. Auch das Verhältnis zu den nördlichen Niederlanden wurde, durch das gleiche Interesse an der gemeinsamen Sprache beflügelt, allmählich enger. Entsprechend festigten sich beim französischsprachigen Teil der Bevölkerung die ebenfalls durch die Sprache vorgezeichneten und durch das gemeinsame Weltkriegserlebnis vertieften geistigen Verbindungen mit Frankreich. Soweit sie von Brüssel ausgingen, lag dabei der Nachdruck auf der Hervorhebung des gemeinsamen Westeuropäischen, in Wallonien hingegen mehr auf der Betonung der diesem Landesteil mit Frankreich gemeinsamen Latinität[7].

H. Pirenne, Histoire de Belgique. Illustr. Ausg. Bd. 4 (1952), Nachtragsteil. Von den darin enthaltenen Spezialbeiträgen vgl. insbes.: J. Bartier, La politique intérieure u. F. Baudhuin, L'évolution économique de la Belgique de 1918 à 1940; AGdN, Bd. 12, Beiträge von F. van Kalken, M. Neirynck, E. u. M. van Grieken u. M. Rutten, Quellen u. Lit.verzeichnisse S. 488 ff.; Geschiedenis van Vlaanderen. Bd. 4 (o. J.; Sammelwerk), insbes. Buch 2, Kap. 7 (M. Lamberty) u. Buch 5, Kap. 4 (R. F. Lissens)

C. K. Höjer, Le régime parlementaire belge de 1918 à 1940 (1946); Atlas des élections belges 1919–1954. Hg. v. R. E. de Smet u. a. 2 Bde (1958). Dazu J. Stengers u. R. Ewalenko. In: RevUnivBruxelles 10 (1957/58), S. 122–174; 413–444; M. Claeys u. M. van Haegendoren, 25 jaar Belgisch socialisme 1914 tot 1940 (1967); The European Right. Hg. v. H. Rogger u. E. Weber (1965), S. 128–167; Beitrag v. J. Stengers über Belgien

W. Houtman, Vlaamse en Waalse documenten over federalisme (1963)

B. S. Chlepner, Cent ans d'histoire sociale en Belgique. Teil 4: 1918–1955 ([1] 1958; [4] 1973 enthält einen Ausblick auf die Jahre 1955–1971 von R. Ewalenko.)

H. L. Shepherd, The Monetary Experience of Belgium 1914–1936 (1936). Vgl. ferner die Lit. zu a.

[1] Für die Frauen ohne Einschränkung erst 1949.

[2] Zum Ganzen bes. Höjer, Le régime parlementaire. Zahlen nach Th. Luykx, Hedendaagse politieke geschiedenis van België. Bd. 2 (1963), S. 89.

[3] Im einzelnen vgl. Luykx, ebd., S. 124 f., 129 ff., 144 ff.

[4] P. Daye, Léon Degrelle et le rexisme (1937; parteiisch).

[5] Zusammenfassende Darstellungen: A. W. Willemsen, Het Vlaamse nationalisme 1914–1940 (Phil. Diss.

1958); ders., De Vlaamse Beweging. Bd. 1–2; 1830–1940 (1974/75); Bd. 3 in Vorb.; H. J. Elias, Vijventwintig jaar Vlaamse Beweging 1914–1939 (1969); ders. u. A. W. Willemsen, Geschichtl. Einleitung zur Encyclopedie van de Vlaamse Beweging, Bd. 1 (1973). Stärker katholische Akzente als Willemsen setzen die Arbeiten von L. Wils über die Flämische Bewegung; vgl. zuletzt: Bormsverkiezing en Compromis des Belges. Het andeel van regerings- en oppositiepartijen in de taalwetgeving tussen de beide wereldoorlogen. In: BelgTijdsNG 4 (1973), S. 265–330; M. de Vroede, The Flemish Movement in Belgium (Veröffentlichung des »Kulturraad voor Vlaanderen« 1975). Beziehungen zu Deutschland seit 1914: F. Petri, in: Encyclopedie van de Vlaamse Beweging, Bd. 1, S. 448–456.

[6] Zum Ganzen vgl. zuletzt: F. Baudhuin, Belgique 1900–1960 (1961). Abschnitt 3–6.

[7] Hierzu bes. Bartier, La politique intérieure u. Lissens, Geschiedenis van Vlaanderen. Bd. 4, Kap. 4.

Niederlande

Die Einführung des allgemeinen gleichen Wahlrechts 1917 für die Männer und bis 1922 für die Frauen sowie der Übergang zur Verhältniswahl stellte für die Niederlande die zweite entscheidende Verfassungsänderung seit 1815 dar. Auch hier ging die Macht nunmehr zunehmend auf die Parteien über. Die konfessionell bestimmten Wähler verteilten sich auf protestantischer Seite, von kleineren Gruppen abgesehen, auf die Antirevolutionäre Partei (ARP) und die Christlich-Historische Union (CHU). Von beiden repräsentierte die CHU mehr die sozialkonservative alte kalvinistische Oberschicht. Die ARP war sozial fortschrittlicher und bildete, nach einem Wort ihres Begründers A. Kuyper, die »Partei der kleinen Leute«. Die lange Zeit größte und geschlossenste niederländische Partei, die katholische, entstand erst 1926 als Römisch-Katholische Staatspartei (RKSP) aus einem Bund verschiedener Wahlvereinigungen; ihr entscheidender Wegbereiter war der katholische Priester Dr. H. I. A. M. Schaepman. Von den nichtkonfessionellen Parteien wurde die Sozialdemokratische Arbeiterpartei (SDAP) nach der Einführung des allgemeinen Wahlrechts und Proporzsystems zur zweitstärksten Partei des Landes. Sie lehnte aber bis 1939 jede Beteiligung an der Regierung ab, so daß, wie bis dahin, konfessionelle und außerparlamentarische Kabinette weiter die Regierung bildeten. Den liberalen Gruppen kam nicht mehr die gleiche Bedeutung zu wie während der Blütezeit des liberalen Gedankens im 19. Jahrhundert. Vollends nur eine untergeordnete Rolle spielte, obwohl schon 1909 als älteste kommunistische Partei der Welt entstanden, die Kommunistische Partei in den Niederlanden. Hingegen machte sich in den

30er Jahren auch im politischen Leben der Niederlande zeitweise der Einfluß der nationalsozialistischen Gedankenwelt von Deutschland her störend bemerkbar, vor allem in der Nationaal Socialistische Beweging (NSB) des Ingenieurs A. Mussert und der Nationaal Nederlandschen Arbeiders Partij (NSNAP). Unter katholischen Intellektuellen und Künstlern regte sich eine gewisse Aufgeschlossenheit für die religiösen, ethischen und gesellschaftlichen Vorstellungen des italienischen Faschismus[1].

Der wirtschaftliche Wiederaufbau der Niederlande nach 1918 vollzog sich ohne Schwierigkeiten. Großer materieller Kriegsschaden war nicht eingetreten, wenn es auch gewisse Verluste in der Handelsflotte gegeben hatte. Eine Kriegsindustrie, die wieder auf Friedensproduktion hätte umgestellt werden müssen, war nicht vorhanden. Auch die Währungsstabilität war gesichert. Im Einklang mit der allgemein aufstrebenden weltwirtschaftlichen Entwicklung der zwanziger Jahre entfaltete sich auch die niederländische Wirtschaft weiterhin. Man empfand deshalb hier auch keine Nötigung, den bewährten Vorkriegsprinzipien der freien Wirtschaft abzuschwören, und strebte, soweit man sie im Kriege hatte aufgeben müssen, nach ihrer möglichst vollständigen Wiederherstellung. Ganz im Zeichen der freien Wirtschaft vollzog sich während dieser Zeit in der niederländischen Wirtschaft die zweite industrielle Revolution. Der Staat hat auf sie nicht viel mehr Einfluß genommen als ein halbes Jahrhundert zuvor auf die erste.

Ein sehr verändertes innenpolitisches Klima zeigten demgegenüber auch in den Niederlanden die dreißiger Jahre. Die Wandlung nahm ihren Ausgang von der Weltwirtschaftskrise, deren Auswirkungen natürlich auch ein so in die Weltwirtschaft verflochtenes Land wie die Niederlande nicht verschonten. Es kam hier zwar zu keinen akuten Börsenkrachs wie in den USA, doch sanken auch hier die Börsenkurse bis zum Jahre 1932 auf weniger als $^1/_4$, und die Großhandelspreise gingen auf die Hälfte zurück; selbst gegenüber 1913 lagen sie fast um $^1/_3$ niedriger. Der Güterverkehr stockte; die Arbeitslosigkeit nahm auch in den Niederlanden sprunghaft zu.

In dieser Situation war es auch hier nicht länger möglich, am überkommenen Prinzip der Freiheit der Wirtschaft festzuhalten. Es wurden zahlreiche Krisengesetze erlassen, die mehr und mehr auf einen gewissen staatlichen Dirigismus hinausliefen. So enthielt das Agrarkrisengesetz vom Jahre 1933 ein ganzes System von Produktions- und Absatzregelungen. Auch im Außenhandel wurden die traditionellen Freihandelsgrundsätze von Kontingentierungen und Einfuhrbeschränkungen aller Art abgelöst. Schließlich sahen sich, um den Staatsbankrott zu vermeiden, auch die Niederlande gezwungen, den bis dahin erfolgreich verteidigten Grundsatz der Währungsstabilität aufzugeben. Am 26. September 1936 wurde der Goldstandard für den Gulden aufgehoben; daraufhin sank der Goldwert des Guldens um etwa 20 Prozent. Was alle Deflationspolitik der vorangehenden Jahre nicht hatte erreichen können, wurde nun in wenigen Tagen erzielt: der Kurs des Guldens glich sich an das um 20 Prozent gestiegene innerniederländische Preisniveau an und machte die Niederlande wieder international konkurrenzfähig. Doch wurden die wirtschaftlich günstigen Rückwirkungen, die diese begrenzte Abwertung hatte, durch die seit 1936 sprunghaft sich steigernde außenpolitische Krisensituation in wenigen Jahren wieder zunichte gemacht. Seit sich die Niederlande am 28. August 1939 die allgemeine Mobilmachung anzuordnen gezwungen sahen, befand sich das Land, wirtschaftlich gesehen, praktisch bereits im Kriegszustand. Die Basis für eine freie Wirtschaft war damit auf lange Zeit hinaus zerstört[2].

Im Gegensatz zur Politik und zur Wirtschaft kamen in der kulturellen Entwicklung der Niederlande schon gleich nach dem Ersten Weltkrieg die Kräfte zu maßgeblichem Einfluß, die grundsätzlich neue Wege einzuschlagen gewillt waren. Sie gruppierten sich um die Kunstzeitschrift ›Stijl‹ und die Literaturzeitschrift ›Het Getij‹. In Architektur wie Literatur suchten sie nach Formen, die den Geist und die Impulse des technisch-industriellen Zeitalters in adäquater Form künstlerisch wiederzugeben vermöchten[3]. Das Ursprüngliche und Echte besaß für sie, auch wenn es chaotisch war, höhere Geltung als das Schöne. In den 30er Jahren hingegen rückte, angesichts des Heraufdrängens des politischen Extremismus[4], der in den Niederlanden früh in seiner ganzen Gefährlichkeit erkannt wurde, das Ziel der Verteidigung der menschlichen Freiheit und Kultur an die erste Stelle. In dem bedeutenden Leidener Gelehrten Johan Huizinga erstand dem Land ein geistiger Warner und Mahner, der die westliche Welt weit über die niederländischen Grenzen hinaus auf die in den autoritären politischen Bewegungen für die gesamte christlich-humanistische Kultur Europas heraufziehenden Gefahren hinwies. Er fand damit in den Niederlanden die Gefolgschaft auch der jungen, geistig und künstlerisch vorwärtsdrängenden Kräfte[5]. Zögernder vollzog sich der entsprechende Prozeß im niederländischen Protestantismus. Ihm öffnete erst der Kirchenkampf in Deutschland den Blick für den wahren Charakter des Nationalsozialismus[6].

Vijftig jaren. Officieel gedenkboek ter gelegenheid van het gouden regeringsjubileum van H. M. Konigin Wilhelmina. Hg. v. F. Beelaerts van Blokland (1948)
P. J. Oud, Her jongste verleden. (Vgl. oben unter a. Niederlande)
H. Colijn, Voor het gemeenebest. Leur uit de redevoeringen (1938)
G. Puchinger, Colijn (1962); Herinneringen en dagboek van Ernst Heldring, 1871–1954. Hg. v. J. de Vries. 3 Bde (1970)
De Nederlandse volkshuishouding tussen twee weredoorlogen. 3 Bde (1952; Sammelwerk, sowohl die Wirtschaftspolitik als auch die einzelnen Wirtschaftszweige umfassend)
Ferner: AGdN, Bd. 12, Kap. 4 (A. Blonk), Kap. 6 (H. Klompmaker) u. Kap. 8 (L. W. G. Scholten)
I. J. Brugmans, Paardenkracht en mensenmacht. Sociaal-economische geschiedenis van Nederland 1795–1940 (1960). Abschnitte V u. VI, S. 458–550, sowie J. A. van Houtte, Economische en sociale geschiedenis van de Lage Landen (1964). Buch V. Schon für diese Periode vgl. ferner L. de Jong, Het Koninkrijk der Nederlanden in de Tweede Wereldoorlog, Bd. 1 u. 2 (1969)

[1] Zum Vorhergehenden vgl. bes. G. Geismann, Politische Struktur und Regierungssystem in den Niederlanden (1964), insbes. S. 41–83, sowie die angeführte Lit. – L. M. H. Joosten, Katholieken en Fascisme in Nederland 1920–1940 (Diss. 1964). Süd-Limburg: S. Y. A. Vellenga, Katholiek Zuid-Limburg en het Fascisme (Phil. Diss. 1975).

[2] Gute Synthese bei Brugmans, Paardenkracht, S. 458–513. Speziell für die staatliche Krisenbekämpfung vgl. H. M. Hirschfeld, Actieve economische politiek in Nederland in de jaren 1929–1934 (1946).

[3] Hierzu vgl. Petri, Kultur der Niederlande, S. 205 ff., in: Handbuch der Kulturgeschichte, hg. v. E. Turner (1964).

[4] Für die Rückwirkung, die die autoritären u. nationalsozialistischen Gedankengänge im niederl. politischen Leben fanden, zeugen die N. S. B. des Ingenieurs A. A. Mussert und die A. S. N. A. P. von A. Meyer. Die von ihnen vertretene Ideologie fand einen literarischen Niederschlag in den in AGdN, Bd. 12, S. 496, verzeichneten Schriften. Eine besondere Seite der Auswirkung der NS-Ideologie auf das niederl. Geistesleben behandelt I. Schöffer, Het nationaal-socialistische beeld van de geschiedenis der Nederlanden (1956); vgl. dazu meine Rezension in: RheinVjbll 22 (1957), S. 310–315, sowie C. D. J. Brandt in: BijdrGNederl XII (1957), S. 252–256.

[5] Huizingas Untersuchungen zur politischen und geistigen Diagnose der Zeit sind heute vereinigt in seinen Verzamelde Werken, Bd. VII (1950). Deutsche Ausgaben: Im Schatten von morgen. Eine Diagnose des kulturellen Leidens unserer Zeit. Übers. v. W. Kaegi ([5]1937) und (posthum): Wenn die Waffen schweigen. Die Aussichten auf Genesung unserer Kultur. Übers. v. W. Hirsch (1945). Dazu die menschliche u. wissenschaftliche Würdigung von Huizingas Persönlichkeit von W. Kaegi, Historische Meditationen (o. J.). S. 7–42 u. 243–286. Ferner: L. R. Wiersma, Het Comité van Waakzaamheit van antinationaalsocialistische intellectuelen 1936–1940. In: BijdrMededGNederl 86 (1971), S. 124–150, sowie die Huizinga-Gedenknummer der gleichen

Zs.: 88 (1973) mit Beiträgen international anerkannter Huizinga-Kenner. Johan Huizinga 1872–1972. Hg. v. W. R. H. Koops, E. H. Kossmann, Gees van der Praat (1973).

[6] Hierzu vgl.: G. van Roon, Protestants Nederland en Duitsland 1933 tot 1941 (1974) und allgemein: H. Lademacher, Niederlande – Zwischen wirtschaftlichem Zwang und politischer Entscheidungsfreiheit. In: E. Forndlan, F. Golczewski und D. Riesenberger (Hgg.), Innen- und Außenpolitik unter nationalsozialistischer Bedrohung (1977). S. 192–215.

Luxemburg

Der Volksentscheid vom 28. September 1919 (s. oben a. Luxemburg) gab dem Land den inneren Frieden zurück. Die noch im gleichen Jahr erfolgte Einführung des allgemeinen Wahlrechts brachte der katholischen Partei, in Übereinstimmung mit den Ergebnissen des Volksentscheids, zunächst die absolute Mehrheit. Seit 1925 wurde Luxemburg durch eine Koalition von Katholiken, Liberalen und Konservativen regiert. Der Aufschwung seiner Industrie nahm einen raschen Fortgang. Insbesondere gewann es durch seine Montanindustrie eine international bedeutsame Stellung. Dem führenden luxemburgischen Industriekonzern, der ARBED, gehören auch in Lothringen und Belgien, im Aachener Revier, an der Saar und in Brasilien große Werke. Schon 1930 besaß das Land mit 55381 Fremden einen großen Stamm von Fremdarbeitern. Sie machten damals annähernd $^1/_5$ der Gesamtbevölkerung aus[1].

[1] Vgl. die oben unter a. Luxemburg angeführte Lit.; ferner: Le Luxembourg. Livre du Centenaire ([2]1949).

c. Der Zweite Weltkrieg

Belgien

Viel stärker als 1914 rechnete Belgien 1940 mit der Gefahr einer deutschen Invasion. Es suchte ihr zu begegnen durch die Aufstellung einer Armee von ca. 600000 Mann und die rechtzeitige wirtschaftliche Mobilisierung des Landes, die schon im September 1939 angeordnet wurde. Jedoch nahm der »Feldzug der 18 Tage« (10. bis 28. Mai 1940) einen sehr unerwarteten Verlauf. Da der deutsche Hauptangriff, anders als es früher der Schlieffenplan vorgesehen hatte, viel weiter südlich, in der Richtung auf Sedan angesetzt wurde, spielte die belgische Armee diesmal nur eine sekundäre Rolle. Um nicht vom Süden her aufgerollt zu werden, mußte sie ihre Verteidigungsstellungen am Albert-Kanal, an der Dyle und an der Schelde vorzeitig räumen. Erst an der Leie (frz. Lys) kam es zu erbitterten Kämpfen, die mit der Kapitulation der gesamten Armee endeten. Die belgische Regierung wich nach Frankreich und später England aus, König Leopold aber verblieb, in der trügerischen Hoffnung auf ein Arrangement mit Hitler (so De Jonghe), im Lande und kehrte als Gefangener nach Schloß Laeken zurück. Die Armee verlor 5367 Tote, die Zivilbevölkerung etwa 12000[1]. Nach den der deutschen Militärverwaltung vorliegenden Unterlagen waren $2^1/_2$ Millionen Einwohner geflohen, darunter viele Tausende bis nach Südfrankreich[2]. Die Zerstörungen waren fühlbar, jedoch geringer als die 1944/45 durch die alliierten Luftangriffe und die deutschen Fernwaffen angerichteten Verwüstungen[3].

Die Mitte Mai 1940 für die eroberten belgisch-niederländischen Gebiete unter General Alexander v. Falkenhausen als Militärbefehlshaber und Regierungspräsident Eggert Reeder als Militärverwaltungschef errichtete Militärverwaltung[4] nahm – nach alsbaldiger Abtrennung und Unterstellung der Niederlande unter eine deutsche Zivilverwaltung (s. unten) sowie Rückgliederung von Eupen-Malmedy zuzüglich einiger altbelgischer deutscher Gemeinden ins Reich – am 30. Mai 1940 ihren Sitz in Brüssel und hat als Militärverwaltung Belgien-Nordfrankreich Belgien und die französischen Departements Nord und Pas-de-Calais über vier Jahre lang im Namen des Reiches regiert. Freilich wurde ihre Befugnis durch die von der militärischen Führung vergeblich bekämpfte Installierung einer wachsenden Zahl von SS- und Partei-Dienststellen und die Entsendung von Sonderbeauftragten aus dem Reich zunehmend durchlöchert und ausgehöhlt.

Als der energischste Vertreter einer einheitlichen und straff geordneten Verwaltung führte namentlich Reeder einen unablässigen Kampf gegen das »Hineinregieren« und »Gegenregieren«, doch glich dieser einem Kampf mit der Hydra, und die Bevölkerung des besetzten Gebiets zögerte verständlicherweise nicht, sich den administrativen »Kleinkrieg« und die endlosen Kompetenzkonflikte auf deutscher Seite zunutze zu machen und die eine Reichsstelle gegen die andere auszuspielen. Von grundsätzlicher Bedeutung für den Gesamtcharakter des Besatzungsregimes war insbesondere das zähe, sich über die ganze Dauer des Bestehens der Militärverwaltung hinziehende Ringen zwischen Reeder und Himmler um die Beherrschung des Polizeiapparats. Von allen durch die deutschen Truppen während des Krieges besetzten europäischen Ländern war das Gebiet des Militärbefehlshabers Belgien-Nordfrankreich das einzige, in dem es Himmler nicht gelang, einen Höheren SS- und Polizeiführer (HSSPF) ernennen zu lassen, der unmittelbar und ungehindert durch die Besatzungsverwaltung die polizeiliche und politische Macht der SS zur Geltung zu bringen vermocht hätte[5]. Erst als die Militärverwaltung unter v. Falkenhausen im Juli 1944 durch eine Zivilverwaltung unter dem Kölner Gauleiter Jos. Grohé ersetzt wurde, wurde der Weg dahin frei: vom 11. September 1944 ab vereinigte Himmlers Repräsentant Jungclaus die Funktionen eines Wehrmachtbefehlshabers und Höheren SS- und Polizeiführers in seiner Person. Auch dann noch stieß freilich die Aufrichtung einer SS-Herrschaft in Belgien auf Schwierigkeiten, da Grohé an Reeder festhielt und ihn zu seinem Stellvertreter machte[6]. Die Militärverwaltung war entsprechend den Intentionen des Heeres, dessen Oberbefehlshaber der Militärbefehlshaber unmittelbar unterstand, und im Einklang mit Hitlers Entschluß, das zukünftige Schicksal des Landes vorerst in der Schwebe zu lassen, eine reine Aufsichtsverwaltung mit dem betont vorläufigen Auftrag der Wiederherstellung und Aufrechterhaltung geordneter Zustände, der Inganghaltung der Wirtschaft und der Weisung, in politischer Hinsicht keine zukünftige Lösung vorwegzunehmen. Natürlich hatten die leitenden Persönlichkeiten der Verwaltung und ihre Mitarbeiter über das für die Zukunft vom deutschen Standpunkt aus Erstrebenswerte und Erreichbare ihre eigenen, im einzelnen je nach persönlicher politischer Einstellung und den Kreisen der Bevölkerung, zu denen sie vorzugsweise Kontakt pflegten, zum Teil recht unterschiedliche Vorstellungen; die Skala der politischen Meinungen reichte vom entschiedenen Nationalsozialisten bis zum Sympathisanten mit dem deutschen Widerstand. Der gesamten Verwaltung gemeinsam und für sie charakteristisch war aber im Unterschied zu den im Lande etablierten SS- und Parteidienststellen der aus der Begrenztheit des eigenen Auftrages sich ergebende Verzicht auf jede über die allgemeine Pflege und Verstärkung der Verbindungen zu Deutschland hinausgehende politische Zukunftsgestaltung; das gilt auch für E. Reeder. Ein Beispiel dafür ist die von ihm im offenen Gegensatz zu Himmler vorgenommene Bestätigung von H. J. Elias als neuem Leiter des Vlaamsch Nationaal Verbond (VNV), der zur Zusammenarbeit bereit war, allen Verdeutschungsversuchen aber mit Entschiedenheit entgegentrat. Ob man dem belgischen Staat in der europäischen Nachkriegsordnung noch eine Chance gab, war weniger eine Frage einer mehr oder weniger imperialistischen Grundeinstellung als der Einschätzung der Gesamtkriegslage. Über mögliche Kriegsziele gegenüber Belgien gab es daher in der Besatzungsverwaltung – im Unterschied zum Ersten Weltkrieg – kaum eine Diskussion. Grundsätzlicher schieden sich in ihr die Geister in der Bewertung der vorgefundenen belgischen Staats- und Gesellschaftsordnung: hier stand die sie bejahende Richtung um General v. Falkenhausen gegen eine stärker volkstumsbezogene Politik, wie sie vor allem im Umkreis des Militärverwaltungschefs vertreten wurde. Wenn die großniederländischen Bestrebungen allgemein möglichst beschnitten wurden, so geschah das entgegen kürzlich vertretener Meinung nicht aus eigenem Antrieb, sondern auf zentrale, der Militärverwaltung wiederholt eingeschärfte Weisung.

Das Verhältnis zwischen der Militärverwaltung und der Bevölkerung war, wie auch von belgischer Seite anerkannt wird, trotz aller Härten weniger gespannt als im Ersten Weltkrieg. Während dieser von der Bevölkerung in erster Linie als ein nationaler empfunden worden war, reagierte sie im Zweiten Weltkrieg viel stärker weltanschaulich[7] und wußte, daß in dieser Hinsicht der überwiegende Teil der Repräsentanten der Militärverwaltung, angefangen vom Militärbefehlshaber selber, entweder überhaupt nicht oder doch nur bedingt im Lager des Nationalsozialismus stand. Zugleich war das Gefühl dafür verbreitet, daß es irgendwann in Europa zu einer übernationalen Ordnung kommen müsse. Trotzdem war es unvermeidlich, daß die bemerkenswerte Euphorie, die nach dem unerwartet gnädigen Vorübergehen der Kriegsschrecken im Sommer 1940 zunächst einen großen Teil der Bevölkerung ergriffen hatte, zunehmend einer mehr oder weniger entschiedenen Ablehnung des Besatzungsregiments wich. Die wachsenden Lasten und Notstände; der allmähliche Umschwung der Kriegslage und der totale Krieg, in den auch Belgien immer mehr hineingezogen wurde; vor allem wieder die Zwangsverschickung[8] der arbeitsfähigen Bevölkerung ins Reich, die die Militärverwaltung – auch diesmal vergebens – abzuwenden versuchte; nationale und weltanschauliche Momente und nicht zuletzt die Erbitterung auf die Kollaborateure in den eigenen Reihen, von denen längst nicht alle aus wirklicher Überzeugung für die sogenannte »neue

Ordnung« eintraten – all das bewirkte zwangsläufig eine fortschreitende Verschlechterung der Stimmung.

Für die Militärverwaltung war ein besonders kritischer Punkt, welche Stellung sie zu den vorgefundenen innerbelgischen Parteiungen einnehmen sollte. Sie suchte im ganzen einen Mittelkurs zu steuern zwischen der Zusammenarbeit mit den – schon infolge ihrer fachlichen Kompetenz unentbehrlichen – Repräsentanten des alten Regimes: den zum Teil in ihren Ämtern verbliebenen Generalsekretären, mit den Kreisen um die Person des Königs und des Kardinals van Roey sowie den sich auf ihre mehr oder weniger große Gesinnungsverwandtschaft mit dem Nationalsozialismus berufenden, untereinander aber großenteils verfeindeten »Neuordnungsparteien«, bei deren Anhängern es – neben krassem Opportunismus – vor allem in Flandern auch an Realismus und ehrlicher Bereitschaft nicht fehlte. Die Besatzungspolitik trug beim Militärbefehlshaber deutlich andere Akzente als beim Militärverwaltungschef, wurde aber, unabhängig von der persönlichen Einstellung, bis zu einem gewissen Grade diktiert durch die Notwendigkeit, sich zu Regierung und Partei im Reich und deren Abgesandten in Belgien nicht in zu scharfen äußeren Gegensatz zu setzen. Eine gerechte Abwägung, wieviel im praktischen Verhalten der Militärverwaltung, soweit es den in Deutschland herrschenden Kräften und Anschauungen Rechnung trug, freier Entschluß, wieviel von außen aufgezwungene Taktik war, gehört zu den schwierigsten Aufgaben einer geschichtlichen Würdigung dieser Zeit. Seit spätestens 1942 lag der Gegensatz zwischen der Militärverwaltung und der SS in der Einstellung zu den entscheidenden innerpolitischen Grundfragen und insbesondere in der Volkstumspolitik offen zutage. Während die Militärverwaltung für die Durchführung ihrer Aufgaben alle mitarbeitswilligen Kräfte und in Flandern vorzugsweise die im VNV zusammengeschlossenen nationalflämischen Kräfte heranzog, vertrat die SS, gestützt auf die Algemeene SS-Vlaanderen und die aus einer Kulturbewegung der Vorkriegszeit im großdeutsch-nationalsozialistischen Sinne umfunktionierte Deutsch-Vlämische Arbeitsgemeinschaft (DeVlag), die Eingliederung Belgiens in das von ihr erstrebte Großgermanische Reich der Zukunft unter gleichzeitiger Aufgliederung des Landes in Flandern und Wallonien als Reichsgaue. Noch nach der Aufgabe Belgiens durch die deutschen Truppen bildete sich in Deutschland im September 1944 unter dem Leiter der DeVlag, J. van de Wiele, eine

Emigrantenregierung: De Vlaamse Landsleiding, die Pläne für die von ihr erwartete Wiederbesetzung Belgiens durch die deutschen Truppen ausarbeitete[9].

Trotz der viel größeren Härte, mit der er geführt wurde, überstand die belgische Bevölkerung den Zweiten Weltkrieg besser als den Ersten. Bei der Befreiung des Landes im September 1944 lag die Bevölkerungszahl, obwohl die alliierten Bombardements und die Befreiungskämpfe nochmals über 10000 Tote forderten und etwa 12000 Belgier in deutschen Lagern umkamen, nach belgischen Berechnungen nur wenig unter dem Stand von 1939; nicht mitgezählt sind dabei allerdings die 28000 jüdischen Flüchtlinge, die dem nationalsozialistischen Vernichtungswillen anheimfielen. Die materiellen Verluste des Landes hat man, in auffälliger Übereinstimmung mit dem Ersten Weltkrieg, auf etwa 35 Milliarden bfr oder 8% des belgischen Volksvermögens geschätzt. Sie hielten sich also angesichts des totalen Charakters des Krieges in Grenzen. Völlig darnieder lag das Verkehrswesen, und auch die Industrie war hart getroffen. Die Kohlenförderung sank auf 45 Prozent, die Stahlproduktion sogar auf 5 Prozent des Standes von 1939 ab[10]. Mit der Befreiung des Landes durch Amerikaner und Engländer im September 1944 waren die Leiden der Bevölkerung, abgesehen von den Wirkungen der deutschen Fernwaffen und der Rundstedt-Offensive vom Dezember 1944[11], noch nicht zu Ende. Die aus London zurückgekehrte Emigrantenregierung Pierlot zeigt sich unfähig, in Wirtschaft und Verwaltung wieder geordnete Verhältnisse zu schaffen. Die nicht weniger als 405000 Ermittlungsverfahren und die 59000 Anklageerhebungen, die von ihr wegen unpatriotischen Verhaltens in der Besatzungszeit angestrengt wurden, verbreiteten eine Atmosphäre allgemeiner Unsicherheit. Erst unter dem Ministerium van Acker, dessen Mitglieder mit einer Ausnahme während des Krieges in Belgien verblieben waren, begann im Februar 1945 eine schnelle Wiedererholung des Landes – allerdings ebensosehr dank seiner Eingliederung in das System des alliierten Nachschubs wie infolge des entschlossenen Verzichts auf die gesamte Kriegszwangswirtschaft[12].

Quellen und zeitgenössische Zeugnisse:

Tätigkeitsbericht der Militärverwaltung in Belgien und Nordfrankreich. (Vgl. Guides to German Records Microfilmed at Alexandria, Virginia, Nr. 38)
Verordnungsblatt des Milit. Befehlshab. in Belgien und Nordfrankreich (1940 bis 1944)

A. v. Falkenhausen, Mémoires d'Outre-Guerre (Extraits). Comment j'ai gouverné la Belgique de 1940 à 1944. Textes présentés par J. Gerard (1974; Teilveröffentlichung aus den v. Falkenhausenschen Memoiren). E. Reeder: M. Rehm, E. Reeder. Preußischer Regierungspräsident, Militärverwaltungschef, Staatsbürger (1976) – Würdigung durch seinen langjährigen engsten Mitarbeiter, Staatssekretär a. D. F. Thedicik (hektogr., Bonn 1969)

F. van Langenhove, La Belgique et ses garants. L'été 1940. Contribution à l'histoire de la politique extérieure de la Belgique pendant la seconde Guerre mondiale (1972)

E. Reeder u. W. Hailer, Die Militärverwaltung in Belgien und Nordfrankreich. Sonderdruck aus: Reich, Volksordnung, Lebensraum. In: ZVölkVerfassVerw 6 (1943), S. 1–46

De Vlag. Zeitschr. d. Deutsch-Vlämischen Arbeitsgemeinschaft III–VII (1940 bis 1944)

E. de Bens, De Belgische dagbladpers onder Duits censuur 1940–1944 (1973)

J. Dujardin, L. Rijmemens, J. Gotovich, Inventaris van de sluikpers (1940 tot 1944) in België bewaard (1966)

Darstellungen:

P. Desneux, in: AGdN, Bd. 12, S. 357–75, Bibliographie S. 502 ff.

W. Wagner, Belgien in der deutschen Politik während des Zweiten Weltkrieges. Militärgeschichtl. Studien (1974)

J. Gérard-Libois, J. Gotovich, L'An 40. La Belgique occupée (1971)

A. de Jonghe, Hitler en het politieke lot van België, Bd. 1 (1972)

Bijdragen tot de Geschiedenis van de tweede Wereldoorlog. Hg. v. Navorsings- en studiecentrum voor de Geschiedenis van der tweede Wereldoorlog, ab 1970; darin u. a.: A. de Jonghe, De vestiging van een burgerlijk bestuur in België en Noord-Frankrijk. In: BijdrIIWereldoorlog I (1970), S. 70–132 (m. weiterer Lit. über die deutsche Besatzungspolitik), und ders., Der Strijd Himmler-Reeder om de benoeming van een HSSPF te Brussel 1942–1944. Bd. 3 (1974), S. 9–82; Bd. 4 (1976), S. 5–152 (wird fortgesetzt)

E. E. Knoebel, Racial Illusion and Military Necessity. A study of SS political and manpower objectives in occupied Belgium (Diss. 1965)

Encyclopedie van de Vlaamse Beweging. Bd. I, Art. »H. J. Elias«.

A. de Jonghe, H. J. Elias als leider van het Vlaams Nationaal Verbond. In: BelgTijdsNG VI (1975), S. 197–238; VII (1976), S. 329–423

G. Jacquemyns, La société belge sous l'occupation allemande 1940–1944. 3 Bde (1950)

L. Lejeune, Tableau de la Résistance belge 1940–1945. In: RevHistII^{me}Guerre Mond 8 (1958), S. 31–43

H. Bernard, La Résistance 1940–45 (›Notre Passé‹, 1968)

P. Struye, L'évolution du sentiment public sous l'occupation allemande (1946)

B. Garfinkels, Les Belges face à la persécution raciale 1940–1944 (1965)

Recueil de documents établi par le secrétariat du Roi concernant la période 1936 à 1947 (1950)

Graf J. Pirenne, L'attitude de Léopold III de 1936 à la libération (1949)

R. van Overstraeten, Albert Ier – Léopold III. (vgl. a. Belgien)

K. Leclef, Le Cardinal van Roey et l'occupation allemande en Belgique (1945)

F. Baudhuin, L'économie belge sous l'occupation (1945)

J. Colard, L'alimentation de la Belgique sous l'occupation allemande 1940–1944 (1945)

[1] Feldzug 1940: J. Willequet, Le rôle de l'armée en 1940. Bibliographie critique. In: RevHistII^{me}Guerre-Mond 3 (1953), S. 192–197, u. ders., La Belgique et la Deuxième Guerre Mondiale. In: Bücherschau der Weltkriegsbücherei (1955, 4).

[2] Reeder u. Hailer, Militärverwaltung, S. 23f. Dazu der Bericht des Rood Kruis van België, Mei-Dec. 1940 (1940).

[3] Angaben nach Baudhuin, Belgique 1900–1960 (s. b. Belgien, Anm. 6), S. 183ff.

[4] Über den Aufbau und die Grundsätze der Tätigkeit der Militärverwaltung vgl. den Bericht von Reeder u. Hailer. Allerdings ist für die Erfassung der wirklichen Verhältnisse die Einsichtnahme in die o.g. Geheimen Tätigkeitsberichte der Militärverwaltung unerläßlich. In ihnen gehen insbes. die allgemeinen Einleitungen auf den Militärverwaltungschef persönlich zurück; sie geben ein teilweise recht ungeschminktes Bild der komplizierten Zuständigkeiten und Machtkämpfe auf seiten der dt. Besatzungsmacht. Eupen-Malmedy: M. R. Schärer, Deutsche Annexionspolitik im Westen. Die Wiedereingliederung Eupen-Malmedys im Zweiten Weltkrieg (1975).

[5] Für alle Einzelheiten vgl. die erschöpfende Auswertung der erhalten gebliebenen Quellen durch de Jonghe, Strijd Himmler-Reeder.

[6] Ders., Burgerlijk Bestuur. S. 118f.

[7] Das betonte J. Willequet im Westdt. Rundfunk anläßlich der 25. Wiederkehr des dt. Einmarsches in Belgien.

[8] Zwangsarbeitsverpflichtung: M. G. Haupt, Der Arbeitseinsatz der belgischen Bevölkerung während des Zweiten Weltkrieges (Phil.Diss. 1970). – F. Selleslach, De tewerkstelling van Belgische arbeitskrachten tijdens de bezetting 1941. In: Documenten 2 (1972), hg. v. Navorsings en studiecentrum. Verschleppte: J. Willequet, L'univers concentrationnaire et la Belgique. Bibliographie sommaire. In: RevHistII^{me}GuerreMond (Juli–Sept. 1954).

[9] Im einzelnen vgl. W. C. M. Meyers, De Vlaamse Landsleiding. In: BijdrGIIWereldoorlog II (1972), S. 29 bis 84.

[10] Zahlen nach Baudhuin, L'économie belge, S. 202ff.

[11] Hierzu: Major Schaufelberger, Ardennen 1944–1945. In: AllgSchweizMilitZ (1972), S. 713–743.

[12] Baudhuin, L'économie belge, S. 209ff. u. 216ff.

Niederlande

Während die durch Krieg und Besetzung hervorgerufene Belastung des deutsch-belgischen Verhältnisses weniger tief ging und erheblich schneller überwunden werden konnte als beim Ersten Weltkrieg, führte der Krieg zwischen Deutschland und den Niederlanden zu einer tiefen Entfremdung, die noch heute fühlbar nachwirkt. Die Gründe dafür liegen teils im Kriegsgeschehen selber, teils in einer wesenhaften Verschiedenheit der psychologischen, politischen und weltanschaulichen Umstände der Besatzungszeit in Belgien und den Niederlanden.

Rein militärisch wurde der nördlich der großen Ströme gelegene größere Teil der Niederlande, wenn man von Rotterdam absieht, zwar nicht durch die in vier Tagen erfolgende Überrennung des Landes im Mai 1940, wohl aber durch die vom September 1944 bis Anfang Mai 1945 erfolgende nochmalige Konzentrierung der Kämpfe auf die Niederlande ungleich schwerer in Mitleidenschaft gezogen als Belgien[1]. Psychologisch kam erschwerend hinzu zunächst, daß die Niederlande – im Unterschied zu dem »klassischen« europäischen Schlachtfeld Belgien – seit den Tagen Ludwigs XIV. mit Ausnahme der Französischen Revolution nicht mehr Objekt eines fremden Angriffs gewesen waren. Königshaus und Regierung haben das Land sogleich verlassen und in England Zuflucht gesucht. Schwer fiel ferner ins Gewicht, daß die Niederlande im Unterschied zu Belgien, das erst im Juli 1944, und nur noch für kurze Zeit, eine Zivilverwaltung erhielt (s. oben) –, bereits am 25. Mai 1940 einem »Reichskommissariat für die besetzten niederländischen Gebiete« unter Reichsminister Dr. Seyß-Inquart als Reichskommissar unterstellt wurden, dessen Stab in ganz anderer Weise nach nationalsozialistischen Gesichtspunkten zusammengesetzt war und von der NSDAP beherrscht oder kontrolliert wurde, als das bei der Militärverwaltung in Belgien der Fall war[2]. Infolgedessen konnten sich in der Besatzungsverwaltung der Niederlande die nationalsozialistischen Grundsätze mit viel größerer Radikalität geltend machen als in Belgien, wo man die Militärverwaltung vielmehr als einen Schutz vor der uneingeschränkten Parteiherrschaft empfand. Darüber hinaus aber wurde, während in Belgien die Lösung der politischen Probleme nach einer Anordnung Hitlers erst später erfolgen sollte, hier ungleich entschiedener bereits jetzt versucht, die volkliche und nationale Selbständigkeit der Niederlande gegenüber Deutschland infrage zu stellen. Beides führte, nachdem der Versuch, in der »Nederlandsche Volkunie« eine von dem Großteil der Bevölkerung unterstützte und zur Zusammenarbeit mit Deutschland bereite Organisation zu schaffen, nach kurzer Zeit gescheitert war, mit Notwendigkeit zu immer schärferen, zugleich weltanschaulichen und nationalen Zusammenstößen mit der Besatzungsmacht. Dabei bewährten sich die Kirchen ebensosehr wie die Linksparteien als entschlossene Stützen eines Widerstandes, von dem man sagen darf, daß hinter ihm – mit Ausnahme der NSB und anderer kleiner Minderheitsgruppen[3] – die gesamte Bevölkerung ohne Unterschied der Partei und der Weltanschauung stand. Ihrem ganzen Wesen nach verfügte die niederländische Gesellschaft und Kultur gegenüber dem Nationalsozialismus, wie sich schon in den 30er Jahren gezeigt hatte, über besonders wirksame Abwehrkräfte.

Anders als in Belgien entzündete sich der Widerstandswille entscheidend nicht erst an der Wegführung der arbeitsfähigen Bevölkerung nach Deutschland[4], obwohl auch diese Maßnahme viele Niederländer in den aktiven Widerstand trieb, sondern an dem schon im Winter 1940/41 mit aller Schärfe einsetzenden Vorgehen gegen die jüdische Bevölkerung, die zum Teil schon seit langen Jahrhunderten im Lande eingebürgert war und insbesondere in Amsterdam seit den Tagen Rembrandts das Gesicht einzelner Stadtteile wesentlich mitbestimmte. Die brutale Gewalt, mit der die Polizei gegen die Bewohner des Amsterdamer Judenviertels vorging, rief am 25./26. Februar 1941 einen fast allgemeinen, in seinen Anfängen durchaus spontanen Streik der Amsterdamer Bevölkerung hervor und wurde, weit über die Demonstration der Solidarität mit den Opfern[5] hinaus, zu einem Fanal für den gesamten niederländischen Widerstand.

Dieser fand ständig neue Nahrung in dem deutschen Bestreben, das NS-Modell auf immer weitere Bereiche des öffentlichen Lebens in den Niederlanden anzuwenden. Die Maßnahmen gegen die Freiheit der Presse und der Meinungsäußerung, die Schaffung von Zwangsorganisationen für einzelne Berufsgruppen, die Versuche zur Gleichschaltung der Studenten u.ä.m.[6] wurden zu ebenso vielen Anlässen der Opposition und versetzten das Land in einen Zustand ständiger innerer Hochspannung. Die illegale Presse umfaßte 1943 etwa 20 regelmäßig erscheinende Zeitungen mit einer Auflagenhöhe von ca. 50000 Exemplaren; bis 1944 wuchs diese nochmals auf das Doppelte an[7]. Zu einem fast die gesamten Niederlande erfassenden Streik führte Ende April 1943 die Ankündigung des Wehrmachtbefehlshabers, General Christiansen, daß alle ehemaligen Soldaten nach Deutschland gebracht werden sollten[8]. In seinen Grundlagen wurde das deutsche Regiment zum ersten Mal erschüttert, als in den ersten Septembertagen 1944 ganz Belgien von den Alliierten zurückgewonnen wurde und auch die Befreiung der nördlichen Niederlande unmittelbar bevorzustehen schien. Der deutsche Verwaltungsapparat brach am 5. September, dem »tollen Dienstag«, fast völlig zusammen; scharenweise flüchteten die als Kollaborateure kompromittierten Niederländer bereits nach Deutschland; schon schickte sich das von der niederländischen Exilregierung für den Fall der Befreiung vorgesehene »Kollegium der Vertrauensleute«[9] an, die Verwaltung zu übernehmen.

Indes kam die Front nach schweren Kämpfen, von denen besonders die mißglückte britische Luftlandung in Arnheim am 17. September und die Zerstörung der Deiche der Insel Walcheren durch die britische Luftwaffe am 3. Oktober in die Geschichte eingegangen sind, an der Deltalinie noch einmal zum Stehen. Nur in den Gebieten südlich davon konnte eine niederländische Militärverwaltung nach den Weisungen der niederländischen Regierung das Regiment übernehmen. Hingegen begann für das ganze Land nördlich der Stromlinie eine letzte, unsagbar schwere Leidenszeit, bei der Besatzungsdruck und Widerstandswille der Bevölkerung einander ständig steigerten: Der aktive niederländische Widerstand gipfelte in Maßnahmen wie der Stillegung des gesamten Bahnverkehrs (18. September 1944) und der Verhinderung einer erneuten Rekrutierung niederländischer Arbeitskräfte für den deutschen Kriegseinsatz; Sicherheitspolizei und SD antworteten mit Massenverhaftungen: Mehr als 50000 Niederländer wurden in Konzentrationslager gebracht, alle Widerstandskämpfer für vogelfrei erklärt[10]. Im April 1945 drohte der Bevölkerung des dichtest besiedelten Teils der Niederlande, der sogenannten Rand- oder Ringstadt Holland mit den drei großen niederländischen Städten Amsterdam, Den Haag und Rotterdam, die Vernichtung zu gleicher Zeit durch Verhungern und den sich auf ihre Gebiete konzentrierenden militärischen Endkampf. Der englische Angriff unterblieb jedoch schließlich, und die Hungerkatastrophe wurde, mit deutscher Zustimmung, durch den Abwurf von Lebensmitteln seitens der Alliierten gebannt. Die Kapitulation der deutschen Streitkräfte am 5. Mai setzte der achtmonatigen Schreckenszeit ein Ende.

Quellensammlungen und Veröffentlichungen des Rijksinstituut voor Oorlogsdocumentatie, darunter das Standardwerk von L. de Jong, Het Koninkrijk der Nederlanden in de Tweede Wereldoorlog. Bisher deel I–VI in 9 Bdn (1969 bis 1975), bis Mai 1943. Für die noch ausstehende Zeit ab Juni 1943 vgl. de Jong, in: AGdN Bd. 12, Kap. 13

Staten-Generaal, Tweede Kamer. Enquêtecomissie Regeringsbeleid 1940–1945. 8 Bde (1949–1956)

De Strijd op Nederlands grondgebied tijdens de wereldoorlog II. Serienwerk der Sektion für Kriegsgeschichte des niederländischen Heeres, seit 1952; vgl. besonders Reihe III, Bde 3–6

R. S. Gerbrandy, Eenige hoofdpunten van het regeringsbeleid te Londen gedurende de oorlogsjaren 1940–1945 (1946)

Verordnungsblatt des Reichskommissariats in den Niederlanden 1940–1944

H. Kwiet, Vorbereitung und Auflösung der deutschen Militärverwaltung in den Niederlanden. In: MilitGeschichtlMitt (1969, 1), S. 121–153

Ders., Reichskommissariat Niederlande. Versuch und Scheitern nationalsozialistischer Neuordnung (1968)
De SS en Nederland. Documenten uit SS-Archiven 1935–1945. Eingeleitet u. hg. v. N. K. C. A. Int't Veld, 2 Bde (1976)
A. E. Cohen, Het Proces Mussert (1948)
G. Hoffmann, NS-Propaganda in den Niederlanden. Organisation und Lenkung der Publizistik unter deutscher Besatzung 1940–1945 (1972)
L. E. Winkel, De ondergrondse pers 1940–1945 (1954). Onderdrukking en verzet, Nederland in oorlogstijd. 4 Bde (1948–1954)
W. Warmbrunn, The Dutch under German Occupation (1963; ndl. 1964). Dazu die Besprechung von P. R. A. van Iddekinge. In: BijdrGNederl XVIII (1963 bis 1964)
J. Presser, Ondergang. De vervolging en verdelging van het Nederlandse Jodendom 1940–1945. 2 Bde (1965)
S. Stockman, Het verzet van de Nederlandse bischoppen tegen nationaal-socialisme en Duitse tyrannie. Herderlijke brieven, instrukties en andere documenten (1945)
H. C. Touw, Het verzet der Hervormde Kerk. 2 Bde (1946)
Th. Belleman, Opdat wij niet vergeten. De Bijdrage van de Gereformerde Kerken ... in het verzet (1950)
Centraal Bureau voor de Statistiek. Economisch-sociale kroniek der bezettingsjaren (1947)
B. A. Sijes, De arbeidinzet. De gedwongen arbeid van Nederlanders in Duitsland 1940–1945 (1966). Weitere Lit. vgl. bei H. Lademacher, Literaturbericht über die Geschichte der Niederlande, Veröffentlichungen 1945–1970. In: HZ, Sonderheft 5 (1973)

[1] Kampfhandlungen vom Mai 1940 in den Niederlanden: Stand der Forschung bei de Jong, Tweede Wereldoorlog, Bd. 3.

[2] Deutsche Besatzungsverwaltung: Außer Kwiet, Reichskommissariat, vgl. auch De Jong, Tweede Wereldoorlog, Bd. 4, 1, Kap. 2.

[3] Wenn in den Niederlanden die Parteigänger des Nationalsozialismus, anders als in Norwegen, zwar benutzt, aber nicht in die Regierung berufen wurden, so sprach dabei der Wunsch mit, keine Verhältnisse zu schaffen, die später eine freie Verfügung über das Land erschweren konnten. Auch paßte die großniederländische Einstellung der Mussert-Bewegung nicht in das NS-Konzept. Allgemein orientiert über die prodeutschen Gruppen und ihre Ziele: De Jong, Tweede Wereldoorlog, Bd. 5, Kap. 2; Bd. 6, Kap. 5.

[4] Insgesamt wurden etwa eine halbe Million Niederländer zum Arbeitseinsatz in Deutschland zwangsverpflichtet.

[5] Hierzu: B. A. Sijes, De Februaristaking, 25.–26. februari 1941 (1954). – Von den insgesamt ca. 140000 in den Niederlanden lebenden Juden haben nur etwa 10000 die Jahre 1940–1945 überlebt; vgl. im einzelnen bes. Presser, Ondergang, sowie de Jong, Tweede Wereldoorlog, Bd. 6 und folgende Bände.

[6] Widerstand der Ärzte: P. H. de Vries, Medisch contact 1941–1945 (1949).

[7] Winkel, De ondergrondse pers, verzeichnet insgesamt an 1200 illegale Zeitungen!

[8] Streik vom Frühjahr 1943: P. J. Bouman, De April-Meistakingen van 1943 (1950). Ergänzungen bei de Jong, Tweede Wereldoorlog, Bd. 6, 2, Kap. 10.

[9] Über dieses durch die niederländische Exilregierung im Sommer 1944 gebildete Gremium und seine Tätig-

keit vgl.: Verslag van de werkzaamheden van vertrouwensmannen der regering, aangewezen bij besluit van H. M. Regering van 2. VIII. 1944 (1946).

[10] Über die damaligen Aktionen der niederländischen Widerstandsbewegung vgl.: H. W. Sandberg, De Grote Adviescommissie der Illegaliteit. Witboek over de geschiedenis van het georganiseerde verzet voor en na de bevrijding (1950).

Luxemburg

Luxemburgs militärisches Schicksal im Zweiten Weltkrieg ähnelt dem der angrenzenden Teile Belgiens: Wie diese wurde es gleich am 10. Mai 1940 von den deutschen Truppen überrannt, Anfang September 1944 von den Alliierten befreit und um die Jahreswende 1944/45 durch die Rundstedt-Offensive für kurze Zeit nochmals zum Kriegsschauplatz. Die luxemburgische Regierung suchte und fand 1940 in England Zuflucht. Seit der Ersetzung der Militärverwaltung in Belgien-Nordfrankreich durch eine Zivilverwaltung unter dem Gauleiter von Koblenz-Trier, Simon, am 1. August 1940 glich die Entwicklung des Landes in vieler Hinsicht derjenigen Hollands. Nur waren hier die Gleichschaltung und das Bestreben nach tunlichster Einschmelzung in das Großdeutsche Reich noch radikaler. Einen besonders bezeichnenden Niederschlag fanden sie in dem Verbot der französischen Sprache und des französischen Unterrichts, der Verdeutschung der Gemeinde- und Straßennamen, der Aufschriften, der Namen und Vornamen der Einwohner, dem Abbruch der Denkmäler und der Auflassung der Klöster. Die Rolle der NSDAP im Reich übernahm hier die Volksdeutsche Bewegung (VDB). Im Zuge der weiteren Verdeutschung wurden auch die deutschen Gesetze im Lande eingeführt und schließlich die gesamte Jugend zum deutschen Heer eingezogen. Ein dagegen ausbrechender Streik blieb vergeblich. Zahlreiche junge Luxemburger mußten ihr Leben lassen für eine Sache, der sie und ihre Familien im Innersten durchaus feindlich gegenüberstanden. Eine Atmosphäre der Unfreiheit lastete auf dem äußerlich vollkommen gleichgeschalteten Land[1], bis es am 10. September 1944 seine Freiheit zurückerhielt.

Verordnungsblatt der Zivilverwaltung. Livre d'or de la Résistance luxembourgeoise de 1940 à 1945 (1952)
E. Th. Melchers, Kriegsschauplatz Luxemburg, Aug. 1914–Mai 1940 (1963)

[1] A. Calmes, in: AGdN Bd. 12, S. 438f.

d. Benelux und europäische Integration

Noch vor Beendigung der Kämpfe um ihre Länder zeitigte der überall aufkommende Wille zu einer übernationalen Integration bei den nach London emigrierten belgischen, niederländischen und luxemburgischen Regierungen erste praktische Ergebnisse: Sie trafen am 21. Oktober 1943 ein Abkommen über die Schaffung einer Währungsunion zwischen den drei Ländern und schlossen am 5. September 1944 einen Zollvertrag, dessen Inhalt am 14. März 1947 durch ein Zusatzprotokoll näher bestimmt wurde. Angestrebt wurde darin eine Wirtschaftsunion und, als erster Schritt auf diesem Wege, eine Zollunion, die verwirklicht werden sollte, sobald es die Umstände gestatteten. Ein im Frühjahr 1947 erarbeitetes gemeinsames Programm sah die Aufhebung der gegenseitigen Zölle und eine Vereinheitlichung aller Verbrauchs- und Umsatzsteuern vor. Jedoch erlaubten die Verhältnisse nur, sich diesen Zielen schrittweise zu nähern. Auch als nach dem 1. Januar 1948 die Binnenzölle weggefallen und die Außenzölle vereinheitlicht waren, blieben die gegenseitigen Schranken, Importbeschränkungen, unterschiedliche Steuersysteme und dgl. bestehen. Als Haupthindernis für die Verwirklichung der Vollunion und des gemeinsamen Marktes erwiesen sich die sehr unterschiedlichen Agrarpreise und die Ungleichheit der Löhne, Gehälter und Lebenshaltungskosten in den einzelnen Ländern. Noch unbewältigte Probleme bilden ferner die unterschiedlichen nationalen Verbrauchssteuern und ungleiche Mehrwertsteuersätze. 1960 kam es zu einer Paßunion; 1969 wurden die Schaffung eines Benelux-Gerichtshofes und eine enge Zusammenarbeit auf den Gebieten der Strafverfolgung und des Strafvollzuges vorgesehen. Auch gegenüber den anderen Staaten trat man zum Teil als Einheit auf[1].

Der übernationale Zusammenschluß in der Benelux fand zur gleichen Zeit sein Gegenstück auf der größeren europäischen und internationalen Ebene, wo in gleicher Weise politische wie wirtschaftliche Erwägungen ebenfalls in die Richtung einer stärkeren Integration wiesen. Im Zuge dieser Entwicklung vollzogen alle drei Staaten ihren Beitritt zur UNO und zum Nordatlantikpakt (1949), zur Europäischen Zahlungsunion (1950), zur Montanunion (1951), zur Europäischen Verteidigungsgemeinschaft (1952) sowie zur EWG und zum Euratom (1957). Luxemburg mußte, um dem Nordatlantikpakt beitreten zu können, zuvor eine Änderung seines Grundgesetzes vornehmen und die Neutralisierung aufgeben. Die Stadt wurde Sitz der Montanbehörden und des Gerichtshofes, Brüssel Sitz der Behörden der EWG. Das Verhältnis zur deutschen Bundesrepublik wurde durch besondere Ausgleichsverträge normalisiert (Deutsch-Belgischer Ausgleichsvertrag 1956, Deutsch-Niederländischer Ausgleichsvertrag 1959 – in Kraft gesetzt 1962 –, Deutsch-Luxemburgischer Ausgleichsvertrag 1959). Die drei Beneluxstaaten sind trotz aller inzwischen aufgetretenen Schwierigkeiten entschlossen, auf dem Wege zur europäischen Integration weiter voranzuschreiten und einen Teil der eigenen staatlichen Funktionen den europäischen Instanzen zu übertragen. Insbesondere die Niederlande drängten dabei auf die Einbeziehung Großbritanniens in die europäische Wirtschaftsgemeinschaft[2].

[1] Im einzelnen vgl. für die Entwicklung bis 1960 Baudhuin, Belgique 1900–1960, S. 250ff., u. F. van Langenhove, La sécurité de la Belgique. Contribution à l'histoire de la période 1940–1950 (1971).

[2] Verslag van de Staten-Generaal betreffende de uitvoering en toepassing van het EEG-Verdrag (jährlich); C. A. Klaasse, Monetaire en financiële aspekten van de toetreding van Groot-Britannië tot de EEG (1962); A. de Ruiter, Engeland – EEG – Gemeenebest (1962); R. Mayne, De gemeenschappelijke markt (1963); H. Hamblock, Die Beneluxstaaten. Eine geographische Länderkunde (1977).

e. Innere Geschichte seit 1945

Belgien

Obwohl sich das seit den zwanziger Jahren entstandene Stärkeverhältnis der Parteien in Belgien zunächst nicht grundsätzlich verschob, verlief hier das innerpolitische Leben nach dem Zweiten Weltkrieg ziemlich bewegt. Die schon während des Krieges entstehende und nach der Wiederbefreiung des Landes offen ausgebrochene Krise um die Person König Leopolds III., für den seit seiner Wegführung nach Deutschland im Jahre 1944 sein Bruder Karl die Regentschaft führte, gelangte auf ihren Höhepunkt, als ihn im Jahre 1950 die katholische Regierung Eyskens zurückrief. Die belgische Bevölkerung sprach sich mit 57,68 Prozent für seine Wiedereinsetzung aus, doch zwangen ihn die Linksparteien durch Ausrufung des Generalstreiks, am 1. Juli zugunsten seines Sohnes Baudouin dem Thron zu entsagen[1].

In den 50er Jahren entzündete sich an der Frage des höheren und des technischen Unterrichts erneut der Schulstreit, konnte aber, obwohl die staatliche Subventionierung des »freien«, d.h. katholischen Schulwesens für viele ein Stein des Anstoßes bleibt, im November 1958 durch eine Übereinkunft der drei staatstragenden Parteien wieder beigelegt werden[2]. Von mehr oder weniger zweifelhaftem Erfolg blieben hingegen bisher trotz immer erneuter Anläufe die Bemühungen um einen allseitig hingenommenen Modus vivendi in dem volkssoziologischen Grundproblem des belgischen Lebens: der sprachlich-kulturellen Dreigeteiltheit des Landes in das einsprachig-französische Wallonien, das einsprachig-niederländische Flandern und die zweisprachige Brüsseler Agglomeration[3]. Die Festlegung der Sprachgrenze durch Angleichung der Gemeinde- und Bezirksgrenzen an sie (Gesetz vom 8. November 1962), neue Gesetze über den Sprachgebrauch in der Zentralverwaltung und der Verwaltung der Brüsseler Agglomeration (v. 2. August 1963) sowie im Schulwesen (v. 30. Juli 1963) erwiesen sich dafür als unzureichend. In Flandern forderten die »Flämische Volksbewegung« (VVB) und die »Volksunion« im Einklang mit dem »Mouvement populaire Wallon« die föderalistische Umbildung des belgischen Staates, während es in der Brüsseler Agglomeration als Reaktion auf die neuen Sprachgesetze zu Zusammenschlüssen der Französischsprachigen und zur Bildung der »Front des Francophones« (FDF) kam, die 1968 mit der wallonischen Sammlungsbewegung des »Rassemblement Wallon« ein gegen den »flämischen Imperialismus« gerichtetes Bündnis einging. Bei wiederholten Neuwahlen konnten die Sprachenparteien die Zahl ihrer Sitze sprunghaft erhöhen (so die Volksunion 1965 von 5 auf 12 und 1968 auf 20), während die Katholiken und Sozialisten entsprechend schwere Verluste hinnehmen mußten, sich aber trotzdem der Fortsetzung ihrer Regierungsverantwortung nicht entziehen konnten. Nachdem als erstes das Kultus- und Erziehungsministerium nach sprachlichen Rücksichten zweigeteilt worden war, machte 1968 der christlich-soziale Parteiführer G. Eyskens als Chef einer neuen katholisch-sozialistischen Koalitionsregierung eine weitergehende Dezentralisierung der Staatsgewalt unter Einbeziehung auch der Wirtschaft zu einem Kernpunkt seines Programms. Im Dezember 1970 wurden von Kammer und Senat teilweise verfassungsändernde Maßnahmen beschlossen, durch die der unitarische Charakter der früheren belgischen Verfassung in wichtigen

Punkten abgeändert wurde: Flandern, Wallonien und die Brüsseler Agglomeration wurden als teilweise autonome Gebiete anerkannt und ihren gewählten Körperschaften das Recht verliehen, über zahlreiche Fragen selbständig zu entscheiden. Sämtliche Abgeordnete der beiden Kammern müssen sich einer der Sprachgruppen anschließen. In der Regierung, den Zentralbehörden und der Brüsseler Verwaltung müssen diese paritätisch vertreten sein; wirksame Garantien sollen zugleich jeden Machtmißbrauch einer Seite verhindern. Im Bereich der Kultur (in dem auch das Deutsche als eigene Kulturgemeinschaft anerkannt wurde[4]) wurde den Sprachgemeinschaften im Rahmen der Landesgesetze besonders weitgehende Autonomie zuerkannt; aus den Abgeordneten der beiden Kammern hervorgegangenen Kulturräten mit Weisungsbefugnis und eigenen Mitteln obliegt die Führung. Für die 19 Gemeinden der Hauptstadt Brüssel wurde ein besonderes Statut erlassen, das die Rechte der beiden Sprachgemeinschaften genau festzulegen und zu sichern sucht. Für das ganze Land wurden ferner – in weitgehender Anlehnung an seine Einteilung in die drei Großregionen – regionale Wirtschaftsräte gebildet; zu ihren Aufgaben gehört u.a. die Planung.

Die Dauerwirkung dieser tief in den Verfassungsaufbau des Landes eingreifenden Reformen bleibt abzuwarten. Das Ausscheiden der Sozialisten aus der Regierung zwang die Christlich-Sozialen unter Leo Tindemans im April 1974, mit den besonders in der Brüsseler Agglomeration als Vertreter des Prinzips der Sprachenfreiheit starken Rückhalt besitzenden Liberalen ein Minderheitenkabinett zu bilden und gleichzeitig – zum erstenmal in der belgischen Geschichte! – um die Unterstützung seiner Politik durch die flämischen und frankophonen Sprachenparteien zu werben, obwohl deren verbissenes Ringen um den sprachlichen Charakter der Brüsseler Region unvermindert seinen Fortgang nimmt. Die daraufhin zustande gekommene Erweiterung der christlichsozial-liberalen Koalition durch das Rassemblement Wallon brach im Frühjahr 1976 über grundsätzlichen Gegensätzen in den Fragen der Wirtschaftspolitik und der Staatsreform wieder auseinander und veranlaßte Tindemans zu vorzeitigen Neuwahlen, in denen sich seine Partei als die führende Partei Belgiens behauptete. In einer neuen großen Koalition von Christlich-Sozialen, Sozialisten und Liberalen einigte man sich auf die Weiterführung einer Staatsreform, in der die Aufgliederung Belgiens in Regionen und

Sprachgemeinschaften mit direkt gewählten parlamentarischen Vertretungen und eigenen Exekutiven anerkannter Grundsatz ist, aber an der Fortexistenz einer handlungsfähigen Zentralgewalt seine Grenze findet. In seiner zentralistisch-unitarischen Form im Zeitalter des Nationalstaats ein Ärgernis für viele Flamen und Wallonen, erscheint Belgien heute dank der immer konsequenteren Reformierung seines Staatswesens nach föderativen Grundsätzen auf dem besten Wege, zum Modell für das Zusammenleben der europäischen Völker in einer multinationalen Gemeinschaft zu werden. Die größten Hemmnisse dafür liegen heute, vom Problem Brüssel abgesehen, nicht mehr in Flandern, sondern in Wallonien, das sich zu gleicher Zeit durch den überlegenen Geburtenzuwachs der Flamen und die tiefgreifende Strukturkrise der wallonischen Montanindustrie in seiner Gesamtstellung im belgischen Staat gefährdet fühlt[5].

In ihrer Gesamtheit genommen bewies die belgische Wirtschaft nach 1945 und auch nach dem Auslaufen des Marshallplanes, dem sie in den Jahren 1947–1952 nachhaltige Förderung zu danken hatte, weiter ihre ungebrochene Lebenskraft. So stieg der Index der industriellen Produktion in Belgien von 1953–1960 um 46 Prozent auf mehr als das Doppelte der Vorkriegswerte. Die unbestreitbare Strukturkrise der Montanindustrie wird durch die Erschließung zahlreicher neuer Industriezweige sowie den wirtschaftlichen Aufstieg Flanderns[6], das in den letzten Jahrzehnten nach einem Jahrhundert des Rückstandes Wallonien auch industriell zu überholen begonnen hat, mehr als wettgemacht. Von der Blüte des belgischen Außenhandels zeugt, daß der Güterumschlag im Antwerpener Hafen zwischen 1950 und 1960 von 22 1/2 auf 45,3 und bis 1970 nochmals auf 78,1 Millionen Tonnen anwuchs[7]. Hand in Hand damit entwickelte sich die Antwerpener Schelderegion, dem Rotterdamer Maasland vergleichbar, zum bevorzugten Standort international führender Chemie- und Erdölunternehmen in Europa. Auch in der Landwirtschaft konnte die Produktion beträchtlich gesteigert werden, obwohl die Zahl der landwirtschaftlichen Arbeiter in den letzten zwei Menschenaltern auf ein Bruchteil zurückgegangen ist. Gleichzeitig stieg auch der Lebensstandard der Bevölkerung stark an. Aus einem Land mit niedrigen Löhnen und niedriger Massenkaufkraft im Jahre 1913 wurde Belgien bis 1960 zu einem der europäischen Länder mit den höchsten Nominal- und Reallöhnen[8].

Der Versuch, eine Gesamtcharakteristik der belgischen

Nachkriegsentwicklung im kulturellen Bereich zu geben, ist verfrüht. Nur so viel läßt sich mit Sicherheit bereits sagen, daß die geistigen und künstlerischen, weltanschaulichen und politischen Kräfte, die das belgische Leben in den vorangegangenen Menschenaltern bestimmt haben, ihre Wirksamkeit auch heute nicht verloren haben.

Im ganzen dürfte das Land auch in kultureller Beziehung auf dem Wege zur sprachlich-volklichen Differenzierung, den es seit etwa der Jahrhundertwende eingeschlagen hat, unaufhaltsam voranschreiten. Ein markantes Beispiel dafür bietet die 1969 vom Episkopat nach langem Sträuben verfügte sprachliche Aufteilung der Universität Löwen unter gleichzeitiger Verlagerung des französischsprachigen Teiles ins wallonische Ottignies. Ihr folgten noch im gleichen Jahre die Umwandlung der an der Université Libre de Bruxelles seit mehreren Jahrzehnten bestehenden flämischen Lehrgänge in die von ihr unabhängige Vrije Universiteit te Brussel[9].

Das Problem der Gemeinschaftsbeziehungen in Belgien. Hg. v. Belgischen Institut für Information und Dokumentation (1971)

Het einde van de Vlaamse beweging? Een enquête. SA aus: Ons Erfdeel 14 (1970/71)

Vgl. ferner die oben unter b. Belgien, Niederlande Anm. 6 und unter c. Der Zweite Weltkrieg angeführte Lit.

[1] Hierzu: Contribution à l'étude de la Question Royale. Evénements-Documents. 2 Bde (o. J.).

[2] C. Lamalle. De schoolstrijd vroeger en nu (1956), sowie M. L. Dierickx, Geschiedenis van België an van onze (1975). S. 287.

[3] Aus der meist sehr polemischen Lit. zu diesen Problemen vgl. F. Scheurs, La fixation de la frontière ethnique. In: NouvRevWallonne 13 (1961), S. 85–92. De Zuidernederlandse taalgrens in het Belgisch parlement (1964); H. Welvoet, 125 jaar verfransing in de agglomeratie en het arrondissement Brussel 1830–1955 (1957), sowie zusammenfassend Willemsen, Einleitung zur Encyclopedie van de Vlaamse Beweging. Bd. 1 (1973), S. 42 ff. Für die allgemeine Unterrichtung nützlich: Das Problem der Gemeinschaftsbeziehungen in Belgien.

[4] Die deutsche Bevölkerung der ehemaligen Kreise Eupen und Malmedy-St. Vith, im Nordosten der Prov. Lüttich und im Südosten der Prov. Luxemburg repräsentiert in Belgien die dritte nationale Sprache, spielt aber bei den nationalen Auseinandersetzungen wegen ihrer vergleichsweise geringen Zahl keine ins Gewicht fallende Rolle. Über die noch heute nachwirkenden Spannungen zwischen dem belgischen Staat und der Bevölkerung der im Zweiten Weltkrieg nach Deutschland umgegliederten beiden Kreise nach deren Wiederinbesitznahme durch Belgien unterrichtet M. R. Schärer, Deutsche Annexionspolitik im Westen. Die Wiedereingliederung Eupen-Malmedys im Zweiten Weltkrieg (1975). S. 262–273.

[5] Die Forderung nach der föderalen Aufgliederung Belgiens wurde bereits

1912 durch den wallonischen Abgeordneten J. Destrée in seinen berühmten Lettre au Roi erhoben und besaß seitdem auch in Wallonien stets eine gewisse Zahl von Anhängern. Diese hat sich im letzten Jahrzehnt stark vergrößert, vgl. dazu außer F. Scheurs in: NouvRevWallonne 8 ff. (1956 ff.) das vieldiskutierte Buch von L. Outers, Le divorce belge (1968). Für Flandern vgl. M. van Haegendoren, Nationalisme en Federalisme (1971).

[6] L. Wauters, De economische ontwikkeling in Vlaanderen sedert 25 jaar. In: EconSociaal T IX (1955), S. 42 ff. Für die Jahre 1970–1975 wird die Steigerung des Bruttosozialprodukts für die flämischen Provinzen auf 5,7 Prozent, für die frankophonen aber nur auf 4,3 Prozent veranschlagt.

[7] E. Schoonhoven, Anvers, son fleuve et son port (1958); H. Hamblock, Die Beneluxstaaten. Eine geographische Länderkunde (1977). S. 236.

[8] Zum Vorstehenden vgl. bes. F. Baudhuin, Histoire économique de la Belgique 1945–1956 (1958), sowie ders., Belgique 1900–1960 (1961). S. 258–277.

[9] Vgl. für 1. die Strukturwandlungen im akademischen Leben Flanderns: Gedenkboek van de Rijksuniversiteit te Gent na een Kwarteeuw vervlaamsing, 1930–1931 – 1955–1956 (1957), 2. sein wachsendes wirtschaftliches Selbstbewußtsein: Th. Luykx, Bijdrage tot de geschiedenis van de economische bewustwording in Vlaanderen. Veertig jaar Vlaams Economisch Verbond 1926–1966 (1967); 3. die Lage im kirchlichen Bereich: De Kerk in Vlaanderen. Pastoraal-sociologische studie van het leven en de structuur der Kerk. Hg. v. O. J. Kerkhofs u. J. van Houtte (1962); 4. die Verstärkung der Kulturbeziehungen zu den Niederlanden: Tien jaar culturele samenwerking België-Nederland 1946–1956 (1956).

Niederlande

Das im Juni 1945 ohne vorherige Wahlen und ohne nähere Fühlungnahme mit den Parteien gebildete erste niederländische Nachkriegskabinett ging von der Erwartung aus, daß das niederländische Volk inzwischen mit den innerpolitischen Traditionen der Vorkriegszeit gebrochen habe und daß insonderheit die Konfessionsparteien als überlebt zu betrachten seien. Namentlich werde die Aufgabe des Wiederaufbaus des schwer darniederliegenden Landes Sache einer umfassenden Partei aller Werktätigen sein müssen. Die ersten Nachkriegswahlen vom Mai 1946 erwiesen diese Annahme freilich als eine Illusion: Während die Arbeiterpartei (SDAP) trotz Absorption der freien Demokraten nur 29 Sitze von insgesamt 100 erringen konnte, erhielten die Konfessionsparteien 55, darunter die Katholische Volkspartei allein 32. Jedoch führte dieses Ergebnis nicht zu einem Wiederaufleben der früheren katholisch-protestantischen Koalitionen. Vielmehr stand die niederländische Nachkriegspolitik bis 1958 durchaus im Zeichen einer gemeinsamen katholisch-sozialistischen Führerschaft, wenn man auch nach dem sozialistischen Rückschlag von 1948 zu Regierungskoalitionen auf breiter Basis überging.

Die Folge des sozialistischen Einflusses auf die niederländischen Nachkriegsregierungen war eine – in diesem Lande mit so langer bürgerlich-liberaler Tradition – bemerkenswert weitgehende Beibehaltung dirigistischer Prinzipien im öffentlichen Leben. In einem Rahmengesetz über die Betriebsorganisation wurde die Schaffung eines ganzen Systems staatlich sanktionierter Produktions- und Betriebsvereinigungen (sogenannte Productie- en bedrijfschappen) vorgesehen; auch die Finanz-, Steuer- und Eigentumspolitik der 50er Jahre trug einen stark sozialistischen Einschlag. Erst 1959 gelang es den bürgerlichen Gruppen, darunter der 1948 aus der erneuten Sammlung der liberalen Kräfte hervorgegangenen Volkspartij voor Vrijheid en Demokratie, die katholisch-sozialistische Koalition zeitweise durch eine bürgerliche zu verdrängen. Jedoch bleibt die Herbeiführung eines ausgewogenen Verhältnisses zwischen Kapitalismus und Sozialismus, Freiheit und Gebundenheit nach wie vor das zentrale Thema der niederländischen Innenpolitik seit 1945[1].

Unbestreitbar ist, daß es auch auf diesem Wege gelungen ist, die bei dem großen Ausmaß der Kriegszerstörungen, dem weitgehenden Verlust der wirtschaftlichen Ausrüstung und der Verselbständigung Indonesiens[2] besonders schwierige Aufgabe des Wiederaufbaus des niederländischen Erwerbslebens schnell, gründlich und erfolgreich zu bewältigen und zugleich eine sozialwirtschaftliche Ordnung der Verhältnisse zu erreichen, die den Erfordernissen des modernen Massenzeitalters im besonderen Maße gerecht wird. Charakteristika sind für sie u.a.: 1. eine weitgehende Versachlichung der Beziehung von Kapital und Arbeit, 2. der umfassende Ausbau der Sozialversicherung, 3. die Festlegung bestimmter Ordnungen für das öffentliche Leben ohne Anwendung autoritärer Methoden, 4. die Einrichtung von zentralen Sachverständigengremien, wie Wirtschaftsrat, Arbeitsrat und dergleichen[3]. Allerdings traten, als 1973 die Sozialisten stärkste Partei wurden, und unter J. den Uyl die Führung in dem christdemokratisch-sozialistischen Regierungsbündnis übernahmen, dirigistische und kollektivistische Gedankengänge zunehmend in den Vordergrund. Als dazu noch weltanschauliche Gegensätze aufbrachen, kam es nach annähernd einem Jahr erfolgloser Koalitionsverhandlungen zu einem Bruch zwischen den bisherigen Koalitionspartnern und im Januar 1978 zur Bildung einer christdemokratisch-liberalen Regierung unter dem Christdemokraten van Agt. Ob sie die Kraft haben wird, sich längere Zeit zu behaupten und den Staatseinfluß in Wirtschaft und Gesellschaft wieder wirksam zugunsten der privaten Antriebe zurückzudrängen, bleibt abzuwarten.

Der wirtschaftliche Wiederaufbau wurde wie in Belgien durch den Marshallplan nachhaltig gefördert. Innerhalb von vier Jahren erhielten die Niederlande aus ERP-Mitteln Unterstützungen in Höhe von annähernd 1 Milliarde Dollar. Durch den nur sehr allmählichen Abbau der Kriegszwangswirtschaft wurde eine erste Stabilisierung des Lohn-Preisniveaus auf niedriger Ebene und für den internationalen Wettbewerb eine besonders günstige Ausgangslage erreicht. Die Folge war, seitdem 1951 zunächst einmal der Ausgleich zwischen Import und Export erzielt war, eine Steigerung des wirtschaftlichen Potentials, auf die man das viel strapazierte Wort vom Wirtschaftswunder anzuwenden versucht ist. Die bereits vor dem Zweiten Weltkrieg angelaufene zweite technisch-industrielle Revolution nahm nunmehr in beschleunigtem Maße ihren Fortgang und ergriff immer neue Gebiete. Von der Vielseitigkeit und der Intensität, die der Industrialisierungsprozeß in den Niederlanden inzwischen erreicht hat, zeugen die Entstehung modernster Hochofen- und Überseestahlwerke an der Rheinmündung bei Ijmuiden; die eindrucksvolle Entwicklung der Erdölindustrie, durch die sich die Küstenstriche westlich Amsterdam und Rotterdam zu einem der größten petrochemischen Industriezentren der Welt entwickelten und die Kohle als Energieträger in den Niederlanden verdrängt wurde; der weitere Ausbau der Metallindustrie, Elektroindustrie, des Schiffbaus, der Textilindustrie, der auf der großen Ertragskraft der niederländischen Landwirtschaft basierenden Nahrungs- und Genußmittelindustrie und einer Vielzahl weiterer Industrien. Erst mit der sprunghaften Verteuerung und dem Einsatz des Erdöls als politischer Waffe durch die erdölproduzierenden arabischen Staaten seit 1973 offenbarte sich die ganze Tragweite der Entdeckung und Erschließung des niederländischen Erdgasvorkommens in der Provinz Groningen (ab 1959), das mit 500–1000 Billionen cbm Mächtigkeit eines der größten der Welt darstellt. Es erlaubte den Niederlanden schon in den 60er Jahren nicht nur eine weitgehende Umstellung ihres heimischen Energieverbrauchs auf Erdgas, sondern darüber hinaus den Aufbau eines die niederländischen Grenzen überschreitenden Rohrleitungsnetzes, durch das das Gas nach Belgien, Frankreich und in die Bundesrepublik exportiert wird.

Hand in Hand mit der neuen industriellen Expansion ging

eine abermalige starke Ausweitung des Handels. Ein- und Ausfuhr stiegen vom Ende der 40er bis zur zweiten Hälfte der 60er Jahre auf das Fünf- bis Sechsfache[4]. Gleichzeitig entwickelte sich Rotterdam dank seiner einmalig günstigen Lage im Mündungsgebiet der großen Ströme und als Tor des rheinisch-westfälischen Industriegebietes nach Übersee zum führenden Welthafen. Von den mehr als 40000 Seeschiffen mit einer Tonnage von 154 Millionen Tonnen, die 1965 die niederländischen Häfen anliefen, gingen mehr als 25000 zum Europoort, dem nach dem Kriege in einzigartiger Weise ausgebauten Rotterdamer Seehafen. An 200000 Rheinfrachter nehmen im Jahr Kurs auf Rotterdam; sie transportierten 1965 28 Millionen Tonnen Güter stromabwärts, 52 Millionen Tonnen stromaufwärts. Insgesamt belief sich der Güterumschlag des Hafens 1973 auf 299,3 Millionen Tonnen. Zu der Trockenlegung der Zuiderzee fügten die Niederländer nach der verheerenden Sturmflut vom 1. Februar 1953, bei der in Seeland an 67 Stellen die Deiche brachen und mehr als 1800 Menschen ertranken, das kühne Projekt der Delta-Werke, durch die die gesamten Deltamündungen bis auf die Westerschelde durch ein System von Haupt- und Nebendämmen von der See abgeschlossen werden; der erste der Hauptdämme wurde 1961 vollendet; inzwischen ist auch der letzte fertiggestellt. Schließlich vermochte auch die niederländische Landwirtschaft, die seit dem Ende des 19. Jahrhunderts errungene Spitzenstellung mit ihren aufs höchste durchrationalisierten Betriebs- und Absatzmethoden weiter auszubauen[5]. Allgemein wurde dabei die wirtschaftliche Entfaltung in der Periode europäischer Hochkonjunktur und des Mangels an Arbeitskräften durch den starken Geburtenüberschuß, dessen sich die Niederlande noch allzeit erfreuen, nachhaltig begünstigt. Nächst den großen niederländisch-internationalen Konzerngesellschaften Royal Dutch, Philips, Unilever, AKZO und Hoogovens mit ihren ausländischen Tochtergesellschaften hat sich auch das Ausland an dem industriellen Ausbau lebhaft beteiligt. Von 1955 bis Anfang 1970 kam es zu 938 ausländischen Industriegründungen.

Im Zusammenwirken all dieser Faktoren wurden die Niederlande aus einem Gebiet, das den Übergang von den Traditionen seines »goldenen«, des 17. Jahrhunderts, zum neuen Industriezeitalter zunächst nur langsam gefunden hatte, mit 1975 13599000 Einwohnern und 402 Menschen pro qkm zum dichtestbevölkerten und zugleich dem vielleicht am stärksten durchrationalisierten europäischen Industrieland der Gegenwart[6]. Von den damals rund 13 Millionen Einwohnern des Landes wohnten 1970 in den beiden holländischen Provinzen über 5 Millionen, d.h. auf nur einem Sechstel der Fläche der Niederlande ballten sich zwei Fünftel ihrer Bevölkerung zusammen. Aus dem einst vorwiegend landwirtschaftlich genutzten Polderland wurde die sogenannte Randstadt oder Ringstadt Holland: eine sich vom Südrand der Zuidersee bis zur Maasmündung erstreckende zusammenhängende Stadtregion. Durch die Anlage von Entwicklungsschwerpunkten in den schwächer besiedelten Teilen des Landes die Ungleichgewichtigkeit in der Bevölkerungsverteilung zu mildern, betrachtet die nationale Planung seit langem als eine ihrer vordringlichsten Aufgaben. Auch in ihrer Gesellschaftsstruktur tragen die Niederlande heute die Züge des gegenwärtigen Industriezeitalters in besonders ausgeprägtem Maße. Als spezifisch niederländische Leistung darf gelten, daß darin Freiheit und Bindung, Tradition und Neuansatz in einem Grade miteinander vereinigt sind, wie er anderswo nur selten erreicht und nirgends übertroffen wird[7]. Nicht zuletzt darauf beruht der Reiz der von ihnen repräsentierten Kultur auch in der Gegenwart.

Von der tiefen Unruhe, die zur Zeit durch die geistige Jugend der Völker hindurchgeht, sind die Niederlande als das jüngste der großen europäischen Industrieländer und mit dem in Westeuropa stärksten Anteil der jüngeren Altersklassen an der Gesamtbevölkerung besonders nachhaltig erfaßt worden. Es geht auch hier um die weitere Gültigkeit der gesamten überkommenen Lebens- und Wertordnung. Progressive Kräfte in allen Lagern sind darum bemüht, den für die letzten Menschenalter charakteristischen Zustand der sogenannten Versäulung (verzuiling) mit seiner Aufspaltung der Bevölkerung auf verschiedene Weltanschauungsblöcke durch eine der Industriegesellschaft adäquatere geistige, gesellschaftliche und sittliche Ordnung zu ersetzen. Sichtbarer Ausdruck der Gärung sind: die Strukturwandlungen in den Kirchen, die den lange als besonders konservativ geltenden holländischen Katholizismus zum progressivsten innerhalb der gesamten katholischen Kirche gemacht haben; das Auftreten von Protestbewegungen wie den Provos, Kabouters und dergleichen; Ansätze zu ganz neuer politischer Gruppenbildung u.ä.m. Wohin all diese Entwicklungen führen werden, ist noch nicht zu übersehen, doch ist zu erwarten, daß die Integrationskräfte, die die niederländische

Geschichte bestimmt haben, sich auch in Zukunft weiter behaupten werden[8].

Ondernehmend Nederland. Zestig Jaar Ontplooing 1899–1959. Hg. v. M. Rooij (1959), Sammelwerk
G. Geismann, Politische Struktur und Regierungssystem in den Niederlanden (1964)
Das Königreich der Niederlande in der Gegenwart. 2. Bd.: Grundzüge der Volkswirtschaft. Hg. v. Ambassade d. Nederlanden (1958)
Niederlande. Hg. v. Statist. Bundesamt (1959)
Der Regierungsbericht über die Raumordnung in den Niederlanden, übers. v. G. Isbary (1961)
Zweiter Bericht über die Raumordnung in den Niederlanden (1966)

1 P. J. Oud, De binnenlandse politieke ontwikkeling. In: Ondernemend Nederland, S. 29–59. Für die Anfänge vgl. W. Klaassen, De Mijnwerkersbonden in bevrijd Zuid-Limburg sept. 44–midde 45 (Diss. 1974).

2 Hierzu: C. Smit, De liquidatie van een Imperium. Nederland en Indonesië 1945–1962 (1962).

3 M. Rooij, Schlußzusammenfassung in: Ondernemend Nederland, S. 334–373.

4 Die genauen Zahlen in: Niederlande in der Gegenwart, bes. S. 32ff., 35ff.

5 J. H. van Stuijvenberg, De landbouw. In: Ondernemend Nederland, S. 267–302. C. H. J. Maliepaard, De Nederlandse landbouw na de tweede wereldoorlog. In: Geschiedenis van de Nederlandse landbouw. Hg. v. Z. W. Sneller (1951), S. 499–511.

6 Auch das den Niederlanden bis zum Ersten Weltkrieg bevölkerungsmäßig erheblich überlegene Belgien wurde entschieden überholt: Seine Einwohnerzahl betrug 1975 9788000, seine Bevölkerungsdichte 321 E/km² lt. H. Hamblock, Die Beneluxstaaten. Eine geographische Länderkunde. S. 3, 9, 107ff.

7 S. J. Groenman, Wijzigingen in het beeld van de Nederlandse samenleving. In: Ondernemend Nederland, S. 303–333.

8 Überblick über die sechziger Jahre: E. van Raalte. Entwicklungen in der niederländischen Politik während der letzten 25 Jahre. In: Niederländische Notizen, Informationen der Kgl. Niederländ. Botschaft in Bonn 4 (1970) S. 66. Im gleichen Organ erscheinen periodisch weitere Berichte über die sich gegenwärtig in den Niederlanden vollziehenden weltanschaulichen und politischen, wirtschaftlichen und sozialen Strukturwandlungen.

Luxemburg

Stärker als in Belgien und vor allem in den Niederlanden stehen bäuerliche Tradition und moderne Großindustrie in Luxemburg noch heute selbständig nebeneinander. In der Montanindustrie ist es durch seinen Anteil am Minettegebiet und dank seinem führenden Konzern, der ARBED, eine europäische Potenz[1], der die Montanunion dadurch Rechnung trug, daß sie 1952 den Sitz ihrer Behörden in der luxemburgischen Landeshauptstadt festigte. Diese trägt heute die Züge eines modernen europäischen Verwaltungssitzes. Hingegen verkörpert das

Land in den agrarischen Gebieten sowohl des Gutlandes wie des gebirgigen Öslings weiter das Wesen gediegener alter und zugleich sehr wohlhabender europäischer Bauernkultur[2].

P. Majerus, Le Luxembourg indépendant (1946)
Ders., Jean, Grand-Duc de Luxembourg (1964)

Literaturnachtrag:
Neueste historiographische Gesamtwürdigung der Epoche durch E. H. Kossmann, The Low Countries 1780–1940. In: Oxford History of Modern Europe (1978). Dort die neueste Lit.
Erste wissenschaftliche Aufarbeitung der niederländischen Außenpolitik seit 1945: J. H. Leurdijk (Hg.), The Foreign Policy of the Netherlands (1978)

[1] Nach der im Januar 1978 erfolgten Übernahme der saarländischen Werke Völklingen und Burbach steht heute die ARBED gleich hinter Thyssen an 10. Stelle in der Weltrangliste der Stahlproduzenten.

[2] Über die Struktur der luxemburgischen Landwirtschaft vgl. bes.: J. Schmithuesen, Das Luxemburger Land (1940). Bd. 6 u. allg. Lit. Zum Ganzen ferner: W. Röll, Luxemburg – Grundzüge seiner Wirtschaftsstruktur. In: ZWirtschGeogr 7 (1963), S. 201–206.

Bibliographische Nachträge zur Taschenbuchausgabe

Von 1555 bis 1648
von Jan Juliaan Woltjer

Quellen:

J. W. Veenendaal-Barth u.a. (Hgg.), Particuliere Notulen van de vergaderingen der Staten van Holland 1620–1640 door N. Stellingwerff en S. Schot (1987ff.)

Gesamtdarstellungen:

Algemene Geschiedenis der Nederlanden (AGdN). 15 Bde (1977–1983), Bd. 5–9 (Bde 10–15 sind dem 19. und 20. Jh. gewidmet.)

Geoffrey Parker, The Dutch Revolt (1977)

S. Groenveld u. H. L. Ph. Leeuwenberg (Hgg.), De tachtigjarige oorlog. 2 Bde (1983–1985)

J. I. Israel, The Dutch Republic and the Hispanic World 1606–1661 (1982)

Biographien:

A. Th. van Deursen u. H. de Schepper, Willem van Oranje (1984)

J. den Tex, Johan van Oldenbarnevelt. 5 Bde (1968– ; 1972; gekürzte engl. Edition 2 Bde 1973)

J. J. Poelhekke, Frederik Hendrik (1978)

Verwaltungsgeschichte:

S. Groenveld u. H. L. Ph. Leeuwenberg (Hgg.), De Unie van Utrecht (1979)

De Raad van State 450 jaar (1981)

J. W. Koopmans, De Staten van Holland en de Opstand (1990)

Wirtschaftsgeschichte:

J. G. van Dillen, Van rijkdom en regenten (1970)

J. de Vries, The Dutch rural economy in the Golden Age 1500–1700 (1974)

Kirchengeschichte:

A. Th. van Deursen, Bavianen en Slijkgeuzen (1974)

J. W. Spaans, Haarlem na de Reformatie (1989)

A. C. Duke, Reformation and Revolt in the Low Countries (1990; wertvoll)

Kulturgeschichte:

Th. H. Lunsingh Scheurleer u. G. H. M. Posthumus Meyjes (Hgg.), Leiden University in the seventeenth century (1975)

Von 1648 bis 1795
von Ivo Schöffer

Hilfsmittel:

Repertorium van boeken en tijdschriften betreffende de Nederlandse geschiedenis (seit 1943 fortlaufende Ausg., zahlr. Bde)

Andere Quellen:
allgemein:
Inventarissen van de inboedels in de verblijven van de Oranjes 1567–1785. Hg. v. S.W.A. Drossaers u. Th. H. Lundsingh Scheurleer. 3 Bde (1974–75);
Dutch-Asiatic shipping in the 17th and 18th centuries. Hg. v. J.R. Bruijn, F S. Gaastra u. I. Schöffer. Bd. 1: Introductory; Bde 2 u. 3: Voyages 1595–1795 (1979–87)
1672–1747:
Briefwisseling van Anthonie Heinsius 1702–1720. Hg. v. A.J. Vaeenendaal Jr. 10 Bde (1702–1710) (1976–89)
1747–1795:
Briefwisseling en aantekeningen van Willem Bentinck, heer van Rhoon (tot aan de dood van Willem V, 22 oktober 1751). Hg. v. C. Gerreston u. P.C.A. Geyl. 2 Bde (1976)

Allgemeine Literatur:
(Neue) Algemene geschiedenis der Nederlanden. Bde 7, 8, 9 u. 10 (1979–91; m. ausf. bibliogr. Erläuterungen); H. Lademacher, Geschichte der Niederlande. Politik – Verfassung – Wirtschaft (1983)

Kulturgeschichte:
J.L. Price, Culture and society in the Dutch Republic during the 17th century (1974); B. Haak, Hollandse schilders in de Gouden Eeuw (1984); S. Schama, The embarrassment of riches. An interpretation of Dutch culture in the Golden Age (1987)

Wirtschafts- und Sozialgeschichte:
J.G. van Dillen, Van rijkdom en regenten. Handboek tot de economische en sociale geschiedenis van Nederland tijdens de Republiek (1970); J. de Vries, The Dutch rural economy in the Golden Age (1974); ders., Barges and capitalism. Passenger transportation in the Dutch economy, 1632–1839 (A.A.G. Bijdragen 21, 1979); J. Israel, Dutch primacy in worldtrade 1585–1740 (1989)

Geschichte der überseeischen Niederlassungen und der Schiffahrt:
Maritieme geschiedenis der Nederlanden. Bde 2 u. 3 (1977); C.A. Davids, Zeewezen en wetenschap. De wetenschap en de ontwikkeling van de navigatietechniek in Nederland tussen 1585 en 1815 (1986); J. P. Sigmond, Nederlandse zeehavens tussen 1500 en 1800 (1989)

Geschichtsschreibung:
W.W. Mijnhardt (Hg.), Kantelend geschiedbeeld. Nederlandse historiografie sinds 1945 (1983)

Politische Geschichte:
1648–1672:
H.H. Rowen, John de Witt. Grand Pensionary of Holland 1625–1672 (1978)
1672–1747:
J. Aalbers, De Republiek de vrede van Europa. De buitenlandse politiek van de Republiek der Vereenigde Nederlanden na de Vrede van Utrecht (1713), voornamelijk gedurende de jaren 1720–1733. Deel 1: Achtergronden en algemene aspecten (1980)

1747–1795:
J. L. Leeb, The ideological origins of the Batavian revolution. History and politics 1747–1800 (1973); Th. S.M. van der Zee u.a., 1787. De Nederlandse Revolutie (1988); A. J. C. M. Gabriels, De heeren als dienaren en de dienaar als heer. Het stadhouderlijk stelsel in de tweede helft van de 18de eeuw (1990)

19. und 20. Jahrhundert
von Horst Lademacher

C. Augustin (Hg.), Kerk in Nederland, 1945–1984 (1984)
Jan Bank, Katholieken en de Indonesische Revolutie (Diss. Utrecht 1983)
D. Barnouw, M. de Keizer u. G. van der Stroom (Hgg.), 1940–1945: Onverwerkt verleden? (1985)
H. Baudet u. M. Fennema, Het Nederlands belang bij Indië. Analyse van de politieke en economische gevolgen van de dekolonisatie van Indonesië. Hoe stelden overheid en bedrijfsleven zich op en wat was hun onderlinge relatie? (1983)
M. D. Boogaarts, Parlementaire geschiedenis van Nederland na 1945. De periode van het kabinet Beel 1946–1948. Bde A–C (1989)
B. Braber, Passage naar vrijheid. Joods verzet in Nederland 1940–1945 (1987)
P. Dodge (Hg.), A Documentary Study of Hendrik de Man, Socialist Critic of Marxism (1979)
H. W. von der Dunk u. H. Lademacher (Hgg.), Auf dem Weg zum modernen Parteienstaat. Kasseler Forschungen zur Zeitgeschichte 4 (1986)
Pierre van der Eng, De Marshall-hulp. Een perspectief voor Nederland. 1947 tot 1953 (De Haan dossier, 1987)
W. S. P. Fortuyn (Hg.), De Nederlandse verzorgingsstaat. Terugblik en vooruitzien (1983)
R. Gase, Beel in Batavia. Van contact tot conflict. Verwikkelingen rond de Indonesische kwestie in 1948 (1986)
Richard T. Griffiths (Hg.), The Economy and Politics of the Netherlands since 1945 (1980)
ders. (Hg.), The Netherlands and the Gold Standard, 1931–1936. A Study in Policy Formation and Policy (NEHA-series III, 2; 1987)
G. van Haver, Onmacht der verdeelden. Katholieken in Vlaanderen tussen demokratie en fascisme 1929–1940 (1983)
F. J. ter Heide, Ordening en verdeling. Besluitvorming over sociaal-economisch beleid in Nederland 1949–1958 (Diss. Groningen 1986)
R. Heyer, Peter Schöller (1923–1988). Seine Bedeutung für die Siedlungsgeographie und die Kulturraumforschung. In: Siedlungsforschung. Archäol.-gesch. Geographie 7 (1989), S. 233–247
G. Hirschfeld, Fremdherrschaft und Kollaboration. Die Niederlande unter deutscher Besatzung 1940–1945. Studien zur Zeitgeschichte Bd. 25 (1984)
F. L. van Holthoon u.a. (Hgg.), De Nederlandse samenleving sinds 1815. Wording en samenhang (1985)
P. M. Hommes (Hg.), Nederland en de Europese eenwording (1980)
Ernest Hueting, Frits de Jong u. Rob Neij, Naar groter eenheid. De geschiedenis van het Nederlands Verbond van Vakverenigingen 1906–1981 (De Nederlandse arbeidersbeweging XIII; 1983)
L. G. M. Jaquet, Minister Stikker en de souvereiniteitsoverdracht van Indonesië (1982)

H. Lademacher, Geschichte der Niederlande, Politik – Verfassung – Wirtschaft (1983)
E. Lamberts (Hg.), De kruistocht tegen het liberalisme. Facetten van het ultramontanisme in België in de 19e eeuw (Kadoc jaarboek 1983) (1984)
P. Luykx u. N. Bootsma (Hg.), De laatste tijd. Geschiedschrijving over Nederland in de 20e eeuw (1987)
P. F. Maas, Kabinetsformaties 1959–1973. Met een woord vooraf door M. A. M. Klompé. Met medewerking van P. P. T. Bovend'-Eert, F. Lafort en J. E. C. M. van Oerle (1982)
J. Meyers, Mussert. Een politiek leven (1984)
W. W. Mijnhardt (Hg.), Kantelend geschiedbeeld. Nederlandse historiografie sinds 1945 (1983)
J. P. Nautz u. J. F. E. Bläsing (Hgg.), Staatliche Intervention und gesellschaftliche Freiheit. Kasseler Forschungen zur Zeitgeschichte 5 (1987)
P. J. Oud u. J. Bosmans, Staatkundige vormgeving in Nederland. Bd. 1: 1840 tot 1940; Bd. 2: De tijd na 1940 (1990)
F. Petri, Deutschland und die Niederlande. Wege und Wandlungen im Verhältnis zweier Nachbarstaaten. Westfälische Forschungen 13 (1960)
ders., J. R. Thorbecke, die deutsche Philosophie und die Historische Rechtsschule. Im Lichte seines Briefwechsels und seines Reisetagebuches. Westfalen 40 (1962)
H. Righart, De katholieke zuil in Europa. Een vergelijkend onderzoek naar het ontstaan van verzuiling onder katholieken in Oostenrijk, Zwitserland, België en Nederland (Diss. Nijmegen 1986)
S. Stuurman, Verzuiling, kapitalisme en patriarchaat. Aspecten van de ontwikkeling van de moderne staat in Nederland (1983)
C. A. Tamse (Hg.), De monarchie in Nederland (1980)
R. Vandeputte, Economische geschiedenis van België, 1944–1984 (1985)
H. E. Volkmann, Autarkie, Großraumwirtschaft und Aggression. Zur ökonomischen Motivation der Besetzung Luxemburgs, Belgiens und der Niederlande. In: Militärgeschichtl. Mitteilungen 1 (1976)
M. F. Westers, Mr. D. K. Stikker en de na-oorlogse reconstructie van het liberalisme in Nederland. Een zakenman in de politieke arena (Diss. Utrecht; 1988)
F. Wielenga, West-Duitsland; partner uit noodzaak. Nederland en de Bondsrepubliek, 1949–1955 (1989)
E. Zahn, Das unbekannte Holland. Regenten, Rebellen, Reformatoren (1984)

Register